启真馆 出品

彭国翔 著

重建斯文

儒学与当今世界（修订版）

ZHEJIANG UNIVERSITY PRESS
浙江大学出版社

修订版新序

本书 2013 年曾经由北京大学出版社初版。这个修订版较之北京大学出版社的初版，有增有删。增删之间，原本打算收入的若干文字，最终未能一并收入。那些没有收入的文字，有兴趣的读者可以参阅本书在台湾出版的繁体"增订版"。

虽然本书的所有论点，无不建立在我以往学术思想研究的基础之上，但和我其他纯粹学术思想性的论著不同的是，本书主要反映我的文化关怀与价值立场，也具有较为鲜明的时代性。因此，本书出版之后，除了学术和知识界之外，也在文化界和社会上引起了若干回响。例如，不但《开放时代》（2014 年 4 月）等学术思想的出版物有专门的评介文字，在英文版的《中国日报》（*China Daily*）（2015 年 12 月）上也有专门介绍此书及其意义的文章。并且，这些文字的作者都是我素不相识的。而 2015 年岳麓书院和凤凰卫视开始举办的"全球华人国学大典"，就直接借用了我的"重建斯文"这一用语，作为其高峰论坛的标题。如此一来，我最初在 2010 年撰文时开始使用的"重建斯文"一词，自然也就通过这一面向社会的推广与普及活动，更加为关注儒学和国学的社会大众所知了。"国学大典"的举办方并未交代"重建斯文"这一用语的来源，所以，仅仅通过这一活动知晓"重建斯文"这一用语而并未看过《重建斯文——儒学与当今世界》一书，自然未必了解我当初"铸造"这一词汇时对于其涵义的解释和说明。不过，这一用语被沿袭并成为"热词"，说明我之前对于当下中国文化发展的观察和判断是准确的。能让更多的社会大众充分意识到"重建斯文"的重要，明白只有在"富强"之外更有"斯文"才能使中国真正重新成为一个"文明大国"，原本也是我这本书最主要的目的之一。

当然，即便借用了"重建斯文"一词，但何为"斯文"？为何重建？如何重建？如今不同人之间，各自的理解恐怕并不相同。而这其中，正大有可辨者在。此书的北大初版 2016 年三四月间在市面上售罄，而根据当初的出版合同，此书售罄之后，我可以自由选择出版社再版。我 2014 年由北京大学转任浙江大学之前，已经与浙大出版社北京启真馆出版公司的王志毅先生开始了合作。任教浙大之后，我们的合作更加密切。志毅曾为启真馆的"文史丛刊"向我约稿，于是，我最终决定接受其雅意邀约，将此书转由启真馆出版。

不过，此书北大出版社初版迄今，我在从事纯粹学术思想工作的同时，关乎时代的文化与价值方面的相关思考，从未中断。世事的变迁和阅读经验的扩展，也使我对"重建斯文"这一时代课题的观察与思考不断有所增益。因此，本书这次由浙大出版社出版，就不是原来北大出版社版的简单再版，而是增加了新内容，可以说名副其实是一个修订版。例如，本书第四部分"儒学与政治社会"，就是原来的北大版完全没有的。这里，就让我借便对于增加的文字，略作说明，以为读者之一助。

首先，让我介绍一下新增的第四部分"儒学与政治社会"。这一部分包括三篇文字。

第一篇，《儒学：自由主义与社群主义之间》最早发表于 2002 年 4 月的《中国图书商报》，原是我因阅读《儒学与自由主义》（北京：生活·读书·新知三联书店，2001）这部文集而引发的一些思考。在我看来，儒学既不是和自由主义（liberalism）完全对立，也不是和社群主义（communitarianism）完全相同。在西方很多二元对立的思想范畴之间，儒学的特征往往具有"两头相通"而非"单向相同"这种"居间"的特征。在这个意义上，这篇文字可以和本书第六部分的第三篇访谈《儒家也有一种"个人主义"：如何理解儒家的自我观及其意义》相互参看。因为对于"个人主义"和"集体主义"这一对在西方同样不免二元对立的范畴来说，儒家对"自我"的理解同样是"非此非彼"(neither nor)而"亦此亦彼"(both and)的。

第二篇，《化解"民族主义""爱国主义"与"世界主义"的纠结——一个儒学的视角》，是全书迄今为止最近完成的一篇文字。该文是我最近因阅读《爱国之由：关于爱国主义局限的论辩》(*For Love of Country: Debating the Limits of Patriotism*)一书而引发的一些思考。当然，这本书的阅读经验只是我撰写此文的一个触媒，对于"民族主义""爱国主义"和"世界主义"这一组观念彼此之间的纠结，其实是我长期以来一直思考的政治哲学的一个重要方面。并且，这一方面所反映的问题，也绝不是观念的抽象思辨，而是在现实世界中有着深广的经验基础，可以说与我们政治与社会的日常经验息息相关。在我动笔写这篇文章之前，郎平刚刚带领中国女排在多年之后再一次夺得了奥运会的冠军。而围绕郎平的职业生涯引起的公众舆论，正是触及民族主义、爱国主义和世界主义这一看似抽象的政治哲学议题的一个具体而鲜活的案例。这一案例，加上国内屡屡发生的以爱国主义之名而发生的极端激烈事件，都不能不说构成我撰写此文的一个现实促动。而根据我浸润多年的儒学传统，化解三者之间的纠结，在不失其文化根本的前提下培养一种"世界公民"的意识与胸襟，不仅是一种政治哲学的取向，更应该是当今之世具有"重建斯文"这一自觉的中国人特别需要自我培养的一种"学"与"习"(learning and practice)。

第三篇，《公议社会的建构：黄宗羲民主思想的真正精华》曾经收入我的《儒家传统与中国哲学：新世纪的回顾与前瞻》(河北人民出版社，2009），这次之所以要收入本书，一方面固然由于这篇文章处理的正是一个儒家政治与社会思想的课题；另一方面，一个"公议"（public reasoning）社会的建构，在我看来，也恰恰是"重建斯文"所不可或缺的一个重要方面。"斯文"绝不只是一种针对社会大众的道德修养，更应该是一个国家与社会完善各种社会制度以尽可能减少极权与腐化所不可或缺的题中之义。事实上，我要在此特别指出的是，正是因为我坚信现代儒学所要重建的"斯文"必须是融汇古今中西核心价值的"道德修养"与"制度建设"这彼此有别却又相互支援的两个方面，我才在本书的这一修订版中，增加了"儒学与政治社会"这一部分。

除了上述被归入"儒学与政治社会"这一主题的三篇文字之外，另外分别增入"当代儒学人物"和"有关儒学与当今世界的访谈"的共有三篇文字。增入"当代儒学人物"的是《有为有守、承先启后：怀念刘述先先生》这篇文章，增入《有关儒学与当今世界的访谈》的包括《重建斯文：如何面对儒学复兴》和《"真伪"与"冷热"：儒学热与社会普及的观察与思考》这两篇访谈。怀念刘述先先生的文字是因2016年6月刘述先先生辞世而作，《重建斯文：如何看待儒学复兴》是美国国会图书馆亚洲部的邱颀女士与《三联生活周刊》的记者刘周岩合作的采访，发表于《三联生活周刊》2017年第13期。发表时的题目是"彭国翔：如何看待儒学复兴"，收入本书时则恢复原题。《"真伪"与"冷热"：儒学热与社会普及的观察与思考》则是2015年国内两家文化媒体访谈稿的合成，刊于2017年9月28日的《南方周末》。

刘述先先生不仅是我相交逾二十多年的前辈，更是被称为"现代新儒学"这一群体中当之无愧的一位代表性人物。20世纪初发轫于中国大陆而在1949年之后"海外发新枝"（借用杨联陞先生答余英时先生诗中"谁期海外发新枝"一句）的"现代新儒学"这一传统，原本是一个璀璨却寂寥的群体，非但其中人物屈指可数，更与时髦风潮的热闹无关，无论在政治还是文化上都属于边缘。然而，随着儒学在逐渐变成受追捧的时尚，中国大陆一下子出现了许多以"儒家"自居的人士，不能不让人有"忽如一夜春风来、千树万树梨花开"之感。然而，21 世纪以来，在儒学由"冷"变"热"这一新的形势之下，目前形形色色一众人等纷纷奔赴"儒家"的旗下，甚至连毫无儒学专业训练的人士都可以摇身一变而成"儒家"，恐怕不过是"趋炎附势"这一心态的结果。这种趋附之下的追求，自然也只能是政治权力和商业利益，而与真正儒家传统的理想与价值无关了。正如我在本书初版后记中所说，在价值上认同某种学说和传统，是一个非常严肃的人生课题，必须是认真读书思考并不断反省生活经验的结果，绝非轻而易举。不然，此类"儒家"流于空洞的口号尚在其次，变成戏子的外衣，就会变成对于这种学说和传统最大的伤害。《有为有守、承先启后：怀念刘述先先生》《重建斯文：如何面对儒学复兴》以及《"真伪"与"冷热"：儒学热与社会普及的观察与思考》这三篇文字，正与我对这一现象与问题的观察和反省密切相关。

最后我要说的是，本书修订出版，我特别要感谢美国国会图书馆。2016 年下半年，我在美国国会图书馆担任"2016 年度北半球国家与文化克鲁格讲席"（Kluge Chair in Countries and Cultures of the North）。作为一项极高的荣誉，该讲席除了一项公开讲座的要求之外，完全赋予获任者充分与自由的时间从事独立自主的学术研究。正是因为这一点，本书的修订工作才得以顺利完成。

彭国翔

2017 年 2 月 15 日于美国华盛顿特区

2017 年 3 月 30 日修订于武林之紫金港

重建斯文（初版代序）
——大国崛起的当务之急

何谓"伟大"之"大"

改革开放迄今，中国的经济取得举世瞩目的成就。与之相应，中国的军事发展在国际上也不容忽视，甚至成为举足轻重的力量之一。晚清以来中国人一直追求的"富强"，在一定意义和程度上，可以说已经实现了。就经济上的"富"和军事上的"强"而言，中国大体已经位居"超级大国"之列。于是，近年来"大国崛起"一词为国人津津乐道。在"众口喧腾"之下，中国作为"大国"的崛起，似乎已然成为一个不争的事实。因此，这一点如今似乎已成定论而不再成为一个"议题"。可是，中国真的"崛起"为一个"大国"了吗？我们究竟应当怎样理解"大国"之为"大"呢？

中国有足够大的地理面积，有世界首屈一指的人口。如今，再加上经济和军事这"富"与"强"两方面的因素，大之为大，似乎毫无疑问。但是，如果大国之"大"更多地应该被理解为"伟大"之"大"（great），而不仅仅是"强大"之"大"（big and powerful），那么，在土地之"广"、人口之"众"、经济之"富"以及军事之"强"以外，是否还有其他重要的因素应该包涵在内呢？

历史上的中国，一直都被世界上的他国视为"大国"。甚至到了晚清，中国由于军事上的不断失败，由"强"变"弱"，割地赔款，相应地由"富"转"贫"，中国一时间在世界上也仍未丧失其大国的地位。何以如此？因为在历史上，中国之"大"，或者说在世界上其他民族心目中的"伟大"，从来依靠的都不仅仅是土地之"广"、人口之"众"、经济之"富"以及军事之"强"。除了这些因素之外，还有极为重要的一点，那就是文化与文明之"文"。

这里所谓文化与文明之"文"，指的不仅仅是物质方面的成就，更是精神方面的造诣，即以"仁义礼智信"为其核心价值与内涵的人文修养。一个缺乏人文教养的民族，很难在物质方面取得灿烂与辉煌的文明。历史上，中国之为"大"国（伟大之国）、"中"国（天下中央之国），靠的主要都不是武力与财富的征服。反过来，即使中国一度为武力征服，最终的结果，也还是被中国传统文化"斯文"之"大"所"化"。所谓异族，也都在这种"大而化之"的过程中，逐渐融合成为中华民族的组成部分。一句话，历史上中国之所以被视为"大国"，更多地是由于中国在文明程度上备受世人瞩目的高度成就。

"伟大"之"大"，当然不能只讲"文"，置"富"和"强"于不顾。"落后就要挨打"这个简单的道理，国人自晚清以来早已因切肤之痛而有了深刻的"体知"。也正因此，自那时起，"寻求富强"就一直成为中国有识之士追求的目标。但是，如果只把"富"和"强"作为大国之"大"的唯一内涵，忘掉了大国之"大"还应有"文"这个重要的方面，就不能不说是"一叶障目"而"不见泰山"了。如今，中国已经实现了一定程度的"富强"。在此情况下，中国要想真正在世界上建立一个"伟大"之"大国"的地位，"超级大国"，就尤其不能不认真思考如何重建中国文化与文明的"斯文"这一问题。

重建"斯文"之必要

所谓"重建"，自然意味着"斯文"已经不再。晚清以来，在日益强化的激进反传统主义潮流冲击之下，以"仁义礼智信"为核心价值和内涵的"斯文"，不断"扫地"。然而，"西天取经"的结果，并未实现国人尤其知识人所向往的"大同"世界。改革开放之后，中国才重新步入正轨，逐步达到了"小康"之境。而在渐趋"富强"的同时，国人缺乏"斯文"所暴露出来的问题，日益严重。种种"无礼"的行为，部分国人或许已经司空见惯，但在海内外稍有文明教养的人士看来，未免触目惊心。这里，我想以自己的亲身经历举两个例子。我曾经分别在 2004 年和 2008 年和家人一道游览过美国加州的 Disney Land 以及佛州的 Disney World，两处游客都很多。在晚间放烟花的节目之后，曲终人散，大家都很自觉地将废弃物丢入垃圾桶（往往还是分类的），并未见到满地垃圾的现象。而 2010 年我和家人游览香港的迪士尼，适逢众多内地来的游客。同样是晚间烟火之后，曲终人散，满地的废纸、塑料袋、饮料瓶和易拉罐等等，几乎触处皆是。还有一次，是我在深圳东部华侨城旅游的经历。由于人多，很多景点都要排队。有一处景点的入口里面有一个洗手间，一位女士借口如厕，出来后便不再回来排入队中。其实，她原本距离入口已经不远，以此"计谋"提前进入，也不过越过了四五位原先在她之前排队等候的人而已。问题在于，这位女士对于自己的行径居然不以为耻，反而在入口之内举目四顾，洋洋得意。试想，一个人如果连基本的是非观念与羞耻感都丧失了，与只会凭生物本能行事的动物还有什么区别呢？回想历史上以"礼仪之邦"著称的中国，如今竟至于此，身为中国人，如何能不汗颜呢？

为什么在"富强"之外还要强调"斯文"？道理很简单，只有"富强"，可以让人"畏惧"，但不能使人"敬重"，更遑论"喜爱"了。中国只有在有"金钱"和"武力"之外更有"礼义"，成为一个"礼仪之邦"，才能真正作为一个"崛起"了的"伟大"国家屹立于世界。所到之处，只有"富而好礼"①、"威而不猛"②，中国人才能让人心悦诚服，由衷地欣赏。正是在这个意义上，依我之见，重建"斯文"，是中国"大国崛起"的当务之急。

这一点，并非我的先知先觉。改革开放以来，相信海内外很多有识之士对此都有不同程度的意识。事实上，90 年代以来中国大陆对于中国传统文化的重新肯定，以至于如今有"复兴儒学""国学热"的现象，绝非偶然。其间虽然泥沙俱下，却也不能不说，长期的"斯文扫地"已然令广大的国人或多或少感受到了"文化教养"与"人文价值"的必要和急需。"儒学复兴"和"国学热"的发展，终于导致了孔子被搬上银幕。熟悉中国历史的话，我们就会发现，有趣得很，在当时那个"礼坏乐崩"的世界，孔子念兹在兹的，恰如今日，也正是要重建"斯文"。每当面临生命危险的时刻，他之所以能够临危不惧，也正是他坚信自己负有"弘道"的使命，而上天终究是不会"将丧斯文"的。

何为"斯文"？如何重建？

中国如今的"富强"，其实不乏隐患。如何实现"藏富于民"的

---

① 《论语·学而》篇中，孔子最优秀的弟子之一子贡曾经问孔子："贫而无谄，富而无骄，何如？"孔子回答说："可也，未若贫而乐，富而好礼。"其中"富而好礼"的意思是"虽然富庶，但却讲礼教，不骄纵无礼。"

② "威而不猛"的意思是"威严而不凶猛"。《论语·述而》篇形容孔子的人格是"温而厉，威而不猛，恭而安"。

"富"而避免"为富不仁"的"富"？如何实现"国富民强"的"强"而避免"霸道"之下的"强梁"之"强"？都还有很多工作要做。但是，这一点暂且不论。就算中国已经真正走上了"富强"之路，如上所述，目前一如孔子当时，仍然面临一个"礼坏乐崩"之下缺乏"斯文"的问题。那么，作为大国崛起当务之急所要重建的"斯文"，应当是怎样一种"斯文"呢？我们又当如何重建？这两个彼此密切相关的问题极为复杂，我这里只能略谈三点。

首先，任何一个民族的发展，都不能脱离固有的文化传统。中华民族有着人类历史上最为悠久且从未中断的文化传统，对于这样一个民族来说，就更是如此了。试图通过彻底反对并抛弃自己的文化传统而"再造文明"，[①]从"观念的灾害"[②]演变成"历史的浩劫"，早已证明此路不通。因此，回归并认同自己的传统，实在是理有固然，势所必至的。而作为中国传统文化的主流，儒学在这种形势下被重新肯定，成为目前所当重建的"斯文"的重要内容，也是十分自然的。在这个意义上，重建斯文，当然是要重建以"仁义礼智信"为核心的价值系统。

不过，孔子当初面对"周文疲弊"要重建斯文，并不是要简单地恢复"周礼"。同样，如今我们要重建斯文，再创中华文明的辉煌，也不应该被简单地理解为要重建一个"儒教中国"。"因革损益"本来就是孔子面对儒学之"变"而提出的一个基本原则。在其漫长的发展过程中，儒学之所以始终是一个活生生的传统，就在于它能够一方面保持开放，不断吸收其他的思想传统；另一方面，又始终立足于自身的

---

① 借用于胡适（1891—1962）。胡适曾有"研究问题、输入学理、整理国故、再造文明"的说法。

② 借自牟宗三（1909—1995）。"观念的灾害"是其一篇演讲词的题目，该文收入其《时代与感受》（台北：鹅湖出版社，1984）一书。该书后收入《牟宗三先生全集》（台北：联经事业出版公司，2003）第23册。

核心价值。纵观历史，我们可以看到，儒学发展至今其实正是一个不断吸收外部资源的过程。无论是通过广泛深入吸收佛教和道家、道教因素而出现的宋明理学，还是通过广泛深入吸收西方哲学、宗教学等人文学科而形成的现代新儒学，都既"与时俱进"而又"不离其宗"。因此，我们不应当把儒学看作一个只属于"过去"的静态结构，而应当充分意识到儒家传统是一个也属于"现在"和"未来"的动态过程。原本未尝有的东西，儒学未必不能在现在和将来吸纳为自身的有机组成部分。当然，这样说并不意味着当下的儒学传统已经囊括了一切。也正因此，除了儒学之外，一切人类文明的优秀成分，对于目前我们所当重建的"斯文"，都是值得吸收的资源。

最后，对于以"仁义礼智信"为核心价值的儒家传统，眼下我们必须要有一个深入和全面的再认识。这一点，我以为格外重要，因为它是如今重建斯文不可或缺的一个前提条件。我曾经反复指出，我们目前仍然生活在一个反传统的传统（a tradition of anti-tradition）之中。晚清以来不断强化的"反传统主义"（anti-traditionalism），早已使我们对自己的传统隔膜甚深。2000 年以来，以儒学为主的中国传统文化不仅重新受到肯定，似乎更在社会各阶层赢得了广泛的听众。然而，在"乱花渐欲迷人眼"的潮流之下，大众对于儒学和传统文化的了解，不过"浅草才能没马蹄"而已。当然，对儒家传统的知识了解，并不等于具备了儒家的教养。但缺乏全面与深入的认知和理解，要想认同并体现儒家的价值，也是根本无从谈起的。"知识"不等于"智慧"，所以佛教有"转识成智"的说法。可是，"智慧"必须从"知识"中提炼升华而来。没有足够的知识，不免"巧妇难为无米之炊"，智慧也是无由而得的。如今"中学"隔膜已久，过去的"常识"已成现在的"学问"。不断涌入的各种"西学"，又不免使人"雾里看花"。在这种情况下，对于儒学传统"斯文"的内涵，我们首先得有恰当的了解，然后才能结合其他

“文明”与“文化”的传统，如此方能“昌明国故”“融会新知”，①实现中国“斯文”传统的综合创新。否则，在中西既有相通又有不同的价值系统之间，势必两头落空，重建斯文，也就无从谈起了。在目前有关“国学”的一片热浪中，社会大众既要慎思明辨，提高自身的判断力，在“风起云涌”的“大师”中辨别真伪；相关的知识分子和从业人员，也当自我反省、自觉自律，以免误人误己。

　　总之，一个真正“伟大”的国家，必然是在“富强”之外，还要有“斯文”。只有实现了“人文与理性”“公平与正义”，才会有“斯文”。只有一个“斯文”的国家，才会成为一个“伟大”的国家。因此，中国只有成为一个“斯文”的“大国”，人民才能真正过上“幸福而有尊严”的生活，中国也才会在世界各国由衷的赞叹与仰视中真正“崛起”。这样的国度，才不会让“圣人”孔子产生“道不行，乘桴浮于海”②的念头，不会让普通百姓在无奈与绝望之余萌发“誓将去汝，适彼乐国”③的痛心之愿。

---

　　①　“昌明国故，融会新知”是20世纪初“学衡派”的宗旨，我以为迄今为止不失为重建中国斯文传统的正途。

　　②　“道不行，乘桴浮于海”是孔子自己说的话，出自《论语·公冶长》篇。原文全篇是“‘道不行，乘桴浮于海，从我者其由与！’子路闻之喜。子曰：‘由也，好勇过我，无所取材。’”

　　③　“誓将去汝，适彼乐国”出自《诗经·魏风》中的《硕鼠》一篇。原文全篇是：“硕鼠硕鼠，无食我黍！三岁贯汝，莫我肯顾。逝将去汝，适彼乐土。乐土乐土，爰得我所。硕鼠硕鼠，无食我麦！三岁贯汝，莫我肯德。逝将去汝，适彼乐国。乐国乐国，爰得我直。硕鼠硕鼠，无食我苗！三岁贯汝，莫我肯劳。逝将去汝，适彼乐郊。乐郊乐郊，谁之永号？”

初版前言

儒学是一个活生生的传统（living tradition），虽然经历了长期的浩劫，但在 20 世纪 80 年代之后，终于迎来了"浴火重生"的契机，再次成为一个与时代精神密切相关的重要因素。不过，在当下的中国，这种"契机"却是与"危机"共生并存的。就此而言，如何反省儒学在当今中国所扮演的角色呢？再者，儒学早已不再只是中国的"地方知识"（local knowledge），在中国日益成为"世界之中的中国"这一背景之下，对儒学的反省也益发必须放在一个全球的视野之下。如果说上个世纪八九十年代思想界的主流更多地是由中国放眼世界，所重仍不免在于"西天取经"（其实是"五四"新文化运动的继续），那么，如今重点应当转换到以世界为背景来聚焦和反省中国，尤其是中国文化传统的精神价值。本书以《儒学与当今世界》为题所汇集的若干文字，正是我从较为宏观的文化角度，在一个全球的视域中对于儒学与时代课题的一些思考。在这个意义上，本书文字自然也是我文化关怀与价值立场的一个反映。

本书共分五个部分。第一部分"儒学的时代反省"包括四篇文章：第一篇《儒学复兴的省思》，最初刊于 2006 年 12 月 18 日《21世纪经济报道》第 35 版，是应编辑之邀撰写的专号文字之一。对于21 世纪以来所谓"儒学复兴"现象的缘由、问题与前景，我在该文中提出了一些个人的观察。第二篇《儒家认同的抉择》，原刊于 2009年 1 月 21 日《中华读书报》第 15 版，也是应编辑之约所撰。在儒学早已越出"中国"的当今世界，什么是儒家的认同？如何成为真正的儒家？对于这一类的大问题，在该文极为有限的篇幅内，我稍稍提示了个人的一点浅见。第三篇《君子的意义与儒学的困境》，原刊于2009年第6期的《读书》，由狄培理教授《儒家的困境》（*Trouble with Confucianism*）一书引发，是我对于儒家君子的特征以及儒家传统根本困境及其根源的一些思索。第四篇"儒学与当代中国的相关性"，最早是我2005年初应北大博士生联谊会之邀在北大所作的演讲，现在的文字是当时录音的记录和修订。以回顾儒学在现代中国的命运为基础，对当今儒学所面临的问题以及儒学在当代中国所扮演的角色，该文也提出了自己的一些看法。

第二部分"儒学经典与世界"包括四篇文字：第一篇《说不尽的〈论语〉》，最初刊于2007年第7期的《读书》，是对时下"《论语》热"的一点反省。该文意在指出，对包括《论语》在内的经典诠释来说，无论是学术研究还是社会推广，都必须建立在充分吸收和消化传统积淀的基础之上，否则难免"师心自用"而"以管窥天"，甚至误读经典而"误人子弟"。此文刊出时有误植之处，收入本书时得以修正。第二篇《东亚视野看〈论语〉》，最初以《评松川健二〈论语思想史〉》为题，刊于《中国文哲研究通讯》（台北），是对日本学者松川健二所编《论语思想史》一书的介绍、评论以及一些相关的思考。第三篇《当代中国的儒家经典与通识教育》，是我一篇英文稿的部分中译。该英文稿最初是应狄培理（W. T. de Bary）教授之邀，参加2008年1月哥伦比亚大学有关通识教育与核心课程的国际会议"Classics for an Emerging World"时提交的论文。其中的主要内容，后来也曾分别在莱顿大学和汉堡大学的会议、哥本哈根大学和北欧亚洲研究所以及斯德哥尔摩大学的几场演讲中传达给西方的听众。该文以当代中国大陆为限，首先回顾儒家经典1949年迄今的兴衰，接着考察儒家经典在教育系统尤其大学通识教育中的处境，最后提出了一些个人的观察和分析。第四篇"揽彼造化力，持为我神通"，曾经刊于《读书》2011 年第 1 期的《读书》杂志，是我作为执行主编，为中国社会科学出版社最近出版的"海外儒学研究前沿丛书"撰写的总序。对于如何在当今整个世界的格局和视野中研究和思考儒学的各种时代课题，既是我这篇序言的中心所在，也是当初这套丛书的主要缘起之一。该文的若干文字在"海外儒学研究前沿丛书"中被出版社的编辑删去了，这次收入本书则恢复了原貌。这是需要向读者说明的。

第三部分"儒学与宗教"包括三篇文字：第一篇《人文主义与宗教之间的儒学》，原是我《儒家传统——宗教与人文主义之间》一书的导论部分，最初曾以《人文主义与宗教之间的儒家传统》为题，刊于2007 年第 2 期的《读书》。该文以西方"religion"和"humanism"的概念为不可或缺的参照，却不以之为中文"宗教"与"人文主义"这两个概念的定义标准，对于在什么意义上可以将儒学称为"宗教"和"人文主义"的问题进行了澄清，尤其是对儒学是否可以称为"宗教"的问题做出了总结。第二篇《儒学与宗教冲突》，最初以《化解全球化过程中宗教冲突的儒学资源》为题，刊于 2003 年第 2 期的《江苏行政学院学报》，并收入河北大学出版社 2005 年 11 月出版的《孔子与当代国际学术会议论文集》（该文原本是参加此次会议提交的论文）。该文首先指出，全球范围内"西方化"的趋势与不同文化传统自我认同的强化以及彼此之间的冲突构成"全球化"过程的一体两面，而宗教传统之间的冲突更是文化差异与文明冲突的核心所在。在此基础上，该文着重以阳明学者三教关系的思想和多元宗教参与的实践为据，并结合当今宗教学领域的相关论说，说明儒学对于化解当今世界宗教冲突所可能提供的有益资源。第三篇《儒学与宗教对话》，最初题为《宗教对话：儒学第三期开展的核心课题》，刊于 2006 年第 3 期的《孔子研究》，随后即为中国人民大学书报资料复印中心复印报刊资料《中国哲学》2006 年第 8 期全文转载，并为 2006 年第 6 期的《中国社会科学文摘》摘录。该文首先对所谓"儒学第三期开展"的涵义进行再诠释，认为就当下以及将来的发展而言，儒学第三期开展是指儒学从东亚到全球的地域性扩展，在这一过程中，与西方宗教传统的对话将构成其核心课题之一。这与《人文主义与宗教之间的儒家传统》一文恰好可以彼此呼应。再次指出，在漫长的历史发展中，对话性一直构成儒学传统一个极其重要的特征。儒学本身可以视为一种对话性的传统。最后认为，儒学传统对于宗教对话至少应有三方面的贡献，即"和而不同"的对话原则、"理一分殊"的多元主义宗教观以及多元宗教参与和多元宗教认同的理论与实践资源。之所以选择这三篇文字作为一组，列为本书第三部分，源自我的这样一个认识：儒学宗教性（religious）或精神性（spiritual）的一面，在当今和将来全球多元文化的互动中，将会有很大的发展，并在其中扮演一个重要和积极的角色。

第四部分"当代儒学人物"包括三篇文字：第一篇《当代儒家知识人的典范：余英时先生荣获人文诺贝尔奖的启示》，最初以《人文诺贝尔奖的启示》为题，刊于 2007 年第 1 期的《读书》。缘由是余英时先生荣获美国国会图书馆颁发的"克鲁格人文与社会科学终身成就奖"（Kluge Prize），而所思在于当今时代如何成为真正的儒家知识人。第二篇《反－反传统主义：陈来先生的文化立场与价值关怀》，原是陈来先生要我为其《传统与现代——人文主义的视界》一书撰写的书评，最初以《儒家的文化立场与价值关怀——陈来〈传统与现代——人文主义的视界〉读后》为题，刊于 2007 年第 1 期的《中国文化研究》。此次收入本书，文字有所改写。该文首先通过介绍和分析陈来先生《传统与现代——人文主义的视界》一书的主要内容和观点，指出了其"反－反传统主义"的主旨和内涵，进而结合当前"儒学复兴"

的现象，对于如何处理文化立场、价值关怀与学术研究这三者之间关系的重要课题，提出了一些个人的看法。第三篇《立足儒学、融通东西：李明辉教授与比较哲学》，原题"李明辉教授与比较哲学"，刊于2007年5月的《国文天地》（台北），也是该刊编辑的邀稿。该文不仅介绍了李明辉教授从事比较哲学所取得的成绩，更对如何从事比较哲学尤其比较视域下的儒学研究提出了自己的看法。依我之见，真正严肃而有成的比较哲学，必须对所比较的双方甚至多方"深造自得"，无捷径可走。否则，对彼说此，对此谈彼，或者浅层次地比较甚至"比附""同异"，"比较哲学"就成了"游谈无根"的"无源之水""无本之木"。

第五部分"有关儒学与当今世界的访谈"，包括国内外不同媒体对我的三篇访谈。由于访谈的内容恰好都可以涵盖在"儒学与当今世界"这一论题之下，作为本书的一个组成部分，也就是再合适不过的了。第一篇《"文化中国"与"重建斯文"：彭国翔谈余英时的中国情怀与文化建设》，是应《新华月报》编辑之约进行的访谈，刊于2012年9月的《新华月报》（上）。编辑告诉我《新华月报》开辟了"文化中国"的专栏，邀请学界相关学者专就"文化中国"这一议题发表自己的看法。我于是就从"中国情怀"开始谈起，最后归结于"重建斯文"这一当今中国文化建设的当务之急。2012年7—8月间编辑约我进行访谈时，我正在德国哥廷根马普研究院的宗教与民族多样性研究所（Max Planck Institute for Religious and Ethnic Diversity）担任客座研究员。这篇访谈是编辑电邮来问题，我逐一笔答的。虽然其实并未与编辑谋面，但这样书面访谈的好处是表达可以比较精确。不过，刊于《新华月报》的题目并非我自己原定，其中有些内容，刊出时也被编辑删掉了。如今收入本书，不仅题目一仍其旧，删去的内容，也复原如初。两相对照的话，读者自会一目了然。第二篇《儒家也有一种"个人主义"：如何理解儒家的自我观及其意义》，曾以《儒家也有一种个人主义——访北京大学高等人文研究院文化中国研究中心主任彭国翔》为题，刊于 2012 年 12 月《人民论坛》（上），是应《人民论坛》杂志社编辑之约进行的一个访谈。这篇访谈的核心在于如何理解儒家的自我观，因此，我自己原先赋予这篇访谈的题目就是"如何理解儒家的自我观及其意义"。大概是编辑意识到我所论在于回应那种单纯从社群伦理和群体主义理解儒家自我的流行之见，所以特别以"儒家也有一种个人主义"为主标题刊出。这或许确有一新耳目的效果，所以在编入本书之际，我结合二者，将这篇访谈的题目定为"儒家也有一种'个人主义'：如何理解儒家的自我观及其意义"。在我看来，儒家当然不是"individualism"甚至"egoism"意义上的个人主义，但也不是将个体的独立人格淹没于芸芸众生之中以及为了所谓的"集体"和"组织"而牺牲个体的"集体主义"。自由之精神和独立之人格乃是儒家传统一贯的价值取向。这篇短短的访谈和我以往从哲学、历史、宗教等专业角度讨论儒学的长篇大论虽然大不相同，但当今世界的视野以及中西文化和价值彼此相参互镜的自觉，则是一以贯之的。在我看来，既肯定个体与社群的密不可分，同时又凸显独立人格，这就是儒家对自我的理解；而在压抑个性的集体主义和自私自利的个人主义这两个极端之间，始终坚持双向批判，而从容中道，这就是儒家的自我观在当代中国最为重要和积极的价值与意义所在。第三篇《世界文明与多元宗教中的中国思想与儒家传统》，是土耳其 A9 电视台"搭桥"节目（Building Bridges Program）的访谈。A9 电视台位于土耳其伊斯坦布尔，其"搭桥"节目致力于"探讨当今世界全球范围内对于人类而言至关重要的问题"，其目的在于"通过思想话语和对话来促进全球所有文明和不同文化之间的和平、统一、仁道、友爱"。该节目已经邀请了全球范围内不同领域中卓有建树的公共知识人（public intellectual）和专家学者（academics）进行访谈。正如"搭桥"这个名字所示，这一节目是为了在分歧之间建立桥梁，崇尚的是不同文化传统之间的人类共识。当然，这种共识并非"铁板一块"的"一元"之"同"，而是"五光十色"的"多元"之"通"。在我看来，儒学以至中国文化传统最有价值的内容之一，就是其"和而不同"的思想与实践。而所谓"和"，正是在肯定个性与差异的前提下达致的和谐与融通。访谈中节目主持人向我提出了不少重要的问题，我都从中国思想和儒家传统的角度表达了自己的看法。尤其是节目主持人从伊斯兰的传统出发，提出不同文化传统与族群之间相互学习以及化除偏执与傲慢的问题，问我如何从中国传统的角度予以回应时，我恰好向英语世界的听众再次介绍了作为一种"学习的传统""对话的传统"，儒家的"和而不同"在观念与实践两个方面的历史经验和价值。节目访谈原来是用英语进行的，收入本书时由我自己译成了中文。我在这篇访谈中表达的看法，与本书第二部分"儒学与宗教"的一些论述恰好可以彼此呼应、相互支持，这也正是我自己一贯立场的反映。

至于作为本书"代序"的《重建"斯文"——大国崛起的当务之急》，曾于 2013 年 3 月发表在《人民论坛》杂志社主办的《学术前沿》（下，总第 22 期）。该文虽然也是应《学术前沿》杂志编辑之约，针对该杂志"中华文明与当今世界"这一专题，但其成文却是 2010 年初的事情。该文指出，在寻求"富强"的同时，必须注重"斯文"传统的重建。这其实是我在专业的学术研究之外，21 世纪初以来一直思考的关乎当今时代的诸多问题之一。2010 年最终成文，不过是有感而发的结果。这篇文字虽然对我自己来说是三年前的旧作，但所论恰好合乎"中华文明与当今世界"这一主题。并且，不但我的看法至今并未改变，我所谓的"重建斯文"这一时代课题，我认为仍有待于广大民众树立自觉，需要一个长期的历史过程方能完成。而在这一历史过程之中，前进的道路不仅会充满荆棘，甚至有可能会歧路亡羊。历史总是充满偶然，20世纪初期以来，各种"主义"漫天飞舞，大部分知识分子往往赶时髦、趋流俗，深刻和理性的"正见"，常常被狂热的情绪与迷思所掩盖。20世纪上半叶可以说是中国人最不幸的时代，我由衷地希望和祈祷，在21世纪的今天，中国人不要再次因"观念的灾害"而陷入"历史的浩劫"！

　　这些文字原先散见于海内外各种不同的出版物，此次结集出版，不仅各篇文字一一做了修订，有些文章还有改写。如此，可以方便有兴趣的读者了解我对相关问题的整体思路和看法。这里也借便向当初刊发文章的出版物致谢。当然，由于各篇都是近年来独立发表于不同出版物的文字，个别地方难免会有重复而令人有"一咏三叹"之感。事实上，那些不免在不同篇章中一再出现的意思甚至类似文字，或许正是我"三致意焉"的注重所在。这一点，敬请读者留心。

　　本书所收文字内容大都关乎当前的文化问题，尤其是全球视域中中国文化特别是儒家传统的重建问题。如能对读者有所帮助，无论是引起正面的进一步思考，还是导致反向的质疑与辩难，都表明我的思索来自于当今世界一些普遍的问题意识。而这些问题意识的来源，自有其广泛和实际的社会存在，并不是我"独与天地精神相往来"的结果。

彭国翔

2013 年 5 月于蓝旗营

一　儒学的时代反省

四　儒学与政治社会

五　当代儒学人物

六　有关儒学与当今世界的访谈

一　儒学的时代反省

儒学复兴的省思
——缘由、问题与前瞻

一、复兴缘由

儒家传统在中国至少有 2500 余年的历史，并且，汉代以降，儒学也成为古代中国社会主流的观念和价值系统。正是在这个意义上，西方许多学者将古代中国称为 "Confucian China"（儒教中国）。但是，综观整个 20 世纪，儒家传统的命运却发生了急遽且富有戏剧性的变化。如果我们将 1919 年迄今界定为 "当代中国" 的话，那么，儒家传统在当代中国的演变大体可以分为两个阶段。

第一阶段是 1919 年到 20 世纪 70 年代末，整个中国社会主流的思想文化是激进和全盘性的反传统主义，儒家传统首当其冲，从 "五四" 时期的 "打倒孔家店" 到 "文革" 时期的 "破四旧" 和 "批林批孔"，批判和否定儒家传统的线索一以贯之且登峰造极。第二阶段是 20 世纪 90 年代迄今，首先是学术界开始反思激进与全盘性反传统思潮的偏颇，官方态度亦逐渐扭转。在广大国人开始日益认识到传统不可弃的情况下，社会上渐有复兴儒学之说。尤其 2000 年以来，复兴儒学的呼声日高，出现了各种相关的活动，颇有 "忽如一夜春风来，千树万树梨花开" 之势。就儒家传统自身来看，如果说前一个漫长的阶段简直是 "山重水复疑无路"，后一阶段虽为时尚短，却也不能不说是 "柳暗花明又一村" 了。

对儒家传统的批判晚清已经开始，到 20 世纪 80 年代，反传统的思潮实已有百余年。百余年来，可以说已经形成了一个新的"反传统的传统"（tradition of anti-tradition）。可是，20 世纪 90 年代以来，重建中华民族精神传统、复兴儒学的呼声由弱到强，逐渐赢得了广泛的认同。到 21 世纪迄今为止，认为至少在社会声势的层面上儒学复兴之说日益深入人心，也许并不为过。何以如此？我认为至少有三方面的缘由。

首先，儒学的基本价值在传统社会历来发挥着"齐人心、正风俗"的作用。非但广大知识阶层多以儒学的核心价值为"安身立命"的所在，凡夫俗子由于长期受儒学的教化，亦将儒学的一些核心价值如"忠""孝""仁""义"等奉为为人处世的"常道"，并在日常生活中以"百姓日用而不知"的方式来体现这些价值。可是，如前所述，20 世纪中西文化剧烈碰撞所导致的只是原有价值系统的崩溃，并没有给我们从"西天"取来"真经"，使之足以作为一种替代性的价值系统来重塑中国人的心灵世界。于是，在批儒学、反传统的过程中造成了严重的价值真空、精神失落以及信仰危机。然而，无论是个体的人还是一个民族，必须有其自身的价值系统和意义世界，否则即如没有灵魂的行尸走肉。这一点，在各种西方理论涌入中国、轮番占据知识人心灵而"城头变幻大王旗"之后，终于逐渐为人所自觉。如何摆脱"抛却自家无尽藏，沿门托钵效贫儿"（王阳明《咏良知》诗）的心态，深入发掘传统中的精神资源，通过创造性的转化和综合创新来重建中华民族文化的价值系统，终于成为中国广大有识之士共同的问题意识。

其次，中国人之所以能够逐渐从反传统的传统中走出，开始重新认同以儒学为核心的中国文化，全球化背景下的文化与价值认同问题亦是一个重要的缘由。20 世纪 90 年代以来，全球化在器物甚至制度层面带来"一体化"的同时，也日益突显文化认同与根源意识。越是与不同的文化接触，"我是谁"的问题就越来越突出。只有植根于自己民族文化的传统，才能真正在全球多元的格局中有一席之地。这一点，迫使每一个民族乃至每一个体不仅不能乞灵于任何纯然外部的文化来建立"自我"，反而必须深入自己的文化传统来"认识你自己"。海外的华人之所以对文化和价值认同问题有格外的体会，绝非偶然。当然，任何文化都不是凝固不变的，其更新和发展需要不断吸收外部的资源。佛教传入中国就是一个很好的范例。不过，任何文化吸收新的成分从而转化和发展自身，其成功的前提必须是立足于已有的传统，否则即成"无源之水"和"无本之木"。现在中国正在崛起，从政治、经济上看，中国为世界做出了很大的贡献。但从文化上看，中国能给全世界带来什么样的思想资源？西方有源自希腊的理性文明和源自希伯来传统的宗教文明；伊斯兰世界有伊斯兰世界的文明，有支撑它的价值观念；那么，中国有什么？在这样一个全球化的背景下，我们不得不开始重新体认我们是谁。不单是作为一个政治、经济的单元，更作为一个文化实体去追问，我们是谁？我们的文化是什么？这是我们必须面对和回答的问题。因此，全球化一方面使我们日益了解世界文化的多样性，使我们越来越了解其他的文化传统，同时也使我们不得不正视自己的民族文化，尤其儒家传统。显然，如果弃数千年的中国文化、儒家传统于不顾，我们还能给世界提供别的什么呢？

此外，还有一个缘由不能忽略，那就是：一批真正深入了解、认同儒学价值同时又能欣赏、接受西方文化优秀成分的儒家知识人对于守护和重建儒家传统不遗余力的毕生奉献。尽管整个20世纪是反传统思潮当令，但自始即有一批为数不多的学者能够认识到儒学的基本价值不但不与西方的科学、民主、自由、人权相悖，反而彼此相通相济。从康有为（1858—1927）、梁启超（1873—1929）、熊十力（1885—1968）、张君劢（1887—1969）、陈寅恪（1890—1969）、梁漱溟（1893—1988）、钱穆（1895—1990）到徐复观（1903—1982）、唐君毅（1909—1978）、牟宗三（1909—1995）再到余英时（1930— ）、蔡仁厚（1930— ）、刘述先（1934—2016）、杜维明（1940— ）等，都为在整个反传统的浪潮中保存儒家传统尽心尽力。1949 年以后到 20世纪 80 年代以前，这样一种价值取向主要在大陆以外的华人世界得以绵延不断。20 世纪 80 年代之后，随着中国的改革开放，以儒学为代表的中国传统文化在大陆逐渐由被批判转为受到重新评价，以上这些人物所代表的广义的新儒学终于重新回到了大陆，并日益引发了深远的影响。唐君毅先生曾用"花果飘零"来形容中国文化在当代中国的命运，而这些一生为中国文化、儒家传统"招魂"的学者，对于如今儒学能在中国大陆呈现复兴之势，实在是功不可没。

二、契机与危机之间

20 世纪 90 年代也曾一度有所谓"国学热"的说法，但当时尚不具备广泛的社会基础。如今又是十几年过去了，再来看中国文化、儒家传统，我认为的确已经真正显示了"一阳来复"之机。对于传统价值的需求已不再只是部分知识人的呼吁，而真正表现为社会大众的心声。不过，这并不意味着儒学复兴"形势一片大好"。事实上，目前存在的问题甚至相当严重。对这些问题如不加以警觉和克服，儒学复兴的"契机"未尝不会转变为更大的"危机"。

首先，是狭隘的民族主义的问题。民族主义本身未必是一个完全负面的东西，对任何一个民族来讲，民族主义都不免在一定程度上存在。尤其是在面临外侮的情况下，民族主义往往是强化民族凝聚力的一个重要因素。但是，狭隘的民族主义却会产生很多弊端。狭隘的民族主义往往与原教旨主义互为表里，而目前世界和平的大敌恐怖主义，其渊薮正是原教旨主义和狭隘的民族主义。因此，中国崛起向世界上传达的文化信息如果是狭隘的民族主义，儒家传统的复兴如果被认为是狭隘民族主义的抬头，那么，从中华文明之外的角度来看，所谓"中国威胁论"的产生恐怕就是人之常情了。如此反过来会给中国带来怎样的后果，也就可想而知了。事实上，古往今来，真正能够于儒家传统深造自得者，一定不是一个狭隘的民族主义者。儒家知识人都是"以天下自任"而能超越一己与小群体之私的。综观近现代的整个中国历史，最具开放心灵而能吸收其他文化之优秀成分者，几乎无一不是当时最优秀的儒家知识人。不但中国如此，整个深受儒家文化影响的东亚地区包括日本、韩国等都是同样的情况。狭隘的民族主义者可以假儒家之名号，甚至有时亦自以为是以儒学的价值为自我认同，但既不能于儒家传统深造自得，终不能得儒家之实，只能给儒家带来灾难。因此，要想在当今新的时代重建儒家传统，首先要加以警惕的就是不要落入狭隘民族主义的陷阱。弘扬民族精神、传统文化与利用民族主义情绪而"别有用心"之辨，识者不可轻忽。

　　其次，是目前无所不在的商业化对复兴儒学的侵蚀。社会上总有些人是"风派"，其实并无自己的原则。凡是能带来好处的，皆趋之若鹜；反之，则避之惟恐不及。如今，儒学已不再是批判的对象，而成为一种正面的文化象征和资源。于是，不少机构和人物纷纷奔赴儒学的旗下。问题是，如果这仅仅是因为儒家能够带来名利，而不是从事和提倡者出于自己对儒家的体认，出于对传统文化深厚的了解，势必会给儒学的真正复兴带来很大的麻烦。目前，广大社会民众确有了解和实践儒学价值的良好愿望。但是，相对于这种需求，在百余年反传统的传统下，真正有资格代表儒家传统发言的人并不多见。即便是基本儒家知识的介绍，也需要受过专业训练而学有所成的专家学者来从

事，更不必论对儒家经典的解读了。如果面对公众讲儒学者自己并无
有关儒家传统的深厚学养，既误人子弟，于自己也未必是福。因为长
远来看，良莠朱紫终有水落石出之日。对于这一问题，一方面需要社
会大众慎思明辨，提高自身的判断力；另一方面更需要广大知识人自
我反省、自觉自律。

三、拒绝"死亡之吻"

历史进入 21 世纪以来，的确是重建儒学传统的一个很好时机。社
会上有这么多人尤其是年轻人，意识到我们需要在全球的范围来真正
重建中国文化的精神和价值资源。但是，如果这个时机不能好好把
握，上述问题不能够好好解决，那么，儒学是否能够真正复兴是很可
怀疑的。各种表面上推波助澜的力量弄不好会成为儒学的"死亡之吻"
（kiss of death）。它表示对你亲近，可带来的结果是死亡；它所做的一
切看起来是要提倡你、推动你，结果却让你早点毁灭。所谓"契机"
变成"危机"，正在于此。

至于如何避免上述问题？我以为，当务之急莫过于树立对于儒学
传统的正确认识。前已指出，我们目前仍然生活在一个"反传统的传
统"之中。目前谈儒学的复兴，必须对这一历史背景有充分的自觉。
可以试想，"五四"以后出生的中国人，尤其是在中国大陆，无不生活
在这样一个传统里面。20 世纪 90 年代时哪怕是七八十岁的老人，出
生之日已身处反传统、批儒学的氛围之中，因而对儒家传统、中国文
化究竟能有多少认识，是很值得思考的。长者尚且如此，1949 年以后
所谓"生在红旗下、长在新中国"者，就更不必论了。佛教有"正见"
与"正行"的说法。"见"是思想、观念、意识，"行"是实践。先要

有"正见"，然后才能有"正行"。借用这个讲法，我们可以说，只有对儒学有比较深入全面的了解之后，才可以去讲儒学、实践儒学的相关价值。清人戴震（1724—1777）有言："舍夫道问学，则恶可命之尊德性乎？"同时的钱大昕（1728—1804）也说："知德性之当尊，于是有问学之功。岂有遗弃学问而别为尊德性之功者哉！"余英时先生1975年曾经援引这两句话，并指出："在今天的处境之下，我诚恳地盼望提倡儒学的人三复戴东原、钱竹汀之言！"[1]以我的理解，这正是余先生早就看到"正见"在反传统的传统中对于重建传统之至关重要而发出的语重心长之言。如果只是出于现实利益的考虑去讲儒学，则"起脚便差了"。如果让一些皮相或似是而非的对儒学的理解左右人们的认识，则重建儒学传统，从儒家传统中汲取身心受用的资源，将是无从实现的。因此，要发挥儒家传统的价值，从中汲取有益的资源而有所"受用"，首先在于确立"正见"。讲儒学的学者对儒家传统一定要有比较深入、全面的了解之后，才可以采用各种形式把真正儒家的信息传达到社会上去。有了"正见"，无论采用怎样的形式来讲儒学都无妨。但如果并无"正见"甚或根本是别有所图，则"死亡之吻"恐怕是难以避免的。在对中国文化、儒家传统已经隔膜甚深的情况下，要获得"正见"，除了激情之外，更需要清明和深沉的理性。没有孟子"掘井及泉"和荀子"真积力久则入"的工夫，很难真正接上儒家传统的慧命。

---

[1]　余英时：《论戴震与章学诚》，北京：三联书店，2000年，"自序"，页9。

儒家认同的抉择

近年来，随着海外特别是西方儒学研究著作的不断引入，读者发现不少西方学者在其儒学研究的著作中常常流露出对于儒家传统核心价值的欣赏甚至认同。于是，儒学能否成为西方人士安身立命的所在，自然成为很多中国读者感兴趣的一个问题。《中华读书报》提出以"外国人能否成为儒家"为议题作为目前国学讨论的一个焦点，正是审时度势下颇具慧眼的一项举措。

一、儒家以四海为家

事实上，如果"外国人"指的是国籍意义上"中华人民共和国"之外的人士，那么，大批在 1949 年之后"花果飘零"到异域而取得他国国籍的海外华人，很多都是中国儒家传统价值的提倡和力行者。20世纪六七十年代，反倒是那些具有外国国籍的海外华人在国际上为儒学"正名"。在这个意义上，外国人可以成为儒家，显然不是问题。不过，时下的疑问并非针对这一类具有外国国籍的华裔人士，其对象毋宁是种族意义上"中国人"之外的其他人类。

问题是，即便是就种族意义上"中国人"之外的人士来说，成为儒家其实也早已不成问题。中国虽然是儒学的原乡，但儒学很早便传入韩国、日本、越南等地，与当地的本土文化结合之后，形成了具有当地文化特色的儒学传统。由此，在这些国家的历史上，也是大儒辈出。如韩国的李退溪（1501—1570）、李栗谷（1536—1584）、郑霞谷（1649—1737），日本的林罗山（1583—1657）、中江藤树（1608—1648）、山崎暗斋（1618—1682）、贝原益轩（1630—1714）、佐藤一斋（1772—1859）以及晚近去世的冈田武彦（1908—2004）等，都是一时翘楚。

　　以韩、日等东亚国家的儒家人物论证"外国人可以成为儒家"，或许仍不足以释人之疑。因为"西方人能否成为儒家"，才是眼下"外国人能否成为儒家"这一议题的真正所指。不过，对此答案也很明确。波士顿大学神学院前院长、著名的神学家和哲学家南乐山（Robert Neville）于 2000 年出版的《波士顿儒学》（*Boston Confucianism*）一书，就是一位具有深厚基督教背景的纯粹西方人士自觉选择儒家认同的见证。与南乐山在波士顿大学神学院共事且目前仍担任神学院副院长的白诗朗（John Berthrong），作为"波士顿儒家"的成员之一，同样为西方人成为儒家提供了活生生的例证。事实上，除了直接宣称自己儒家认同（Confucian identity）的这两位"波士顿儒家"之外，还有相当一批并未以儒家名号为标榜，却同样颇能体现儒家人格与精神气质的西方学者。譬如，哥伦比亚大学目前已届 90 高龄的狄培理（Wm. Theodore de Bary）教授，不仅和已故陈荣捷（Wing-tsit Chan）先生一道，对于儒家经典在美国高等教育的推广做出了无与伦比的贡献，同时也是一位身体力行儒家核心价值的君子儒。夏威夷大学的安乐哲（Roger T. Ames），以古典儒学和道家研究以及中国古代经典英译名世，其为人也如孔子所称许的晏平仲，"善与人交，久而敬之"。由此可见，不论对于历史上的东亚他国，还是现在的西方世界，外国人既能"研究儒学"，又能"成为儒家"。早在新千年伊始，我即曾指出："儒学作为价值信仰的一种类型，已进入全球意识。它不仅可以为

中国、东亚地区的人士提供安身立命之道，亦有可能成为西方人士信
仰方式的一种选择。"

二、儒家必宗儒典

对我而言，外国人能够成为儒家不仅不是"问题"，甚至更是思考
相关问题的"前提"。但这并不意味着眼下讨论"外国人能否成为儒
家"没有意义。事实上，该议题具有远为深广的蕴涵，至少有以下两
点值得进一步深思熟虑。

首先，儒学价值早已超越地域、族群、特定政治社会结构和经济
模式，成为任何人都可以选择认同的安身立命之道，但深沉的价值信
守从来都源自对儒家经典及其诠释传统的深造自得。"外国人能否成为
儒家"之疑不指向韩、日等深受汉字文化圈影响的东亚儒家，而实际
针对当今的西方人士，一个不言而喻却至关重要的原因就是：日、韩
那些"儒家"从来都是直接研读儒家原典而最终成为"儒家"的；他
们直接以中文为其文字，其自幼研习儒家经典的经验，根本与朱熹、
王阳明等中国历史上的大儒无异。因此，"外国人能否成为儒家"，涉
及儒学价值的普世化与儒家经典原始文字载体之间的关系这一深层问
题。儒学当然可以用中文之外的其他语文来言说。不过，社会大众的
一般传播与精深的专业研究毕竟有别，中文（具体说是古汉语）的
儒学经典终归是儒学价值的"源头活水"。除非语言文字的"不可译
性"（untranslatability）不存在，否则，中文的儒家经典及其典范性诠
释（如朱熹的《四书集注》）不仅不能置若罔闻，更是必须不断深究的
终极理据。诚然，现在不少优秀的西方哲学家未必精通拉丁文、希腊
文。在有很好的英译本的情况下，一些西方学者亦能把握儒家经典的

要义。但要想"百尺竿头，更进一步"，达到孟子所谓"居之安、资之深""左右逢其原"，恐非精通原文不可。最杰出的西方哲人多通拉丁文、希腊文，不能者毕竟引以为憾。西方精研儒学且认同儒家者，其实也大都具备中文古典的良好训练。

三、儒家的"死亡之吻"

其次，对于"外国人能否成为儒家"这一问题，大多数人的重点所在恐怕是"什么人可以成为儒家"，而不是"儒家是什么样的人"。不过，如前文所论，前者本不成问题，需要深究的倒是后者。依我之见，"儒家"至少需要同时具备两个条件。一是对儒家经典和儒学传统有相当深入的了解；二是对儒学核心价值具有相当程度的认同。前者是"知"，后者是"信"。二者如车之两轮，鸟之两翼，相辅相成，缺一不可。只有知性的了解而无价值的认同，自然算不上"儒家"，不过"儒学从业员"而已。但若非植根于深厚的学养而轻言儒家认同，难免"走火入魔"。至于假儒家名号而别有用心者，虽然不足与论，但当前更值得警惕。"批孔"的年代敢于公开宣称自己认同儒家，其真诚大概无可怀疑。但在一个标榜儒学能够沽名渔利的时代，"儒家"者流风起云涌，"忽如一夜春风来，千树万树梨花开"，其间真伪就必须辨别了。如今的中国大陆，不幸正处在这样一个"乱花渐欲迷人眼"的局面。眼下动辄在公共领域尤其媒体祭起儒家旗帜者，不乏"醉翁之意不在酒"者。而给"儒学热"泼冷水甚至提出批评者，有时反倒是儒家真精神的体现。清儒颜元（1635—1704）所谓"天下宁有异学，不可有假学。异学能乱正学而不能灭正学。有似是而非之学，乃灭之矣"。种种"似是而非"的"假学""伪儒"，无论在官方还是民间，对儒学的真正复兴，只能是"死亡之吻"。儒学价值未能为"五四"反传统思潮尽毁，却有为种种"死亡之吻"所灭之虞。如何避免蹈此境地，绝非杞人忧天。正是在这个意义上，冷静、深邃地思考"如何才算是儒家"，当是探讨"外国人能否成为儒家"的题中首要之义。

最后，我愿郑重指出，正如历史上的"夷夏之辨"主要是就文化而非地域而言一样，"儒家"不必是中国人、东亚人士的专利。否则，不会有"礼失而求诸野"之说。但中国毕竟是儒学的祖国，中国人自己如果不能在浩劫之后真正重建儒学的价值系统，让儒学在"复兴"的表象之下成为"商业化"和"政治化"的牺牲品，非但"儒家"人物仍不得不"乘桴浮于海"，以至"流落人间者，泰山一毫芒"，作为一种"文明"或"价值系统"的整个"儒家文化"，更是终将难逃"随风而逝"的命运。这一点，实在是中国大陆经历了改革开放三十年之后如今所面临的最大挑战。

君子的意义与儒家的困境

20 世纪迄今，在经历了长期被批判的境遇之后，孔子似乎又恢复了"圣人"的地位。一时间，《论语》好像也再次成为万人争诵的圣典。不过，孔子在《论语》中念兹在兹的理想人格，与其说是"圣人"，不如说是"君子"。"圣人"固然是最高的理想人格，但是在整部《论语》中，孔子提到"圣人"不过 6 次。对于"圣"和"仁"这两个最高的价值，孔子都明确表示"吾岂敢"（《论语·述而》）。与"圣人"相较，关于"君子"的地方却不下 106 次。那么，孔子以及后世儒家知识人心目中的"君子"，究竟是怎样一种人格呢？

一、君子的四重意义

"君子"与"小人"相对，二者都不是孔子创造的名词，而是在孔子之前"古已有之"的。不过，与我们现在对"君子"和"小人"分别指"有德"和"缺德"的人这种理解不同，孔子之前，"君子"和"小人"是以"位"分而不以"德"分的。换言之，区分"君子"和"小人"的准则不在于是否具有高尚的道德修养，而在于是否出身贵族。"君子"是指具有贵族血统的人，而"小人"则是指一般的平民百姓。将"君子"和"小人"之别的标准从"位"转换为"德"，使得"君子"成为一个道德的主体，正是孔子的新贡献。如此一来，"君子"

不再由血统来决定，不再只是少数权势阶层的专享名号，而变得向所有人开放。任何人只要通过自己的修养而具备高尚的品德，就可以成为一个"君子"。反过来，即便出身高贵，如果不具备良好的道德修养，也仍然称不上是"君子"。正是经过了孔子的创造性转化，"君子"才成为一个人人可学而至的人格典范。也正是由于可学而至，不是一个无法企及的位格，"君子"也才成为中国历史上几乎所有儒家知识人都立志追求或至少是内心敬重的对象。这一点，是"君子"这一观念在孔子以降整个儒家传统中所具有的第一个重要意义。

道德修养是孔子赋予"君子"的一个首要的内容规定，但却并非"君子"这一人格的所有内涵。事实上，对孔子而言，"君子"不仅是一个具有高尚道德修养的人，同时还必须是一个"政治主体"和"社会主体"。用余英时先生的话来说，即所谓"内圣外王连续体"。"内圣"是"君子"的基础，"外王"则是"君子"的充分实现。用孔子自己的话来说，"君子"必须"修己以安人""修己以安百姓"（《论语·宪问》）。如果说"修己"所指的是道德修养这一"内圣"的方面，"安人"和"安百姓"则无疑说的是"外王"的政治和社会功能。一个人具有再好的个人道德修养，如果没有足够的政治和社会关怀以及责任感，也是不能够成为儒家君子的。面对长沮、桀溺这两位洁身自好的隐士的"避世"言行，孔子所谓"鸟兽不可与同群，吾非斯人之徒与而谁与"的名言（《论语·微子》），一语道出了儒家"君子"对于自身所当具有的"政治主体"和"社会主体"的高度自觉。至于"君子"必须培养和具有个人的"美德"，则是因为"美德"构成"政治主体"和"社会主体"最为重要的基础。如果不具备良好的个人品德，即使有各种法令条文的制约，理当为公众服务的人往往实际上会滥用自己的权力和资源，腐败就是在所难免的了。所以说，道德修养一定要与"政治主体"和"社会主体"的身份关联起来，才构成儒家"君子"较为完整的内涵。孔子、孟子周游列国，一生席不暇暖，自然是其政治、社会责任意识的体现，这一点相对较为易见。而历来被视为退缩于"内圣"或"形而上"领域的宋明理学家们，其实同样具有高度"政治主体"和"社会主体"的自觉和实践。晚近余英时先生《朱熹的历史世界》这一巨著所揭示的以往理学研究的未发之覆之一，就是指出以朱熹为代表的宋代道学群体不仅只有"内圣"这一面，同时具有强烈的政治取向。不仅宋明理学如此，以唐君毅（1909—1978）、牟宗三（1909—1995）等为代表的现代新儒学亦然。只是一般研究者尚多未能尽窥相关的文献，以至无法兼顾现代新儒学的这一政治取向。至于非专门的研究者道听途说而有现代新儒学只谈"心性"不论"政治"的错误印象，也就在所难免了。事实上，"独善其身"只是"君子"陷于穷途末路、个人完全无法施展抱负时最后的坚守（last stand），"兼善天下"才是"君子"所要努力追求的最终目标。而即便在"穷"的困境中仍要"独善其身"，也正是要为随时重新获得投身公众服务事业的时机而充分作好个人美德修养方面的准备。总之，除了"道德主体"之外，"政治主体"和"社会主体"的自觉和实践，是儒家"君子"的第二个重要意义。

再进一步来说，儒家"君子"在作为"政治主体"和"社会主体"发挥作用时，同时还必须是一个"批判的主体"。由于儒家从孔子起始终强调道德修养构成君子履行政治、社会功能时不可或缺的基础，或者说，由于儒家的"君子"首先必须是一个道德的主体，那么，一旦任何现实的政治和社会结构不能以百姓的福祉为最大、最后和最高的目标，无论在朝在野，儒家的"君子"都必定要发挥批判的功能。颜回虽然具有极高的个人道德修养而为孔子以及后来几乎所有的儒家知识人所称许。但是，假如在一个"朱门酒肉臭，路有冻死骨"的时代，一个宣扬儒学的人不是将话语的锋芒指向权贵，致力于批判当权者的无道并谋求政治的清明和社会的改善，而是以百姓为说教的对象，要求百姓像颜回那样"一箪食，一瓢饮，在陋巷，人不堪其忧，回也不改其乐"（《论语·雍也》），那么，这种人物绝不是儒家的"君子"。毫无疑问，作为一个"政治主体"的儒家人物，如果一心所系的不是天下苍生的福祉，而只是为了一己私利一味迎合权力集团，那么，这种人就只能如同公孙弘（公元前200—前121）那样，被归于"曲学阿世"的"小人"之流，无法获得"君子"的称号。就此而言，只要以道德为基础，是一个"道德主体"，儒家的"君子"就绝不仅仅是一个一般意义上的"政治主体"，而必须是一个"批判"的政治主体。孟子将"民为贵，社稷次之，君为轻"（《孟子·尽心下》）设定为"君子"的准则，已是治儒学思想史者耳熟能详的。最近湖北郭店新出土竹简所载的儒家文献中，当回答鲁穆公问什么样的人是忠臣时，孔子之孙子思明确表示"恒称其君之恶者，可谓忠臣矣"。这一点，更是明确显示出"批判"精神是儒家"君子"作为"政治主体"的一项定义性特征（defining characteristic）。事实上，综观中国历史，儒家"君子"几乎始终是政治、社会批判功能的首要承担者。从汉末的"清议"和"党锢"，到宋代的"太学生"运动，再到晚明东林党人的"一堂师友，冷风热血，洗涤乾坤"，无不是儒家"君子"发挥政治主体意识和批判精神的表现。哥伦比亚大学如今已届九旬的狄培理（Wm. Theodore de Bary）教授，于20世纪80年代曾撰《中国的自由传统》（*The Liberal Tradition in China*），即特意指出儒家"君子"的这一批判传统。可惜的是，"五四"以来，国人逐渐疏于对中国历史的了解，往往一概将儒家视为只知维护君权和统治者的保守派，忘记了批判君主专制给人民带来的苦难，其实从来都是儒家传统的一个根本方面。至于90年代以来在所谓"国学热""儒学热"中，对于儒家传统中"君子"的这种批判精神蓄意加以忽略或淡化者，恐怕只能是"别有用心"了。

当然，儒家君子还必须是一个"智识主体"。所谓"智识"，既包括一般意义上的"知识"（knowledge），还包括知识层面之上的"智慧"（wisdom）。而无论是"知识"还是"智慧"，都必须通过不断的学习和觉解才能形成。《论语》开篇就是"学而时习之，不亦乐乎？"而孔子自许"十室之邑，必有忠信如丘者焉，不如丘之好学也"（《论语·公冶长》），尤其可见"学"对于儒家君子的重要性。足够的知识、识见和智慧，无疑是儒家君子立足道德、在政治和社会领域发挥批判精神的必要条件。历代大儒几乎都是饱学之士，正说明了这一点。

二、儒家的困境及其根源

当然，作为"政治主体"，儒家"君子"批判功能的发挥绝不只是以一个外在旁观者的身份"不平则鸣"，而更多地表现为以一种内在参与者的身份来谋求现实政治的改善。余英时先生在《朱熹的历史世界》中指出的士大夫欲与君主"共治天下"的那种群体自觉，正是儒家君子所具有的"政治主体"这一意义的集中体现。王安石（1021—1086）与宋神宗（1067—1085 年在位）的"千古君臣之遇"，可以说是历代儒家君子梦寐以求的。不仅朱熹（1130—1200）对宋孝宗（1163—1189 年在位）的冀望如此，即便在儒家士大夫的政治取向整体上由"得君行道"转向"觉民行道"和"移风易俗"的明代，儒家君子其实也始终并未放弃"得君行道"的终极期盼。王阳明（1472—1529）的大弟子王畿（1498—1583）为官既不高也不长，主要以社会讲学、阐发阳明学义理名世。但他曾经在明神宗（1573—1620 年在位）即位时，特意编纂了或许是中国历史上第一部的宦官史——《中鉴录》。其目的很明确，由于宦官与皇帝最为接近，必须首先端正宦官的意识与行为，才能最终达到影响皇帝的效果。显然，在一个君主专制的政治结构中，对儒家知识人来说，只有获得皇帝这一权源的支持，才能切实发挥其政治主体的作用。

可惜的是，历史上儒家君子参与政治、推行改革，几乎无一成功。王安石变法一波三折，最后郁郁寡欢而逝。张居正（1525—1582）得明神宗礼遇之隆，一时盛极。但其推行改革，同样阻力重重，为国操劳一生，辞世仅两年，就遭到神宗无情的惩处，落得满门抄家的下场。至于晚清"戊戌变法"失败，"六君子"血溅菜市口，更是几乎人尽皆知。以上所举人物，往往还不被视为儒家道统中的主流。至于从孔孟以至程朱、陆王这些公认的大儒、君子，则基本上一直被政治权力边缘化。既然连"得君行道"的机会都没有，又如何以内在参与者的身份谋求政治的变革呢？于是，儒家君子往往只能以"施于有政，是亦为政"（《论语·为政》）的心态和方式，在政治权力之外发挥其批判的精神。然而，一旦其言论形成社会影响，对现实的权力结构造成威胁，这些儒家君子就会和那些推行政治改革的儒家人物一样，遭到政治权力的无情打击。程颐、朱熹、王阳明的学说均曾被朝廷斥为"伪学"，即是明证。

因此，不论"居庙堂之上"，还是"处山林之下"，尽管儒家君子的主体意识和批判精神在漫长的中国历史上一再跃动，不绝如缕，恰如顾炎武（1613—1682）所谓的"依仁蹈义，舍命不渝，风雨如晦，鸡鸣不已"。但是，正如以上所述，儒家君子却始终不能充分发挥其"政治主体"的作用。狄培理曾经指出，对于中国历史上的儒家"君子"来说，一个引人注目的现象就是，"这些儒家经常不得不单枪匹马面对大权在握的统治者，独自应对帝国官僚体系的复杂、僵化、或派系内讧。他们越是有良知，就越容易成为烈士，或者更多的时候成为政治空想家。"

如果说这就是"儒家的困境"（the trouble with Confucianism），那么，这种困境的根源何在呢？无论是王安石还是张居正变法，起先都得到了皇帝这一最高权力的支持，但最后竟都为皇帝所弃而以失败告终。原因固然不一而足，甚至包括其他儒家人物基于不同政见的反对意见，但根本有二：其一，极权与专制最忌分权与人，所以，当张居正的一系列举措使成年的神宗皇帝产生"大权旁落"而无法"乾纲独断"的想法时，其"政治主体"的身份就注定要终结了；其二，极权与专制所维护的不是全民福祉，而是某一集团的利益。并且，这个集团的利益获得恰恰是建立在"与民争利"的基础之上。儒家君子参与政治、推行改革、与民兴利，直接触动的就是所谓"皇亲国戚"的利益。皇帝毕竟是该集团的一员，一旦受到来自这一集团内部强大的阻力，意识到最后"命"不免要"革"到自己头上，他也只能放弃"励精图治"的抱负。总之，儒家君子即便一时"得君"，最后也无法"行道"。只要儒家君子欲行之道是"天下为公"，为"天下苍生"谋福利，就在根本上必然与"家天下"的政治体制"水火不容"。一句话，专制的政治如果不彻底改弦更张，真正的儒家君子便永无容身之处。

其实，这一点并不是现代人的"后见之明"（hindsight），古代的儒家人物自己对此已有相当的意识。黄宗羲（1610—1695）固然常常被援以为例，用来说明儒家人物已经处在突破君主专制的边缘，其同时代的吕留良（1629—1683），对于专制与极权的质疑和批判实则更为尖锐。他明确指出："天子之位，乃四海公家之统，非一姓之私。"（《四书讲义》卷26）在他看来，极权者及其体制的本质即是"谋私"而非"为公"。所谓"自秦汉以后，许多制度其间亦未尝无爱民泽物之良法，然其经纶之本心，却总是一个自私自利，惟恐失却此家当"（《四书讲义》卷29）。显然，在吕留良这样儒家人物的心目中，政府的存在只是为了促进与提升人性的价值，而不是为了满足统治集团的利益。晚近的研究表明，由于明朝极端专制导致的种种弊端，这种看法在 17 世纪的中国绝非吕留良的"独唱"，而是相当一批儒家知识人的"共鸣"。也正因此，晚清的儒家知识人如王韬（1828—1897）、郭嵩焘（1818—1891）、薛福成（1838—1894）等，在初到欧洲亲眼见证了民主制度的实际运作之后，立刻表示了极大的欣赏，几乎异口同声将之和中国上古理想的"三代之治"相提并论。其后中国的知识人直到"五四"以降，无论在其他方面如何的莫衷一是，在充分肯定民主（还有科学）这一点上，几乎都是众口一词。这一现象，绝非偶然。在他们看来，极权和专制体制下难以解决的三大问题，在民主制度下均可迎刃而解。一是政权的转移可以和平的方式、依照客观的规则进行，不必经过暴力和流血；二是政治权威经由人民自己的同意和接受而树立，不是强加于民；三是个人的自主和尊严可以得到有效的保障，不再为统治者的意志所决定。至于这三个方面所预设的一个共同前提，正是每一个体政治权利的不可随意剥夺。换言之，个人政治主体身份的有无及其作用的发挥，不再系于某一统治者或集团的"一念之间"而"朝不保夕"。当然，作为一种制度安排，民主自然需要结合各国自身的文化背景。但民主的精神价值，则东海西海，心同理同。如今，西方一些学者反省作为一种制度的民主在西方社会长期以来连带产生的若干问题，自有其意义。但如果对民主作为一种精神价值的普遍性视而不见，在中国的情境中一知半解地搬弄那些西方批评民主制的只言片语，"未享其利，先议其弊"，恐怕只能说不是"无脑"，便是"无心"了。至于说这种做法将民主仅仅视为西方价值，而用意在于强调中国的"与众不同"，殊不知其论证方式却仍不脱以西方论说为普遍准绳的窠臼。

三、结语

　　道德主体、政治和社会主体、智识主体以及贯穿其中的批判精神这四重意义，使得儒家君子必然背负着"家事、国事、天下事、事事关心"的责任意识，这似乎是其"不可解"的"天刑"（《庄子·德充符》）。对于儒家君子在极权与专制体制下的困境，狄培理指出："对于这样一个在根本上存在缺陷的体系，即便儒家拥有超凡的英雄气概和自我牺牲精神，也无法克服它固有的种种功能缺陷。"因此，总而言之，只有在一个健全的社会中，儒家君子才能够避免不是"烈士"就是"政治空想家"的命运，彻底摆脱"困境"，"为天地立心，为生民立命，为往圣继绝学，为万世开太平"，从而真正实现其"君子"的完整意义。同样，也只有"君子"而非"小人"广泛地参与到政治、社会的各个领域，发挥主体作用，民主也才不会丧失"实质合理性"（materiale Rationalitaet）而徒有"形式合理性"（formale Rationalitaet）之表。

儒学与当代中国的相关性

一、解题

我们一提到"儒学"或"儒家传统",马上会想到中国,总觉得儒学就是中国传统的代表。对西方的一般听众来说,或许更是如此。但其实,我们应该知道,儒学早已不是专属中国的东西。儒学传到韩国、日本、越南、马来西亚等地以后,就被当成东亚意识的一个重要组成部分了。所以,如果我们一谈儒家,就只把它归属于中国的话,可能我们的东亚邻邦们不会同意。举一个例子,比如在韩国,有些学者认为儒家传统起源于箕子。由于箕子避难跑到韩国后长期生活在韩国,所以他们很严肃地认为儒家传统起源于韩国。当然,这种观点并不占主流。

实际上,以当代着眼,从某种意义上,我们可以说儒家传统甚至已经不仅属于东亚。有一种很有代表性的讲法,叫作儒家传统的三期开展。这最早是由牟宗三先生提出,后来杜维明教授做了进一步的发挥。杜教授讲的三期,按照我个人的理解,更多地是从空间的意义上讲的,而不只是从时间意义上讲。当然,空间的扩展自然是在时间流程之中的。第一期,是从先秦到两汉。这一期的特点,是儒家从鲁国的地方性知识(local knowledge)转变成全国性的意识形态。先秦时期,百家争鸣,儒家不过是鲁国的土产。当时有齐国的文化,有鲁国的文化,很多的地域文化,儒学在春秋、战国时期还不是全国性的意识形态或者说主导思想。但是到了汉代，我们知道，汉武帝"罢黜百家，独尊儒术"。当然，什么是"罢黜百家，独尊儒术"？是不是意味着只许讲儒学，不许谈别家的思想？"独尊儒术"到什么程度？尤其在实际的政治上，是不是就贯彻了儒家传统的政治理想？这些都还值得商榷。其实，所谓"罢黜""独尊"，并不意味着当时就只剩下儒学了。其他的思想形态并未完全消失，而是起着一种补充的作用。但至少有一点不容置疑：在汉代，儒家逐渐成为全国性的意识形态。所谓第二期，是指汉代以后到宋元明清，儒家思想扩展到东亚地区，不再是专属于中国的思想传统，而成为东亚意识的重要组成部分。到了第三期，儒家的影响进一步扩展，不再局限于东亚，更是走向了世界。尽管儒家在西方被多少人所知，我们不能说得太乐观，但至少儒家作为一种代表中国、代表东亚的重要文化传统，开始被西方人士所认识，所欣赏，这一点是毫无疑问的。一些海外华人学者迄今为止不懈的努力，就是向西方听众介绍儒家传统的一些基本特点。我举一个例子，曾任波士顿大学神学院院长的 Robert C. Neville，他的中文名字叫南乐山，在 2003 年出版了一本书，叫 "*Boston Confucianism：A Portable Tradition in Late Modern Time*"（《波士顿儒家——现代晚期的可行传统》）。南乐山先生担任过美国宗教学会的主席、哲学学会的主席和比较哲学学会的主席，是一位非常有影响力的学者。他不太能熟练阅读中文的经典，要依赖于英文的翻译。但他认为自己能够欣赏儒家的价值。还有一位副院长叫白诗朗（John Berthrong），曾在台湾地区修习过中文，他在芝加哥大学的博士论文写的是陈淳（1159—1223）。后来他还写了好几本关于儒学的著作，如《普天之下：儒耶对话中的典范转化》（*Transforming Paradigms in Confucian-Christian Dialogue*，1994）、《儒学之道的转化》（*Transformations of Confucian Way*，1998）等，是目前在英语世界中介绍儒学的重要人物之一。很有趣的是，这两位院长都有基督教的背景，都是神学家，在教会里做事。但是，他们自觉地认同儒家的基本价值，认为自己也是儒家。他们认为儒家传统可以超越地域甚至语言的限制。当然，海外已经有一些比较成熟的有关儒家经典的译著，为西方人士了解儒学提供了便利。比较早期的，像陈荣捷先生 1963 年编译的 *A Source Book in Chinese Philosophy*（《中国哲学资料书》），现在还在美国大学里作教材。后来稍晚一些的，像哥伦比亚大学的狄培理教授主持翻译的亚洲传统资料书，包括中国的、印度的、日本的。至于关于儒家思想的研究著作，则更是汗牛充栋了。其细致程度，甚至超过中文世界。譬如说，有的博士论文题目，中文世界还没有人做过。这些都是儒学在西方世界传播的反映。

　　另外一个概念，是"当代中国"。当代中国从何时算起呢？我们一般从 1949 年开始算起（到现在）。如果按照重大历史事件来划分时段的话，大致可以以 1978 年为界，将当代中国分为 1978 年以前和 1978 年以后两个阶段。因为 1978 年以前是一个政治局面，1978 年以后中国进入了一个新的政治格局。但是，如果从思想史、哲学史的角度来看，我个人认为，儒家的思想可分为 1949 年到 20 世纪 80 年代末以及 20 世纪 90 年代初到现在这两个阶段。为什么这样划分呢？其实，1978 年改革开放以后，由于政治的变化，中国传统文化的研究已经发生了一些变化。我们知道，1990 年以前，中国大陆对传统文化是持一种全盘否定的态度。但改革开放以后，尤其是 20 世纪 90 年代以来，传统文化已经被提升到一个重要的位置。

　　另外，我想补充一点，讲儒家不能局限于中国是什么意思？目的何在？我是想强调儒家传统的复杂性。现在有人喜欢动不动就说儒家怎么怎么样。我个人算是对儒家做过一点研究的，但是，随着研究的深入，我越来越不敢动辄就说儒家怎么怎么样。儒家的复杂性不仅体现在它地域的变化上，即使就中国的儒家传统来讲，也是一个非常复杂的形态，既有思想，也有实践。因为从历史发展来看，从孔子算起（尽管儒家思想的发端早于孔子），儒家经过了 2500 多年。对于这样一个漫长的历史传统，我们很难用一种一言以蔽之的方式讲儒家是什么，儒家传统是什么。譬如，我们讲先秦儒学，以前只是说孔子、孟子、荀子。但 20 世纪 90 年代以来，不断有新的出土文献，包括郭店竹简中关于思、孟学派的文献，上海博物馆馆藏的一些文献，最新的又有清华收藏的一批竹简等等，非常复杂。到了汉代，儒家出现了一个比较大的变化。到魏晋，玄学出现了。不过，魏晋玄学时期，儒学没有中断。到了隋唐，是佛教发展的鼎盛时期。但那个时候，儒家传统也没有中断，只不过是以另外的方式表现出来。到了宋明，儒家又经历了一个重大的发展。至于现当代，则有新儒学。侧重哲学的方面，从熊十力先生开始，到唐君毅、牟宗三等几位先生；侧重史学的方面，从钱穆先生到余英时，极尽当代儒学之盛。所以说，儒家传统很复杂。先秦儒学，宋明理学，当代新儒学，每一阶段都有丰富的内容值得研究，钻进去后都可以研究一生。鉴于儒家传统的这种复杂性，我们很难笼统地说儒家是什么。当然，这不是说我们不可以概括出儒家的一些基本的核心价值。儒学是有一些基础性的东西，哪怕是不同历史阶段的学者，或者同一历史阶段的不同学者，他们都共享一些东西，那就是儒家之所以为儒家的基本特征。

　　第三个需要界定的概念是"相关性"。这个问题包括两个方面：其一，从回顾的角度看，在当代中国，从 1949 年后到 20 世纪 80 年代末，20 世纪 90 年代初到现在这两个阶段，儒家传统的命运怎样？它扮演什么样的角色？第二个方面，总结当下往前看，作为中国人文化认同的一个组成部分，儒家传统如果要重建的话，我们需要考虑哪些问题？所谓相关性，我指的就是这个意思。

　　以上，是我首先要做的一个解题的工作。

二、当代儒学的回顾

下面，我想先回顾一下儒家传统在当代的命运。刚才我讲了它的两个阶段，第一个阶段是从1949年到20世纪80年代末，这段时期主要表现为反传统的思潮盛行。我们知道，"五四"基本上是一个全面反传统的运动，这在当时的思想文化界占据主流。尽管有梁漱溟、熊十力、马一浮还有"学衡"派像梅光迪、胡先骕和吴宓等一些先生仍然在捍卫儒家传统，但是，他们的声音当时几乎没有人听到。20世纪80年代以来，情形似乎反过来了，大陆开始正面肯定并重建中国的文化传统，台湾则由于政治生态的变化，非常不明智地搞起了"去中国化"。这倒应了"三十年河东，三十年河西"那句老话。不过，当今的中国人毕竟继承了一种反传统的传统，这是很值得思考的一种现象。我想提醒大家注意一个问题：譬如说，一个"五四"时期出生的人，出生时就已经生活在反传统的环境中，从懂事的时候基本上就存有一种对传统文化非常负面的看法。所以，我们现在碰到一个老者，不能想当然地认为他或她对传统文化能有多深的了解。这是一个客观事实。这是一件很有趣当然也很遗憾的事情。如今，年纪很大的人不见得对中国文化有很深入的了解。从"五四"到现在，将近一百年，百年无疑可以形成一个传统。因此，在我看来，中国人如今是生活在一个反传统的传统里。尽管相对于2500多年的儒家传统而言，这个传统为时甚短，但其负面影响很大。打破一个东西很容易，但要把它重建起来，要花很多时间。20世纪80年代以前，一提到儒家，提到孔子，人们就轻蔑地称呼为"孔老二"。其实，我们自己可以想想，我们对儒家的认识有多少？如今哪怕是六七十岁的长者，他们对儒家传统、中国传统文化能真正认识多少呢？这是一个很严重的问题。自20世纪80年代以来，中国所谓的价值真空或者说信仰危机，都是与此有关的。

其实，按我个人的理解，儒家传统中相当多的内容是为了解决人们安身立命的问题。西方的学术分类与我们传统学术的分科很不一样。我们过去的分类是经、史、子、集，儒学大体可以对应今天的文、史、哲。但解决安身立命的问题，不完全是靠我们今天所讲的哲学这门学科。按照近代以来西方哲学的自我理解，澄清思想，获得清楚明晰的思维，这是哲学的任务。而解决安身立命的问题，解决人的信仰、意义、价值问题，在西方大多是靠宗教来完成的。我们尽管传统上没有宗教与哲学的划分，但实际上儒家传统在中国，在相当的意义上，发挥着类似宗教的功能。虽然按照西方近代以来的标准，儒家不是西方意义上的宗教。但是，随着西方宗教研究者、神学家对西方文明以外的非西方世界的了解日益加深，他们已经逐渐扩展并改变了"宗教"这个概念。"religion"这个词，实际上是基于亚伯拉罕传统或者说西亚一神教的标准。一般来说，它要有一个外在的、超越的人格神，还要有教会、神职人员。以这个标准来衡量的话，儒家自然不是宗教。但宗教之所以为宗教，不能仅从这一标准来判断。宗教学家蒂利希（Paul Tillich，或译"田立克"）就把宗教定义为一种"终极关怀"；英国的宗教学家希克（John Hick）则把宗教定义为"人类对超越者的回应"；美国的宗教学家斯狷恩（Friedrich Streng），则把宗教定义为"一种终极性的转化方式"（a way of ultimate transformation）。在他看来，如果一种东西可以使一个人对自身、世界、社会、宇宙的了解发生了一种根本意义上的转变。这种东西对这个人来说，就是宗教。这些例子，都是"宗教"在西方学界已经发生变化、扩展了原有内涵的表现。

如果这样来理解的话，那么，宗教的意义就宽泛了。我们不妨再以佛教和道教为例来看看这一问题。显然，如果严格按照亚伯拉罕的传统即西亚一神教的标准来理解，那么，至少就其原初的形态来看，佛教是彻底的无神论。佛教讲的是彻底的自我解脱，与外在人格神的拯救是截然不同的。但是，如今没有人会否认佛教是世界上最重要的宗教传统之一。而中国土生土长的道教，则是把神仙的世界与人的世界联系起来的。借用佛教密宗的一个词，道教讲的是"即身成就"。道教的自我转化是带着肉体一道转化和超升的。我们都知道"八仙"的故事，铁拐李、汉钟离、吕洞宾、张果老、曹国舅、韩湘子、蓝采和以及何仙姑这八位神仙，本来都是人，但后来连同肉体一块儿转化成仙。这与西亚一神教的观念是很不一样的。后者是一个身心二元的观念，个人的解脱实际上是一个灵魂脱离肉体的过程。在这个过程中，身体只具有负面意义。而道教与此很不相同。所以说，现在宗教的定义已经发生了变化。回到儒家传统，在某种意义上，它在传统中国社会所发挥的作用，很大程度上极其类似西方宗教在西方世界所具有的功能。改革开放以来，中国的"民间宗教"蓬勃发展，真可以说是"忽如一夜春风来，千树万树梨花开"。什么原因呢？没有任何一个人是完全、纯粹世俗的，不关心意义问题，不关心价值问题，不关心信仰问题。大家可能觉得商人比较世俗，但商人也具有超越性的要求，只是不同的人程度不同。每个人都会遭遇意义问题，都需要解决身心安顿的问题，于是乎就有了选择。社会上有许多选择，有的人信佛教，有的人信基督教。至于回归儒教传统的提倡，也正是这一需求的反映。尽管从"五四"以来是一个彻底解构儒家传统的过程，但2500多年以来，儒家毕竟一直起着重要作用。余英时先生说儒家目前是一个"游魂"。据我的理解，"游魂"有两个意思：一方面，指的是儒家所曾经赖以寄托的那些传统的政治和社会建制已经瓦解了，所以儒家如今面临"魂不附体"的困境；但另一方面，儒家传统之所以是"魂"，就是讲它在一定意义上可以暂时脱离不适合安载这个"魂"的躯体。而一旦"体"的条件具备，"魂"又可以重新在政治和社会的各种建制中得以安顿。20 世纪 90 年代以来，中国社会有很强的呼声，儒家经典又重新得到人们的重视，并兴起了诵读儒家经典的运动，譬如"儿童读经运动"。"儿童读经运动"的发起人之一是台湾的王财贵教授，他曾长期跟随牟宗三先生学习，后来不遗余力地推动儿童读经运动，慢慢传到大陆，甚至传到东南亚地区和西方的华人社群。另外，我有一次看报纸，说原来北京的国子监，也就是孔庙，冷冷清清没有人去，但现在很多家长在高考之前带着孩子去，觉得喝了里面的水会考好。这至少说明了一点：人们的观念发生了根本性变化，不再把儒家传统看成与现代社会完全不相关的一个负面的东西。这个变化的影响非常深远。20 世纪 90 年代以来，我们的认识为什么会有这种转化？这说明，在意义和价值方面，我们需要儒学。

儒学之所以重新得到肯定，还有一个全球化的背景。对全球化的一般理解，似乎是"趋同"，好像全球越来越同一化、标准化、模式化。但是，"趋同"的同时还有"求异"。"求异"是什么意思呢？就是当每一个文明、民族传统认识到别的文明、民族传统时，她往往都会愈发意识到自己这个民族是什么，自己的传统是什么，这也就是所谓"文化认同"。作为一个在西方世界的中国人，这个问题很突出。有很多华人，在西方待了很多年，但是西方人仍然把他们看成中国人。尽管这些人的思想非常西化，但在西方人的眼中，他们仍是华人，具有华人的基本特点，这些特点更多地与儒家传统有关。这是一个很有趣的现象。华人在海外世界并不容易，很多人都很艰辛。这背后就是一个文化认同的问题。你是华人，如果你要认同你的根源，你的文化传统，那么，你的根源和文化传统是什么？现在中国要崛起，从政治、经济上看，中国为世界做出了很大的贡献。但从文化上看，中国能给全世界带来什么样的精神和思想资源呢？如今，西方人有他一整套的价值观念和文明。西方有源自希腊的理性文明和源自希伯来传统的宗教文明；伊斯兰世界有伊斯兰世界的文明，有支撑它的一整套价值系统。可是，中国眼下的价值系统是什么呢？所以说，在这样一个全球化的背景下，我们也不得不重新体认"我们是谁"这一问题。作为一个文明，作为一个民族国家，我们是谁？我们的文化是什么？这是我们必须面对和回答的问题。

前面提到，2000年以后，包括读经运动以及另外一些社会活动，已经有越来越多的人接触儒家经典。对此，我自己也有亲身的经历。大概在几年前（2005年前），清华大学有一群博士和硕士生，他们都是非常优秀的理工科学生。他们对《论语》《孟子》等儒家经典感兴趣，一起读经，组织了一个"钟铎社"。他们曾经去找我，我很好奇，问他们读经的目的。其中一位同学告诉我，他自己在事业和学业上都很顺利，但是总觉得自己的生活缺了点什么。我很清楚，他所说的缺乏的东西正是意义和价值。而他接触中国传统经典，觉得心里有认同，有东西能打动他，这正是儒家的特长。当然，世界上还包括许多其他的精神传统，它们所要解决的问题都是具有普遍性的。这些精神性的传统都有一些共享的东西或共同的问题意识，尽管不同的精神传统解决那些问题的方式不同。这些学生的读经是完全自觉的，是发自内心的要求。他们还写一些东西发表在自己办的刊物上，他们当中很多人能够从儒家经典当中受益。儒家有一个词很好，叫"受用"。如果学习儒家经典不仅是一个外在的要求，而对我们的人生存在有帮助，能够解决我们人生的意义问题，这就叫"受用"。

三、当今儒学的问题

从20世纪90年代以来，儒家重新受到评价，对儒家的评价越来越正面，这很有趣。所谓"三十年河东，三十年河西""风水轮流转"，与 80 年代以前不同了。如果前面所说的是一个回顾，那么，我们再来看看当前的境况，我们还需要考察一些问题。所谓"相关性"，相关在什么地方？要振兴中华民族，我们希望儒家在其中扮演什么样的角色呢？比如，有人主张要把儒家重新变成国家意识形态。我想，现在能不能做到是一回事，是不是需要这样做可能也有问题。因为任何一种观念系统一旦成为唯一性的东西，就一定会产生负面的影响。一个真正成熟的现代社会，其基本特点之一就是多元性。尽管会有一些主流的意识形态，但整个社会的价值体系不可能是一个唯一性的、宰制性的东西，至少不再是"罢黜百家，独尊某术"。还有个别学者看到儒家宗教性的功能，希望把儒家建设成为一种制度化的宗教。其实，这个想法也不是今天才提出来的，康有为在他那个年代就成立了"孔教会"。后来，牟宗三、唐君毅先生也都曾经深入思考过。康有为当时那样做是有他的考虑的，尽管当时的时机并不配合他，形式上不能达成。但是，他之所以有这么一个思考，绝不是偶然的。我再来说说陈焕章，他是"孔教会"不遗余力的推动者，曾在美国哥伦比亚大学留学多年，对西方有很深刻的了解。他知道当时的中国正在转变，转变成一个现代化的国家。虽然这种现代化并不完全是西方意义上的现代化，但是，这种转化是按照西方社会的结构、制度为样板的。西方的社会结构式是模块式的，不同的东西解决不同的问题。安身立命的东西靠什么解决？宗教。西方人的意义和价值问题是依靠宗教来解决的，而当中国在向这个方向转化的时候，这一块儿缺了。所以，康有为、陈焕章等希望把儒家传统改造成这样的东西，不是没有他们的道理。我打一个比方，比如说一个房子，大小、风格可以各种各样，但是基本的功能单元一个都不能少。必须要有厨房、卫生间、居室、客厅，少哪一样都不是一个完整的房子。尽管格局可以千变万化，复式也罢、别墅也好，但基本的功能项都必须要有。没有厨房的房子不能算一个房子，没有卫生间的房子也不是一个完整的房子。我的这个比喻是什么意思呢？在一个现代社会，不同的东西起不同的功能。现在大家的信仰分化得比较厉害，有的人选择基督教，有的人选择佛教，等等。现在的情况就像一个超级市场，有各种各样的文化产品可供选择。也有些人会觉得，儒家可能更中道一点，它可能比较适中，不那么极端，自己可以在儒家之中得到更好的身心的安顿。但是，将儒家作为安身立命之道，是否一定需要把儒家建立成为一种基督教模式的宗教呢？事实上，前辈学者如唐君毅、牟宗三先生对此早有深究精察。不"温故"的话，是谈不上真正"知新"的。

还有一个问题，20世纪90年代以来，有一个所谓的"国学热"。儒家或者中国传统文化又热了起来。是不是热了呢？好像的确是热了。但是，这种热是值得反思的。20世纪80年代以前，当儒家传统基本上是一种负面的文化象征符号时，没有人愿意与儒家打交道，包括学业上，都去学习西方的学问。可是20世纪90年代以后，当儒家传统越来越成为一个正面的文化价值符号的时候，大家一哄而上，这里面就有问题了。我想，有三点值得思考。

第一，如果这种"儒学热""国学热"与狭隘的民族主义相结合，会产生什么问题？民族主义本身不一定是一个完全负面的东西，对任何一个民族来讲，都存在一定程度的民族主义。但是，狭隘的民族主义却会产生很多严重的后果和弊端。现在，从全球来看，有恐怖主义的问题。恐怖主义的背后是原教旨主义，它认为只有自己的宗教、价值能够解决人的问题。而原教旨主义很大程度上是与狭隘的民族主义交织在一起的。所以说，从文化上讲中国的崛起，它的意义是什么？一旦我们的儒家传统，我们两千多年的精神传统，被一种狭隘的民族主义所裹挟，将会产生什么样的后果呢？如果我们向西方世界展示的是一个"原教旨主义"的形象，那么，西方所谓的"中国威胁论"，认为中国的崛起会对世界带来威胁，就不能归因于西方单方面的主观推测了。那样一来，势必会影响我们在全球的发展。如果中国的儒家传统与狭隘的民族主义结合，那么，中华文明以外的文明对我们会是什么样的看法呢？那样反过来又会给我们带来一些什么样的后果呢？一切可想而知。当然，这还不过是从效果着眼。就儒家的特性来说，事实上，按照我个人的理解和体会，真正能够深入儒家核心价值的人，一定不会是一个狭隘的民族主义者。他并不丧失民族文化的基本立场，但是他在保持自己民族文化认同的同时，又能够超越狭隘的民族主义。孔子周游列国，并有"道不行，乘桴浮于海"的话，就是明证。因此，一旦儒家传统被狭隘的民族主义所利用，那将是很危险的。这是第一个问题。

第二，一旦儒家传统变成一种正面的文化象征资源，它给别人带来的好处很多，各行各界很多人就会愿意与儒家结缘。但是，如果这种结缘仅仅是因为儒家能够带来名誉和利益，而不是出于自己内心对于儒家精神价值的真正认同，不是出于对传统文化深厚的了解，那就会给儒家带来不好的社会声誉，因为实际上那些人并不具备向社会大众传播儒学的资格。这个问题，也会给儒家的发展带来很多负面的影响和很大的麻烦，对于儒学将来的发展，也是很危险的。

复兴儒学的呼声已经响了好多年，但我们毕竟还生活在一个反传统的传统中。尤其是，提倡儒学的人如果是"醉翁之意不在酒"，而且本身的行为恰恰与儒学的价值背道而驰，那么，这种提倡对于儒学的真正复兴来说，不足以成之，适足以害之。例如，近代一些军阀也曾经试图恢复儒家传统，但是，因为他们本身并不足以代表儒学的精神价值，所以他们的提倡反而害了儒家。如今，其实是一个很好的契机。

现在有这么多人，包括很多的年轻人，认识到我们需要在全球范围来真正认识、重建和发扬儒家传统，思考在精神意义上、文化意义上"我们是谁"的问题。但是，如果不能够解决上述的问题，那么，这个"契机"就会转变成"危机"。种种对于儒学的提倡和推动就会变成"死亡之吻"。它表示对你亲近，可带来的结果却是死亡。它所做的一切看起来是要提倡你、推动你，结果却让你早点毁灭。这是一个相当严重的问题。因此，虽然现在有一个很好的契机，可是如果我们不能正视所谓的"儒学热"下面和背后的种种问题，就很可能会出现一些事与愿违的负面结果。

四、儒学在当代中国的角色

最后，我想从一种前瞻的观点，来看一看儒家究竟在当代中国能够扮演什么样的角色。前面已经提到，儒家是一个非常复杂且不是专属于中国的东西。在中国，儒学也形成了一个非常复杂的传统。因此，面面俱到地谈儒学是很困难的。这里，我只能从一个角度大体而言。我个人认为，儒家有很多层面，政治的、社会的、道德的、宗教性或精神性的。不同层面起着不同的功能，在不同的历史时期，其特点也各有不同。我现在讲的是：作为一个精神性或宗教性的传统，儒家能够给人解决安身立命的问题，能够使我们的身心得到安顿。作为这样一种精神和思想的资源，儒家在当下应该扮演一个什么样的角色？

明代的王阳明提出了"四民异业而同道"的观念。"四民"即中国传统社会中"士、农、工、商"这四个阶层。"四民异业而同道"是什么意思呢？就是说儒家作为一种"道"，作为一种精神价值，它可以提供给每一个人，为每一个人所"受用"。知识人可以体现儒家的价值，农民可以，工匠或者说手工业者可以，商人也可以体现儒家价值。比如说"儒商"，新中国成立后，20世纪80年代以前，似乎没有这种说法。80年代以后，这种说法就越来越多了。我看过一个电视剧叫《大清药王》，讲了一个成功的大商人，那个商人身上就强烈地体现了儒家的价值。我们看明清时期的晋商、徽商，那个时候，他们的银行不像我们现在的国有银行，他们是私有银行。私有银行靠什么？靠的是"信用"。他们的信用非常好，钱庄遍天下。其实，现代的美国社会最重视的也是信用，他们叫"credit"。没有"credit"，你在社会上是寸步难行的。改革开放以来，从商的人越来越多，但商人的形象却很糟糕。在80年代，商人几乎一度与"奸商"成了同义词。其实，商人也可以很好地体现儒学的基本价值，甚至有过之而无不及，所谓"虽终日做买卖，不害其为圣为贤"（王阳明语），"良贾何负闳儒"（汪道昆语）。实践和体现儒学价值的人不一定要从事儒学研究。反过来，研究儒学的人，不见得都信奉儒家的精神价值，不一定都是儒者。这两点应该区分开来。在这个意义上，我们现在还可以找到余英时先生所说的儒家的"游魂"。尽管我们经过了近百年反传统的洗礼，儒家的精神因子仍然存在于很多人的血脉之中。有些人不一定讲得出儒家的一番道理，但其行为却能够体现儒家的价值。《论语》所谓"百姓日用而不知"，讲的就是这个意思。普通老百姓每天都在体现这个价值，知道应该怎么做，知道善恶是非。但你要让他进行反思，对这些价值进行理论性的说明。他/她也许说不出什么东西来。儒学的基本价值不是空口说的，而是要身体力行的。所以说，过去"四民"职业不同，但同样可以体现儒学价值。现在也是一样，现在的专业不只"四业"，要说"四十业"也不多，而且会越来越多。但只要是人，就会碰到人生的问题、意义的问题、信仰的问题。这时怎么办？这里有一个"道"和

"器"的不同层面的问题。是盘子就不是碗，是碗就不能是盘子，你选择了这个东西，就不能选择那个东西，这里说的是"器"。但是，"道"却可以超越具体的"器"。"道"可以为不同的从业人士所体现。儒学不只是具体的专业知识，而是解决人生意义问题的一种智慧，它可以为各行各业的人所受用。无论工人、医生、军人、政治家还是商人，都可以从中获取有意义的精神价值。事实上，我们开始提到的"波士顿儒家"，他们就认为，在某种意义上，儒家传统的价值与基督教的宗教价值没有什么冲突。如果我们仔细深思的话，世界上主要文明背后的精神传统，都有一些普遍性的东西。各自的主要精神与基本问题有相通之处，尽管在具体表现上不同，在不同的地理位置和时间段上一定会有特殊的表现形式。经典之所以为经典，就是能够在一定意义上超越时空的限制，解决人生的意义问题。譬如《圣经》（包括《旧约》和《新约》），这么多年，西方人一代又一代可以不断地从中汲取资源，每个时代有每个时代不同的诠释。虽然不同人的生命阶段有所不同，但他们可以从这个精神传统当中受用。中国的经典也是一样，《论语》《道德经》为什么流传至今、长久不衰，受到人们的尊重与传诵，一定有它的价值在里面。如果我们相信反传统的传统给我们带来了限制，于是我们要重新去认识这个传统，去深入地了解这个传统，我相信是一定会有收获的。我们应该好好反省，我们自己究竟读了多少经典，且不论十三经，就是四书，《论语》《孟子》《大学》《中庸》，有哪一位真正仔细地研究过其中的一部，与自身的实践不断对照，不断印证，从中有所受用呢？但是我相信，我们一旦认真去了解的话，一定会有所受用。这就是经典的价值。

　　现在，我们换一个角度来看。事实上，儒家传统并不只是一个精神性的传统。有的学者认为，儒家抽象的东西我们可以把它继承下来，而有些具体实际的东西只能属于那个时代，不属于我们这个时代。其实，这也未必。套用余英时先生说过的一句话，儒家传统是"全面安排人间秩序"的，它有很多实际的考虑，比如制度方面的考虑。有些人一谈儒家，往往认为讲点安身立命的东西还可以接受，讲制度性的安排，那不都是一些过去了的东西吗？那些价值和理念似乎都已经不合时宜了。老实讲，过去的制度真的没有丝毫可取的地方吗？恐怕也不尽然。问题在于，现在对儒家的制度安排并没有好好地理解。我们不妨以科举制为例来看看。科举制的背后，隐藏着一种很强的理性精神。过去有句老话叫"朝为田舍郎，暮登天子堂"。不论什么人，只要通过科举考试，就可以进入社会的管理阶层（这个管理阶层指的是"官"而不是"吏"）。这里有一个很强的平等观念在里面。你通过了考试，只要有空缺，就可以获得一官半职，直接进入国家的权力机构和管理系统，运用国家赋予你的权力去为老百姓办事。在具体的官制上，也体现出一种理性的精神。比如说回避制度。为了防止腐败，当地人不能做本地地方官，而吏则要用本地人。为什么？官吏都是本地人，很容易合谋共同对付中央政府，作奸犯科。但如果官是外地的，吏也是外地的，对当地的民情就很难了解，也难有善治。此外，官职必须有一定的任期限制。任期到了，必须调走。这个例子说明，哪怕是一些制度上的设计，儒家传统仍然有许多理念可以为今天所用，不能想当然地认为完全没有价值了。

　　总而言之，如果现在我们觉得有必要重建儒家传统和中国文化，将其作为现在和未来中华文明的重要组成部分，那么，当下我们的重要工作是什么？借用佛教的词来说，首先需要的是"正见"与"正行"。"见"就是思想、观念、意识，"行"就是实践。先要有"正见"，才能有"正行"。对儒家要有比较深入全面的了解后，才可以去讲儒家是怎么回事。如果只是出于现实的考虑，出于利益去讲，那么，这个立足点和出发点就差了。如果让一些皮相或似是而非的理解左右我们的认识，那么，重建儒家传统，从儒家传统中汲取身心安顿的有益资源，将是无从谈起的。要发挥儒家传统的价值，从中汲取有益的资源为我们受用，当务之急就是要树立"正见"。因此，研究儒学的学者对儒学一定要有比较深入、全面的理解，然后再抱着严肃的态度，才能采取各种不同形式把儒学的精神价值传达到社会上去。儿童读经活动与民间的各种推动儒学的活动，我完全不反对，但我反对的是"醉翁之意不在酒"，反对的是打着弘扬儒学的名义沽名渔利。有"正见"之后，才能有"正行"。只有这样，儒家传统才能健康地发展，文化认同的重建才能比较顺利，儒家也才能在全球树立起一个比较正面、积极的形象。

二　儒学经典与世界

说不尽的《论语》

如果说对西方文化影响最深的经典是《圣经》，那么，影响中国、日本、韩国、越南等东亚地区最深者，恐非《论语》一书莫属。

作为"四书"和"十三经"之一，《论语》这部反映孔子思想的最早结集，毫无疑问构成了儒家思想的最为重要的经典。古人所谓"半部《论语》治天下"之说，如果不单纯从政治艺术的角度来理解，其实是指：《论语》中蕴藏着丰富的智慧，充分涉及"治天下"所必须面对的宇宙、社会、人生等各个方面。也正因此，中国历代最优秀的知识人几乎无不为《论语》所吸引。但是，从20世纪初的"打倒孔家店"到六七十年代的"批林批孔"，再到80年代的"河殇"，以《论语》为代表的中国传统文化的经典几乎被彻底扫进了历史的垃圾堆。

如今，在经历了一个多世纪的反传统之后，中国人终于又开始意识到自己民族经典的重要性了。有趣的是，曾经让中国人如此熟悉的自家经典，当经历百年的解构之后重新进入广大百姓的意识世界时，却俨然成为一个完全的新生事物，以至于以现代的口语稍加解释，经由媒体宣传推广，不但普通大众，就连大学生这类一般知识阶层的群体，也同样感到"受用"无穷。一方面，这说明经典毕竟是经典；另一方面，却也说明中国人看来的确是"抛却自家无尽藏"（王阳明诗）太久，以至于完全忘记了这样一个事实：《论语》几千年来曾经为历代知识人反复研读、解说，不仅广大儒家知识人耳熟能详甚至可以信"口"拈来，其中的道理也长期为一般老百姓"日用而不知"。

据东汉赵岐（约108—201）《孟子题辞》，汉文帝时即设《论语》博士。其后，两汉之间，仿效《论语》体例而作的著作有扬雄（前53—18）的《法言》，批评包括《论语》在内儒家经典的有王充（约27—97）的《论衡》。在此两端之外，出现更多的则是对《论语》的注解和诠释。譬如，公元前53年张禹（?—前5）校订《论语》。公元前后包咸（前6—65）即开始对《论语》加以注解，有《论语包氏章句》，提出自己对《论语》这部经典的"一家之言"。其后大儒马融（79—166）有《论语马氏训说》，郑玄（127—200）有《论语郑氏注》。三国时期陈群有《论语陈氏义说》，王肃（?—226）作《论语王氏义说》，均各出己意。而何晏（190—249）与孙邕、郑冲、曹羲、荀𫖮四人合作，搜罗以往各家《论语》注，有《论语集解》，成为最早的一部汇集诸说的经典诠释之作，以往散佚的诸家《论语》注解，多赖此得以保存。

东汉末年，国家已乱。三国两晋南北朝，更是中国历史上动荡不安的时期。然而，即便在此期间，对《论语》的解释仍未止息。何晏、王肃之后，天才少年王弼（226—249）又有《论语释疑》之作。一般人唯知王弼注《老子》《周易》，殊不知其人尚有注解《论语》的大作。王弼之后，还有缪播的《论语旨序》、李充（323年前后）的《论语李氏集注》、孙绰（314—371）的《论语孙氏集解》、范宁（339—401）的《论语范氏注》、顾欢（420—483）的《论语顾氏注》。而南朝梁人皇侃（488—545）的《论语义疏》，则仿效何晏的《集解》，汇集以往和时人（包括他自己）在内十几家的《论语》注解，成为《论语》研究史上第一部极尽详备的注疏。以往一些佚失著作的部分内容，即在该书中得以保存。如王弼的《论语释疑》虽已亡佚，但其中五十多条却在《论语义疏》中保留了下来。

隋唐时期，虽佛教兴盛，《论语》的注解工作并未中断。陆德明（550—630）的《经典释文》当然包涵《论语》，而此前有刘炫（约546—613）的《论语注疏解经》，其后有韩愈（768—824）、李翱（772—841）师徒二人各自的《论语笔解》。即便在五代宋初时期，仍有邢昺（932—1010）的《论语注疏解经》。

北宋以降，儒学进入复兴时期，关于《论语》的注解和诠释之作大量出现。南宋朱熹（1130—1200）先作《论语精义》，后作《论语集注》，使《论语》成为其后元、明、清三朝作为儒家经典核心的"四书"之首。①朱熹之前，《论语》的注解与诠释已经有程颐（1033—1107）的《程氏论语解》、苏轼（1073—1101）的《论语解》、苏辙（1039—1112）的《论语拾遗》、吕大临（1044—1091）的《吕氏论语解》、范祖禹（1041—1098）的《范氏论语解》、谢显道的《谢显道论语解》、陈祥道（1067年前后）的《论语全解》、游酢（1053—1123）

① 一般人会以为朱子是以《大学》为"四书"之首，这自然是有根据的。但朱子对于"四书"中何者为首，在不同的意义上以及不同的时间，所论并不一致。就读"四书"的次第、顺序这一意义来说，朱子较为人所知者的确是《大学》《论语》《孟子》《中庸》。如《朱子语类》卷十四《大学一·纲领》有言："读书且从易晓、易解处去读，如《大学》《中庸》《语》《孟》四书，道理粲然，人只是不去看。若理会得此四书，何书不可读？何理不可究？何事不可处？""学问须以《大学》为先，次《论语》，次《孟子》，次《中庸》。《中庸》工夫密，规模大。"但这种顺序也是一般来说，并不绝对。朱子晚年已经体会到学者看《大学》多无入处，不如先看《论语》，如庆元三年丁巳朱子六十八岁《答黄直卿书》中说："《大学》诸生看者多无入处，而以《论语》为先。"于是亦有教人于"四书"中先看《论语》之说。如《文集》卷五十八《答王钦之》有云："但愿颇采前说，而以《论语》为先。"此尚是就读书的先后而言"首"字之义。若在义理内涵深浅的意义上，仅从前引《语类》中的两段话来看，则已可知"四书"之首又当为《中庸》，《大学》反倒在最后了，因为它是最"易晓""易解"的。所以，即便以朱子为准，何者为"四书"之首，也非定在《大学》，关键看在什么意义上来说。事实上，朱子晚年于"四书"中唯一没有批评的，惟有《论语》。故钱穆先生亦曾指出"是朱子于四书，只于《论语》无间然。"

的《论语杂解》、杨时（1053—1135）的《杨氏论语解》、胡寅（1098—1156）的《论语详说》、张栻（1133—1180）的《癸巳论语解》。朱熹（1130—1200）之后，由于"四书"取代"五经"成为儒家传统新的核心经典，尤其是元代以后朱熹的《四书集注》成为科举考试的范本，《论语》更是成为每一个稍有成就的儒家学者注解和诠释的首选。尤其在宋学的传统中，诠释包括《论语》在内的"四书"而建立"一家之言"者，几乎俯拾皆是。稍检《四库全书》"经部·四书类"，对于朱熹之后《大学》《论语》《孟子》和《中庸》的诠释之富，即可令人叹为观止。在晚明时期，对于《论语》等儒家经典的诠释甚至超出了儒家知识人的范围，一些高僧大德也有关于《论语》的研究。譬如，晚明高僧蕅益智旭（1599—1655）便有《论语点睛》的诠释之作。

不但中国漫长的历史上有着悠久的诠释《论语》的传统，在日本和韩国，对《论语》的研读也已有数百年的历史了。譬如，日本自室町时代后期，即有"四书"的注解本，至江户时期则广泛为人们所阅读。尤其林罗山（1583—1657）首次以朱熹《四书集注》中的《论语集注》取代以往日本流行的古注，更是引发了日本《论语》诠释史上的重大变化。而林罗山本人还有《论语谚解》一书。到了17世纪，伊藤仁斋（1627—1705）更有《论语古义》之作。该书为伊藤仁斋毕生心血所在，其意义恰如《四书集注》之于朱熹。紧随伊藤仁斋之后，18世纪日本又有荻生徂徕（1666—1728）的《论语征》，该书实针对伊藤仁斋的《论语古义》而发，产生了广泛的影响。

对《论语》的注解和诠释由古至今，甚至用"汗牛充栋"已不足以形容其丰富。如今要想直面《论语》本身而"发人所未发"，提出自己的"一家之言"，除非坐井观天，几乎是不可能的。不论在中国还是在日本、韩国，以往对《论语》的诠释，绝不只是文字训诂的注解而已。即以中国的《论语》诠释传统而论，汉学固多注重文字训诂，宋学则显然以微言大义为重，从上面提到的诸多"某某氏论语解"，即可略窥一斑。历史上那些对于《论语》微言大义的种种发挥，说是历朝历代儒家知识人自己阅读《论语》的"心得"，可谓当之无愧。因此，只有透过《论语》的诠释史，或者说，只有在对以往主要的《论语》诠释有了相当的了解之后，才有可能真正"自出手眼"，有所谓"独得之妙解"。

对于整个中国传统文化来说，虽然 20 世纪 90 年代迄今颇有"柳暗花明又一村"的气象，但回顾 20 世纪，不能不说其基本的命运和走势是"山重水复疑无路"。尤其是 50 年代到 80 年代之间，中国传统文化研究的主要成绩是在中国大陆以外的地区。1965 年杨联陞先生荣登哈佛燕京讲座，余英时先生赋诗为贺，杨先生答诗云："古月寒梅系梦思，谁期海外发新枝。随缘且上须弥座，转忆当年听法时。"其中"谁期海外发新枝"一句，正是当时中国文化境遇的绝好说明。从目前的成果来看，透过《论语》的诠释史来切近《论语》，仍然是海外着了先鞭。譬如，1994 年，日本学者松川健二组织十七位学有专长的学者，对《论语》在东亚诠释与传播的历史进行研究，出版了《论语の思想史》(松川健二主编，东京汲古书院版，1994)。该书不仅考察了中国历史上由汉魏以迄明清二十余位儒家知识人注解和诠释《论语》的著作，还介绍了日本和韩国历史上四位有代表性的学者研究《论语》的成就。再有，澳大利亚学者梅约翰(John Makeham)教授 2003 年在哈佛大学出版社出版了《"述"者与"作"者:〈论语〉的注释研究》(*Transmitters and Creators: Chinese Commentators and Commentaries on the Analects*)，以诠释类型学的方式分别考察了何晏的《论语集解》、皇侃的《论语义疏》、朱熹的《论语集注》以及刘宝楠的《论语正义》这四部可以说中国《论语》诠释史上最为重要的著作。该书将诠释学的理论与扎实的《论语》诠释史文献紧密结合，一举夺得美国亚洲学会2005年度的列文森研究著作奖。可惜的是，相较之下，即便就《论语》在中国的诠释史而言，现代中国学人也还没有类似的成果。

孔子在《论语》中有"温故而知新"之说，这不仅是孔子所提倡的基本的学习态度，更是经典诠释传统中的方法论原则。即便以往重义理、轻考据，甚至"六经注我"的"宋学"大师，在阐发《论语》中的思想内容时，也几乎没有一个人敢作"前不见古人"想，而都要在了解前人成说的基础上才敢"推陈出新"，力求从"积学"中透出"精思"。至于那些被视为"汉学"人物的儒家知识人，更是注重对文义和前辈时贤诸说的辨证，即使自己不无精思，也往往寓思于学，不露痕迹，力求将原始儒学义理建立在广博详实的考证基础之上。方以智（1611—1671）所谓"藏理学于经学"，正是这种严谨、缜密态度的反映。

陆象山（1139—1193）当年曾经以"既不知尊德性，焉有所谓道问学"质问朱熹。在当时儒家经典研读构成普遍教育背景的情况下，这种质问并非没有道理。但是，在传统断裂百年之久的情况下，要想真正重新接上传统的慧命，真正进入经典的精神和思想世界，"道问学"不能不说是首要的必由之路。必须透过经典诠释的历史，通过对经典的认真研读，才能获得"正闻""正见"，从而真正进入经典的价值世界，也最终重建我们自己的价值系统。否则，其流弊将不可胜数。钱大昕（1728—1804）曾经说过这样的话："知德性之当尊，于是有问学之功。岂有遗弃学问而别为尊德性之功者哉！"在当前的情况下，这句话既是那些希望通过《论语》的学习来汲取人生智慧的人值得牢记的，更是那些希望通过讲解《论语》来"传道、授业、解惑"者所尤当引为座右的。

东亚视野看《论语》
——《论语思想史》评论

  台北万卷楼图书公司 2006 年 2 月出版了林庆彰、金培懿、陈静慧和杨菁合译的《论语思想史》。该书原是日本北海道大学文学部教授松川健二主编的一部研究历代《论语》批注和诠释历史的著作,早在1994 年即由东京汲古书院出版。虽然从时间上来看该书译介到中文世界似乎姗姗来迟,但从国际学术界尤其中文世界对于《论语》的相关研究来看,却又可以说适逢其时。无论在学术还是文化的意义上,该书目前的出版都很有意义。本文首先介绍该书的基本内容,进而在目前整个海内外《论语》诠释史或《论语》学的基本脉络中略述其特色。

一

  该书其实是一部研究《论语》诠释史或《论语》学的论文集,撰文者包括松川健二教授本人在内共 17 位日本学者。从结构方面来看,该书首先是松川健二撰写的《绪言》,可以视为该书的导论。其次是伊东伦厚撰写的《序章——〈论语〉之成立与传承》,考察了《论语》一书本身的成书经过及其传承的概况。然后是四个部分的"本论"。第一部《汉魏、六朝、唐之部》共有六章,包括弥和顺撰写的第一章《杨雄〈法言〉与〈论语〉——模仿的意图》、鬼丸纪撰写的第二章《王充〈论衡〉与〈论语〉的关系》、室谷邦行撰写的第三章《何晏〈论语集解〉——魏晋的时代精神》、福田忍撰写的第四章《王弼的〈论语释疑〉——玄学思想》、室谷邦行撰写的第五章《皇侃〈论语集解义疏〉——六朝疏学的展开》以及末冈实撰写的第六章《韩愈、李翱〈论语笔解〉——唐代古文运动的精神》。第二部"宋元之部"共有七章，包括山际明利撰写的第一章《张载〈横渠论语说〉——"虚"和生死观》、多佃嘉则撰写的第二章《程颢、程颐〈二程遗书〉和〈论语〉——道学的确立》、山际明利撰写的第三章《谢良佐〈谢显道论语解〉——"仁"说的一展开》、芝木邦夫撰写的第四章《陈祥道〈论语全解〉——主体的释义》、松川健二撰写的第五章《张九成〈论语百篇诗〉——充满禅味的思想诗》、松川健二撰写的第六章《朱熹〈论语集注〉——理学的成熟》、石本裕之撰写的第七章《陈天祥〈论语辨疑〉——元代的〈集注〉批判》。第三部"明清之部"共有九章，包括松川健二撰写的第一章《王守仁〈传习录〉和〈论语〉——心学解释的成果》、佐藤炼太郎撰写的第二章《林兆恩〈四书标摘正义〉——三教合一论者的"心即仁"》、佐藤炼太郎撰写的第三章《李贽〈李温陵集〉和〈论语〉——王学左派的道学批判》、佐藤炼太郎撰写的第四章《王夫之〈读四书大全说〉——〈集注〉支持者和〈集注大全〉批判》、金原泰介撰写的第五章《毛奇龄〈论语稽求篇〉——清初的〈集注〉批判》、水上雅晴撰写的第六章《焦循〈论语通释〉——乾嘉期的汉学批判》、松川健二撰写的第七章《宋翔凤〈论语说义〉——清朝公羊学者的一家言》、小幡敏行撰写的第八章《黄式三〈论语后案〉——汉宋兼学的成果》、宫本胜撰写的第九章《刘宝楠〈论语正义〉——清朝考证学的集大成》。第四部"朝鲜、日本之部"共有四章，包括松川健二撰写的第一章《李退溪〈退溪全书〉与〈论语〉——朝鲜朱子学之一端》、大野出撰写的第二章《林罗山〈春鉴抄〉与〈论语〉——统治论的陈述〉、伊东伦厚撰写的第三章《伊藤仁斋〈论语古义〉——古学派的道德说》、伊东伦厚撰写的第四章《荻生徂徕〈论语征〉——古学派之人性论》。四部本论之后，该书还有西川彻撰写的"论语思想史年表"，将公元前二世纪到公元十九世纪东亚地区包括中、日、韩在内主要的《论语》批注和诠释的著作及其作者依时间顺序一一列出。对于学者以之为线索而进一步开拓《论语》诠释史的新园地，这一年表是很有帮助的。最后，该书还有一个《〈论语〉章别索引》，为读者检索书中所涉《论语》中的各个篇章提供了方便。

从内容方面来看，该书各章又可以分为两种不同的研究取径，或者说，该书各章文字可以分为两类，一种是后代对于《论语》一书的批注和诠释，当然，透过批注和诠释，历代各家也都表达了自己的思想。大体来说，这一类取径可以说是"我注六经"式的。另一种是在自己的著作中引用《论语》的言论，作为自己理论的凭借或资源，所谓"倚其权威，活用其词"（松川健二《绪言》，页4）。显然，这是典型的"六经注我"式的。从该书本论四部共二十六章来看，属于第一种的有十九章，即第一部中的第三、四、五、六章，分别讨论了何晏的《论语集解》、王弼的《论语释疑》、皇侃的《论语集解义疏》以及韩愈、李翱的《论语笔解》；第二部中的第一、三、四、五、六、七章，分别讨论了张载的《横渠论语说》、谢良佐的《谢显道论语解》、陈祥道的《论语全解》、张九成的《论语百篇诗》、朱熹的《论语集注》以及陈天祥的《论语辨疑》；第三部中的第二、四、五、六、七、八、九章，分别讨论了林兆恩《四书标摘正义》中关于《论语》的部分、王夫之《读四书大全说》中关于《论语》的部分、毛奇龄的《论语稽求篇》、焦循的《论语通释》、宋翔凤的《论语说义》、黄式三的《论语后案》以及刘宝楠的《论语正义》；第四部中的第三、四章，分别讨论了伊藤仁斋的《论语古义》和荻生徂徕的《论语征》。属于第二种的有七章，即第一部中的第一、二章，分别讨论了《法言》如何模仿《论语》的形式以及模仿的程度如何以及王充在其《论衡》中是如何解读《论语》的；第二部中的第二章，考察了《二程遗书》中对于《论语》的运用和诠释；第三部中的第一、三章，分别讨论了王守仁在其《传习录》中对于《论语》的运用和诠释以及李贽在其《李温陵集》中对于《论语》的解读；第四部中的第一、二章，分别讨论了代表朝鲜儒学最高峰的李滉在其《退溪全书》中对于《论语》的运用和诠释以及日本宋学重镇林罗山在其《春鉴抄》中对于《论语》的运用和诠释。

　　当然，内容方面除了这两种不同的类型之外，还可以分为四个方面。或者说，该书本论四部二十六章所要处理的问题，集中于四个要点。用松川健二自己在《绪言》中的概括来说（页7），即：一、所谓古注系统，特别是许多包含有老庄思想批注部分之再检讨；二、构成所谓新注之基础，亦即北宋诸家批注，其结构及其思想内容之考察；三、关于宋明心学对于《论语》一书，实际活用情况之解明；四、推究站在反宋明学立场的清朝考证学，以及日本古学对于《论语》书理解之实况。

二

　　孔子曾有"温故而知新"的话，如果对于儒家基本经典的诠释历史缺乏应有的了解，专门的学术研究自不必说，哪怕是大众的推广普及工作，也很难有真正的"创获"。在这个意义上，对于古今中外任何一部具有漫长诠释历史的经典而言，要想进入其思想和精神的世界，就必须同时进入以往历史上诠释该部经典的各种重要著作的思想和精神的世界。事实上，历史上各种对于某一部经典的诠释和注解，都可以视为力求进入该部经典思想和精神世界的取径。当然，这些取径不必都是康庄大道，其中也许不乏背道而驰的歧路。但只有充分了解这些切近经典的不同道路之后，如今的读者才可能尽量少走弯路。因此，《论语思想史》一书中译本的出版，至少可以让我们看到，早在 20 世纪 90 年代，日本学者对于《论语》注解和诠释的历史已经作出了如此详细的考察，如果我们目前的学术研究不能建立在该书的基础之上，目前的文化推广不能充分从中汲取养料，无论如何是说不过去的。

非常有趣，历史进入 21 世纪以后，似乎《论语》诠释史的研究成为国际范围内学者瞩目的焦点之一。仅就出版的专书而论，2005 年一年之中就有澳洲学者 John Makeham（梅约翰）的 *Transmitters and Creators: Chinese Commentators and Commentaries on the Analects*（Harvard University Press）、中国大陆学者唐明贵的《论语学的形成、发展与中衰——汉魏六朝隋唐论语学研究》（北京：中国社会科学出版社）以及台湾学者廖云仙的《元代论语学考述》（台北：新文丰出版公司）三部研究《论语》诠释史的著作问世。此前和此后分别尚有美国学者 Daniel K. Gardner 的 *Zhu Xi's Reading of the Analects: Canon, Commentary, and the Confucian Tradition*（Columbia University Press, 2003）以及台湾学者黄俊杰的《德川日本〈论语〉诠释史论》（台北：台大出版中心，2006），可谓一时大观。那么，与这些已经出版的《论语》学著作相较，这部《论语思想史》具有什么样的特色呢？我以为，总体来说，尽管该书早在 1994 年已经出版，但并没有被后来出版的各种《论语》学研究的著作淘汰。与上述几部研究《论语》诠释史的著作相较，《论语思想史》仍有其无可替代的以下几点与众不同之处。

首先，迄今为止，《论语思想史》仍可以说是一部最为完整的《论语》诠释史的通论。由题目可知，Daniel K. Gardner 的 *Zhu*

Xi's Reading of the Analects: Canon, Commentary, and the Confucian Tradition 专论朱子对于《论语》的批注和诠释，完全不涉他家。廖云仙的《元代论语学考述》则是一部专论元代《论语》学的著作。较之《论语思想史》中元代部分仅论及陈天祥的《论语辨惑》，《元代论语学考述》对于元代各家《论语》诠释的考察自然原为丰富和深入。除陈天祥的《论语辨惑》之外，廖书还分别考察了金履祥的《论语集注考证》、刘因的《论语集义精要》、胡炳文的《论语通》、许谦的《读论语丛说》、史伯璿的《论语管窥》、倪士毅的《论语辑释》以及王充耘的《论语经疑贯通》。John Makeham 的 *Transmitters and Creators: Chinese Commentators and Commentaries on the Analects* 一书曾获 2005 年美国亚洲学会的列文森奖（Levenson Prize），该书援取西方诠释学的相关理论，集中讨论了作者认为可以代表四种诠释典范的《论语》诠释著作，即何晏的《论语集解》、皇侃的《论语义疏》、朱熹的《论语集注》和刘宝楠的《论语正义》。黄俊杰的《德川日本〈论语〉诠释史论》则专论日本德川时代的《论语》诠释，已另辟门径，不再将视点放在中国传统的《论语》诠释。唐明贵的《论语学的形成、发展和中衰》似有通论《论语》诠释史之意，但其考察的范围，在该书副标题中也交代得很清楚，即仅限定在汉魏、六朝和隋唐的范围，唐以下则完全没有涉及。较之《论语思想史》中所涉汉魏六朝和隋唐的部分，除何晏的《论语集解》、王弼的《论语释疑》、皇侃的《论语集解义疏》和韩愈、李翱的《论语笔解》为共同探讨的内容之外，唐书的考察不含杨雄的《法言》和王充的《论衡》而多了陆德明的《论语音义》。唐书不取杨雄《法言》和王充《论衡》，应当是因二书并非严格意义上的《论语》诠释。至于《论语思想史》不取陆德明的《论语音义》，大概以为该书更多是一部考订注音的著作。不过，如果诠释取其广义，既然《法言》和《论衡》皆可入选，《论语音义》似也当有其考察的必要。

但无论如何，与既有的几部研究《论语》诠释史的著作相比，《论语思想史》虽然对于某个时代或者某一国家和地区《论语》的诠释不能像上述各书那样进行专题论述，但对于了解整个《论语》诠释史的概貌，则仍为首选之作。

其次，《论语思想史》具有明显的较为整体的东亚儒学史的视野。儒学传统自前近代以来早已不再是专属于中国的思想和实践的传统，而构成整个东亚地区价值系统的重要组成部分。因此，无论作为孔子的言论集还是四书、十三经之一的《论语》，[①] 早已成为东亚知识人不断批注和诠释的对象。在这个意义上，如果能够兼顾中、日、韩、越等不同地区历史上对于《论语》的批注和诠释，具备一种比较研究的自觉，显然可以拓宽和深化对于《论语》诠释史或《论语》学的研究。John Makeham、Daniel K. Gardner、唐明贵以及廖云仙的著作都只限于中国本土的《论语》诠释，未及日、韩、越。黄俊杰教授近年来注重东亚儒学的研究，其《德川日本〈论语〉诠释史论》之作，大概就是要在以往仅注重中国本土的儒家经典诠释之外别开生面。如今，中文世界也已经有一些学者开始自觉在韩国儒学经典诠释的领域中进行耕耘。在这个意义上，我们可以看到，《论语思想史》的难能可贵之处，正在于当初编辑出版这部著作时，编者已经将中、日、韩不同地区对于《论语》的诠释作为一个整体来加以考察。该书第四部专辟"朝鲜、日本之部"，讨论李退溪的《退溪全书》、林罗山的《春鉴抄》、伊藤仁斋的《论语古义》以及荻生徂徕的《论语征》，即是明证。这种东亚儒学史的整体视野，对于包括《论语》在内整个儒家经典诠释史

---

① 汉武帝立五经博士时《论语》尚不在内，其后"七经"多谓含《论语》，有谓"七经"为六经（《诗》《书》《礼》《乐》《易》《春秋》）加《论语》者，亦有谓为"五经"（"六经"除去《乐》）加上《论语》和《孝经》者。至"九经"以降至"十二经""十三经"，则皆含《论语》，无有异议。

的研究都非常值得肯定。当然，我们的视野还可以放得更宽，将西方学者以西文对于儒家经典的研究同样纳入我们的研究范围之内。事实上，不仅如上述 John Makeham 和 Daniel K. Gardner 对于《论语》诠释史的研究应当作为中文世界学者研究《论语》诠释史或《论语》学的必要参考文献，更早如理雅各（James Legge，1815—1897）等传教士以及当今像安乐哲（Roger T. Ames）等人对于儒家经典的翻译，其实也理当构成一个不断累积和发展着的动态的儒家经典诠释史的有机组成部分，因为不同语言之间的翻译其实在很大程度上恰恰是一个诠释的过程。在这个意义上，对于儒家经典诠释史的研究来说，甚至东亚的视野还不够，我们还应当具备一种贯通东西的国际的视野。

《论语思想史》的第三点值得肯定之处，在于对一些特定问题讨论的细致。由于该书是十七位作者独立撰写各章而成，各章相对皆可独立构成一篇单独的论文，因此，各位作者在其处理的课题范围之内，都可以较为自由地畅所欲言，不为特定的体例要求所限。如此，对于《论语》批注和诠释史上的若干问题，有时就可以讨论得比较细致入微。这种细致表现在两个方面。其一，是对于《论语》批注和诠释历史上各个人物及其著作的涵盖范围之广。譬如，陈祥道的《论语全解》、张九成的《论语百篇诗》、陈天祥的《论语辨疑》、林兆恩的《四书标摘正义》以及黄式三的《论语后案》，对于一般研究《论语》诠释史的学者来说，似乎都未必是必须关注不可的文献，但在《论语思想史》一书中，都列专章讨论。这一点，正可以说是说该书对于《论语》诠释史文献涵盖之广的一个表现。其二，是对于《论语》文本批注与诠释研究的细致。如主编松川健二在《绪言》中提到的历史上对于孔子所谓"未知生，焉知死"这句话主词的讨论（即"知"与"不知"的主语是"谁"）以及该句中"死"字所可能具有的涵义在不同历史阶段以及不同诠释者那里各种不同的解释（页1—3）。再譬如，室谷邦行在讨论皇侃的《论语集解义疏》时，就曾经对皇侃如何广引以往各家批注并分析孔子所谓"无友不如己者"的涵义进行了讨论，从而论证了皇侃批注《论语》注重综合分析而不仅是征引排列以往诸说这一特点（页125—127）。

除了以上三点之外，如本文前面提到的，将历史上那些被视为"六经注我"的诠释，包括二程、王守仁和李贽等人对于《论语》的讨论甚至将扬雄《法言》在体例上对于《论语》的模仿，都纳入《论语》诠释史的考察范围，也是该书的一个优点。像这类著作毋宁是作者自己思想的"借题发挥"，从而一般不被视为对《论语》本身的批注和诠释。但是，作为对于《论语》极为熟悉的极富创造性的思想家，他们对于《论语》的思想内涵又常常颇具一般解经家所缺乏的睿识卓见，《论语》文本中当谓与创谓的部分，又往往由他们的诠释而得以解明。在这个意义上，这一类的诠释取径又不仅可以而且应当归于《论语》诠释史或《论语》学的范围。忽略这一类的诠释著作，在经典诠释的领域内往往就不免画地为牢，门庭不广。这一点，也许正是现代经典诠释研究和传统经学研究的一个不同所在。广义的经典诠释研究可以而且应当容纳传统经学研究的取径，尤其应当注意吸收传统经学研究注重文献学考察的"基本功"。只是，如果后者的"故步"不能突破，则难免限于过去"汉""宋"两分之下的所谓"汉学"一途。譬如，宋明理学家尤其明代很多心学人物对于经典的诠释，在清人解经学的系统看来很难划归于传统经学的门下，但《论语思想史》的作者们则能将其采纳，可见已经不为传统经学的视域所限。

当然，与其他几部《论语》诠释研究的著作相比，该书也有其自身的限制。前文已经指出，该书可以视为一部较为完整的《论语》诠释史的通论。但是，如果从一部《论语》诠释史的角度来看，该书明显的缺陷有二：其一，对《论语》诠释史演变过程的内在线索缺乏较为一贯和整体性的分析与把握；其二,四部之间甚至每一部各章之间也缺乏连贯。总之，未免让读者稍有"见木不见林"之感，尤其是似乎与其"论语思想史"的题目不能完全符合。因为这一思想史的理路如何，本书并没有较为明确的交代。与此相较，唐明贵的《论语学的形成、发展和中衰》虽唐代以后均未涉及，但在汉魏六朝隋唐的时段内已经试图总结《论语》诠释史的整体动态及其内在的一贯线索。John Makeham 的书虽然只重点讨论了四部《论语》诠释的著作，但其概括了中国传统《论语》诠释的四种模式并对其间的关系有所说明。不过，历史的发展和演变有时也未必一定蕴含有某种规律，也很难为某几种所谓的模式所涵盖。尤其是在对微观和局部缺乏深入掌握的情况下，对于历史规律的追求反倒有时会导致"立理以限事"和"削足适履"的不良后果。因此，如果《论语思想史》的主编本来无意于追求历史的规律，也无意为该书确定某种一贯的理论框架；并且，如果可以为将来具有全局眼光的更为完整的"论语思想史"提供准备，那么，这一限制我们也就不必引以为憾了。

最后，我愿意指出的是，该书在翻译方面似乎尚有可以进一步完善之处。我并不精通日文，但是，从该书的中文表达来看，我感觉有些地方似乎仍是日文的表达习惯，而于中文的表述方式有所不合。譬如，该书第二部第三章谢良佐"谢显道论语解"的副标题译者译为"'仁'说的一展开"。所谓"一展开"，目次（页2）和正文部分（页229）均如此。其中"一"字若非衍字，或许译为"展开"或"一个展开"更为符合中文的行文习惯。诸如此类，书中尚有多处。当然，我亦尝从事翻译工作，深知其中的甘苦。该书中此类翻译上的问题，基本上并不妨碍读者的理解。这里指出，不过求全责备，冀其精益求精而已。

当代中国的儒家经典与通识教育

本文包括三个部分：首先，回顾儒家经典在当代中国的兴衰。其次，考察儒家经典在当代中国教育系统尤其大学通识教育中的处境。最后，提出一些个人的观察和分析。需要说明的是，本文所论"当代中国"，限于 1949 年迄今的中国大陆，不含港、澳、台地区。

一、回顾

儒家经典在当代中国的命运和兴衰，一如作为一个整体的儒家传统在当代中国的命运和兴衰，可用陆游《游西山村》这首脍炙人口的诗篇中的两句来比喻和形象地加以表达，所谓"山重水复疑无路，柳暗花明又一村"。正如这两句诗所示，儒家经典在当代中国的命运和兴衰，可以分为两个鲜明的不同阶段。从 1949 年到 20 世纪 70 年代末，是"山重水复疑无路"的阶段。在这一阶段，不仅儒家经典，整个儒家传统的命运都是极其悲惨的。"五四"以降的激进反传统主义登峰造极，任何与儒家有关的东西都成了被攻击的对象。用 20 世纪六七十年代的术语来说，所有与儒学有关的东西都是"无产阶级专政的对象"，都应当被"扫进历史的垃圾堆"。儒家经典在整个教育系统的任何层次，无论大学还是小学，都不能讲授和研究。所幸的是，如今这一阶段本身已经被"扫进历史的垃圾堆"了。

20 世纪 80 年代以来，当代中国的历史进入了"柳暗花明又一村"的阶段。随着改革开放政策的实行，儒家经典重新可以学习和研究。如今，海内外许多人士认为，儒学和儒家经典正在经历着一个新的复兴。更为准确地说，这一新的历史时期，又可以而且应当以 2000 年为界分为两个阶段。20 世纪 80 年代到 21 世纪伊始，儒学受到重新评价，儒学研究也逐渐成为学术界的一个重要领域。20 世纪 90 年代开始，由北京大学开始，以儒学研究为核心的研究传统中国学术的取向悄然兴起。当时，这一新的动向被媒体称为"国学热"。事实上，当时的儒学研究基本上还仅限于知识人群体，并未在广大社会人士和群众当中引发广泛和深入的共鸣。如今来看，那是被媒体过度夸张了。只有在 2000 年之后，在各种力量的推波助澜之下，普通百姓对于学习和了解儒家传统的渴望才真正兴起，并逐渐蔓延到全国各地。于丹《论语心得》的热销，或许并不应当归因于她个人对于《论语》这部儒家经典的投入。毋宁说，这一现象更多地反映了中国普通社会大众的广泛需求。20 世纪 80 年代以来，既有的意识形态已经无法给人们提供一个稳定和真实的价值信仰系统，在这种价值真空的情形下，《论语》等儒家经典所能提供的安身立命之道，无疑会成为中国人的一个自然选择。

对此，我切身经历的一个小故事或许很能说明问题。2003 年的一天，我正在北大附近的风入松书店中浏览，一位看起来文化程度并不高的中年男子过来问我，哪里可以找到钱穆先生撰写的《孔子传》。在我告诉他应当到哪个书架去找之后，我忍不住自己的好奇心，问他："您为什么要特别买这样的一本书呢？"他的回答很简单："我想给我儿子买。"就在那一刻，我清楚地意识到，尽管重建传统尚有漫漫长途，但彻底反传统的时代已然随风而逝。当然，我并不认为中国价值系统的重建必然意味着又一个"儒家中国"的复制，就像民国以前汉代以后的传统中国那样，但是，我的确认为，儒家经典中的某些价值应当在任何新的价值系统中发挥重要的作用。

20 世纪 80 年代之后，儒学的确重获了生机。一个首要的标志就是官方许可甚至直接支持成立的一些机构，譬如 1984 年成立的中国孔子基金会（CCF）以及 1994 年成立的国际儒学联合会（ICA）。儒学重获生机的第二个表现，就是儒学研究这一领域开始出现更多不受意识形态干扰的真正的学术成果。最近，儒家经典在更为广大的社会大众中广泛普及，和专家学者一道，在普通老百姓之中，也出现了要求将儒家经典纳入到现行教育体制之中的呼声。

二、今日的儒家经典与通识教育

如今，对于儒家经典在当代中国处境的评估，应当分别放到两个不同但又相关的脉络之中。其一，是儒家经典在中国社会这一脉络的处境；其二，是儒家经典在高等教育课程这一脉络中的处境。在第一个脉络中，儒家经典看起来的确有一种复兴之势。但在第二个脉络中，儒家经典却仍在为其合法性而奋斗。

根据国际儒学联合会 2007 年的一项调查，在当代中国社会，儒家经典的研习一直在不断增加。从幼儿园到中学，诵读儒家经典的活动与人数在激增，目前已有一千万的儿童参加到儒家经典的诵读活动之中。这一活动的背后，更有两千万家长和教师的支持。并且，这种活动基本上是自发的，很少有政府的支持。一些非政府组织、志愿者组织，例如北京的一耽学堂、天津的明德国学馆等等，一直在推动儒家经典诵读的活动中扮演着重要的角色。而在高等教育中，随着儒家经典发挥重要的作用，很多儒学研究中心和国学院纷纷成立。譬如，中国人民大学原来素以与官方意识形态关系密切著称，但正是中国人民大学，在 2002 年成立了中国大学之中的第一所孔子研究院。类似的机构，在其他高校中纷纷成立，迅速跟进。如今，甚至在商界，在那些成功的商人之中，也兴起了一股学习儒家经典的激情。为了满足这一不断增长的需求，各种机构，不论官方的还是民间的，一股脑地纷纷致力于出版儒家经典的当代解释版本。其中有很多备受欢迎，甚至成了热销书。例如，据估计，仅在 2007 年一年，就有超过一百种的各种现代版本的《论语》出版。所有这些，无不显示儒家经典正处在繁荣昌盛之中。

不过，虽然儒家经典在社会大众中不断受到欢迎而日益流行。但 20 世纪 80 年代迄今，无论在小学还是大学，儒家经典一直并未正式纳入现行的教育体制之中，尤其是没有成为大学通识教育的一个正式组成部分。目前，中国大学的通识教育基本上有两种模式。一种叫作"文化素质教育课"，提供一系列的选修课程。在北大和清华这两所当代中国最负声誉的大学中，通识教育采取的就是这一模式。这种模式包括一门外语（一般是英语）、体育和电脑，但其主体则是"两课"，即"政治理论"和"思想道德品质"，其中并无儒家经典的空间。例如，在清华大学，那些教"两课"的教师尽管在学术研究上未必领先，却可以得到官方的有力经费支持。与之相较，对于中国传统人文学科包括文、史、哲的支持，则极为有限。可惜的是，这种模式，大概是当代中国高校通识教育的主导模式。

但是最近，似乎出现了一线曙光。复旦大学 2005 年成立了复旦学院，为当代中国大学的通识教育提供了另一种新的模式。虽然至少就形式来看，其建制大体不脱仿照哈佛、耶鲁的文理学院（the School of Arts and Sciences）的模式，然而，儒家经典却正式纳入到通识教育的课程之中。这一点，在 1949 年之后的当代中国，还是首次。这一模式最为显著并使之有别于清华所代表的旧有模式的特点，正是官方意识形态的退场以及对儒家经典的接受。我注意到，一些儒家的经典，例如《易经》《论语》《孟子》《荀子》《春秋》和《礼记》，被纳入为这种通识教育的正式课程。即便学校的课程体系中仍有讲授官方意识形态的"两课"，但这一改变，却的确将其与以往旧有的通识教育体系区别了开来。当然，即便以复旦的这一新模式为例，儒家经典的比重仍然是微不足道的。复旦学院通识教育的课程差不多一共有 60 门，只有 6 门是关于儒家经典的。并且，当我们检视这一新的模式时，我们仍然不得不说，该模式基本上是一个缺乏"核心"的"拼盘"。此外，即便复旦学院的模式不管怎样也是一种突破，问题在于，这种模式是否会被官方最终认可并广泛推行，我们仍需拭目以待。

三、一些个人的观察

中国人如今是否已经重新拥有了儒家经典？对此，基于以上的考察，我认为有三方面的问题值得关注。

严格来说，真正的"通识教育"或者"核心课程体系"，在中国的高等学校中似乎迄今仍未建立起来。我们知道，通识教育的核心在于经典的学习。至少就西方的大学来说，这一点基本上还是有共识的。而学习经典的主要目的，在于人格的塑造以及德行的修养。委实，儒家传统所擅长的正在于人格塑造和德行修养而非具体知识的传授。直到 1949 年之前，这一点或多或少仍然能够在大学教育中得到实践。可惜的是，新中国成立以后，这种教育逐渐在大学教育中被根除了。因此，即便 2000 年之后采取了很多措施，除非教育部的高层对于通识教育不同于"两课"教育的性质能有更为明晰的理解，否则，在如今的高等教育体制中认真严肃地推动儒家经典的纳入，将会是非常困难的。

眼下，一个更大的问题是商业化对于儒家经典教育的腐蚀。随着日益增加的社会大众真心实意地愿意学习和领会保存在儒家经典中的智慧，不能不让我们思考的是，谁有资格来教授儒家经典并教育形形色色的社会大众？如果商业化不过意味着媒体广泛参与所带来的社会普及和流行，结果是越来越多的普通百姓能够理解儒家经典，那无疑是一件好事情。但是，如果儒家经典的讲授者缺乏严格的专业训练，在媒体的推波助澜之下，一些江湖骗子就很可能浑水摸鱼，为的只是牟利。如此一来，学习者甚至连有关儒家经典的正确知识都无从掌握，更遑论从中受用，汲取到儒家经典中经久不衰的智慧了。这不仅是儒家经典的灾难，更是那些上当受骗的热诚的大众的灾难。当然，我相信，如今儒家经典学习的推动者大都是真诚地投身于这一事业。不过，我们同时也必须认识到，总是有一些缺乏真实信守（true commitment）的人。一旦儒家经典变成一种时尚，可以带来名利，那么，就会有一些机会主义者利用儒家经典作为谋取个人名利的手段。我们必须意识到，经历了漫长的与传统的断裂之后，儒学对于中国人来说已不再耳熟能详，为如此之多的中国普通老百姓提供足够资质的教师，并非易事。眼下，那些江湖骗子之所以能够浑水摸鱼，以至于"国学大师"一时间风起云涌，这也不能不说是原因之一。

除了商业化的负面影响之外，还有一个危险不容忽视，那就是儒学的政治化。所谓政治化，其意有二。第一，是指儒学被狭隘的民族主义者蓄意挑动和利用。第二，是指儒学被塑造成为自由、民主和人权的对立面。对任何一个国家和民族来说，民族主义或许都不可免。民族主义也不能说毫无是处，在某些特定的时候，譬如民族和国家受到外来的侵略，民族主义可以而且自然会发挥正面的作用。但是，狭隘的民族主义，却是有百害而无一利，只会障蔽人们清明的理性。此外，诸如自由、民主和人权等价值，并非西方的专利，而是人性的普遍要求。在西方之外的文明和传统之中，无论是中国还是印度等，都可以找到这些价值的因素，尽管这些价值的具体表现应当而且自然会因时空的不同而有所差异，体现出不同文化的特色。例如，阿玛蒂亚·森（Amartya Sen）最近不断强调印度传统中作为一种公议的民主（democracy as public reasoning）的资源，[①] 而余英时先生和狄培理教授（W.T.de Bary）也一再指出中国传统中某种形式的民主和自由精神。[②] 甚至在他们之前，在其英文著作中，胡适（1891—1962）也为中国历史上的自由传统进行过论证。[③] 因此，如果儒学被狭隘的民族主义者所利用，保存在儒家经典中的儒学价值被塑造为自由、民主和人权等价值的对立面，那么，与这种政治化相伴随的那种使儒家经典社会普及的商业化，对于儒学的真正复兴来说，都不过是"死亡之吻"。

---

① Anartya Sen, *The Argumentative Indian: Writings on Indian History*, Culture and Identity, Farrar, Straus and Giroux, 2005.

② 参见 Wm. Theodore de Bary, *The Liberal Tradition in China*, New York: Columbia University Press, 1983; de Bary, *Asian Values and Human Rights: A Confucian Communitarian Perspective*, Cambridge, MA: Harvard University Press, 1998; de Bary and Tu Weiming edit. *Confucianism and Human Rights*, New York: Columbia University Press, 1998. Ying-shih Yu（余英时）, "The Idea of Democracy and the Twilight of the Elite Culture in Modern China", in Ron Bontekoe and Marietta Stepaniants, eds. *Justice and Democracy: Cross-cultural Perspective*, Honolulu: University of Hawaii Press, 1997, pp. 199-215. 按: 该文中译"民主观念和现代中国精英文化的式微"，见余英时:《人文与民主》，台北: 时报出版，2010，页 115—141; Ying-shih Yu, "Democracy, Human Rights and Confucian Culture," The Fifth Huang Hsing Foundation Hsueh Chun-tu Distinguished Lecture in Asian Studies, Asian Studies Centre, St. Antony's College, University of Oxford, 2000, pp. 1-22.

③ 参见 Hu Shih（胡适）, "China's Fight for Freedom," *Life Association News*, Vol. 36, No. 2（October 1941）, pp.136-138; 213-215. 该文收入周质平（Chih-ping Chou）编:《胡适未刊英文遗稿》，台北: 联经出版公司，2001，页 254—269。

其实，和自由、民主、人权一样，儒家经典所揭示的智慧，不仅是给中国人和东亚人士的，也是提供给全人类的。随着儒学的价值开始成为西方人士自我意识的有机组成部分，[①] 儒学经典对于日益全球化的世界的意义也就日益加强。当然，这一点的前景如何，仍然首先取决于儒家经典在其原乡中国大陆的前途。不过，儒家经典对于中国人价值系统的重建是否能够卓有成效，有赖于上述三方面问题的妥善解决。那就是：首先，我们是否有能力建立一种以儒家经典为核心同时也包含其他文明经典的通识教育体系。其次，我们是否有能力避免商业化以及表面的普及化带给儒家经典的危害。第三，我们是否有能力有效地推动儒学价值去改善政治的弊端，同时避免儒学在政治化的过程中自身受到污染。我相信，只有解决了这三个问题，儒家经典才能通过通识教育以及社会普及而真正深入人心，儒学也才能实现其真正的复兴。

---

① 参见 Robert Neville, *Boston Confucianism: A Portable Tradition*, SUNY press, 2000.

揽彼造化力，持为我神通

——"海外儒学研究前沿丛书"总序

正如儒学早已不再是中国人的专利一样，儒学研究也早已成为一项全世界各国学者都在参与的人类共业。"夜郎自大"的"天朝心态"不可避免地导致故步自封，落后于世界现代化发展的潮流。学术研究如果不能具有国际的视野，"闭门造车"充其量也不过是"出门合辙"，难以真正推陈出新，产生原创性的成果。如今，理、工、农、医以及社会科学包括政治学、经济学、社会学、人类学等无不步西方后尘，已是无可奈何之事，不是"赶英超美"的豪情壮志所能立刻迎头赶上的。至于中国传统人文学包括文、史、哲的研究，由于晚清以至 20 世纪 80 年代不断激化的反传统思潮在广大知识人群体中造成的那种"抛却自家无尽藏，沿门托钵效贫儿"的普遍心态，较之"外人"的研究，也早已并无优势可言。中国人文研究"待从头，收拾旧山河"的"再出发"，至少在中国大陆，已是 20 世纪 80 年代之后的事了。

依我之见，现代意义上中国人文学研究的鼎盛时期是在 20 世纪 20 至 40 年代。尽管那时的中国内忧外患、风雨飘摇，但学术研究并未受到意识形态的宰制，一时间大师云集、硕儒辈出。而那些中国人文学研究的一线人物，除了深入中国古典、旧学之外，一个重要的特点就是兼通他国语文，能够及时了解和吸收域外中国人文研究的动态与成果。所谓"昌明国故，融会新知"，不但是"学衡派"诸君子以及当时那些大师硕儒的标的，其实在一定程度上也恰恰是他们自己学行的体现。1949 年鼎革之后，虽然有一批中国的人文硕儒避地海外，于"花果飘零"之际，使现代中国人文研究的传统得以薪火相传、不绝如缕，但"流落人间者，泰山一毫芒"，在民族国家与历史文化彼此剥离的情况下，毕竟难以维持以往的鼎盛了。如今中国大陆人文研究的再出发能否趋于正途、继往开来，在一定意义上，其实就是看能否接得上 20 世纪 20 至 40 年代的"学统"。

接续并发扬现代中国人文研究学统的一个重要方面，就是及时了解和吸收海外相关的研究成果。对此，中国人文学界的知识人其实不乏自觉。单纯西方学术著作的引进自清末民初以来已经蔚为大观，这一点自不必论。海外研究中国人文学术的各种著作，也在 20 世纪 80 年代以来渐成风潮，以至于"海外汉学"或"国际汉学"几乎成为一个独立的园地。不过，对于"海外汉学"或"国际汉学"本身是否能够构成一个独立的专业领域，我历来是有所保留的。很简单，海外有关中国人文研究的各种成果，无论采用传统的"义理、考据、辞章"或"经、史、子、集"，还是现代的"文、史、哲"，都必然系属于某一个特定的学科部门。而鉴别这些研究成果的高下、深浅和得失，必须得是该学科部门的当行人士，绝不是外行人士所能轻易置评的。譬如，一部西方学者用英文撰写的研究苏轼的著作，只能由那些不仅通晓英文同时更是苏轼专家的学者才能论其短长，我们很难想象，在文学、历史、哲学、宗教、艺术等人文学科的部门和领域之外，可以有一个独立的"海外汉学"或"国际汉学"。如果本身不是中国人文学科任何一个部门的专业人士，无论外国语文掌握到何种程度，都很难成为一位研究海外或国际汉学的专家。所谓"海外汉学"或"国际汉学"并不能构成独立于中国人文学之外的一个专门领域，其意正在于此。事实上，在海外，无论"汉学"还是"中国研究"，正是一个由包括历史、哲学、宗教、文学、政治学、经济学等各门具体学科构成的园地，而不是独立于那些学科之外的一门专业。也正是在这个意义上，要想真正了解和吸收海外中国人文研究的最新成果，还需要一个重要的前提，那就是：了解和吸收的主体自身，必须是中国人文学相关领域的内行人士，对于相关海外研究成果所处理的中国人文课题的原始文献，必须掌握娴熟，了解其自身的脉络和问题意识。只有如此，了解和吸收海外的研究成果，才不会导致盲目的"从人脚跟转"。否则的话，非但不能对海外中国人文研究的成果具备真正的判断力和鉴赏力，更谈不上真正的消化吸收、为我所用了。

当前，在中文世界中国人文研究的领域中，也出现了一股对西方学者的研究亦步亦趋的风气。西方学界对于中国人文的研究稍有风吹草动，中文世界都不乏聪明才智之士闻风而起。但各种方法、模式和理论模仿得无论怎样惟妙惟肖，是否能够施之于中国人文学的研究对象而"有用武之地"，不至于生吞活剥，最终还是要取决于研究对象本身的特质。所谓"法无定法"，任何一种方法本身并无所谓长短高下之分，其运用的成功与否，完全要看是否适用于研究对象。譬如，在北美的中国史研究中，思想史（intellectual history）的研究目前似乎已经式微，起而代之的社会史（social history）、地方史（local history）等研究取径颇有独领风骚之势。但是，如果研究的对象是宋明时代一位或一些与其他各地学者经常保持联系的儒家知识人，那么，即使这位儒家学者多年家居并致力于地方文化的建设，这位或这些学者与其背后广泛的儒家士人群体的互动，以及那些互动对于这位学者观念和行为所产生的深远影响，都需要充分考虑，这就不是单纯的地方史的研究取径所能专擅的了。再者，如果要了解这位或这些学者思想观念的义理内涵，社会史的角度就难免有其盲点了。如今，中国学者对于中国人文学的研究，所可虑者似乎已经不是对于海外研究成果缺乏足够的信息，反倒正是由于对各种原始文献掌握不够深入而一味模仿西方学者研究方法、解释模式所产生的"邯郸学步"与"东施效颦"。中国人文学研究似乎正在丧失其主体性而落入"喧宾夺主"的境地尚不自知。

　　然而，面对这种情况，是否我们就应该采取"一刀两断"的方式，摈弃对于海外中国人文学术的了解和引进，如此才能建立中国人文研究的主体性呢？显然不行，那势必"自小门户"，不但不能接续20世纪20至40年代所形成的良好学统，反而会重新回到"画地为牢""故步自封"的境地。在"不知有汉，无论魏晋"的情况下，"天朝心态"虽然是无知的产物，但毕竟还是真实的自得其乐。而在全球化的时代，试图在与西方绝缘的情况下建立中国人文学术的主体性，不过是狭隘的民族主义作祟。这种情况下的"天朝心态"，就只能是掩盖自卑心理而故作高亢的惺惺作态了。

　　所谓"揽彼造化力，持为我神通"。只要我们能够充分掌握中国人文学术的各种原始文献，植根于那些文献的历史文化脉络，深明其内在的问题意识，不丧失自家的"源头活水"，在这种情况下去充分了解海外的研究成果，就只嫌其少，不嫌其多。西方的各种理论和方法，也就只会成为我们进一步反思自我的资源和助缘，不会成为作茧自缚的负担和枷锁。

　　以上所说，正是我们选编并组织翻译这套"海外儒学研究前沿丛书"背后的考虑和自觉。是为序。

三　儒学与宗教

人文主义与宗教之间的儒学

至少在中文世界，将儒家传统定性为"人文主义"，已成学界共识，迄今并无争议。而视儒家传统为一种"宗教"，或认为儒家传统具有宗教性，则清末民初以来一直聚讼不已，至今莫衷一是。事实上，如回到中文原有的语脉，不但"人文"没有问题，"宗教"也未尝不其来有自，不必是为了翻译"religion"才出现的一个汉语新词。反之，如充分意识到现代汉语中许多名词不免具有西方的背景和来源，则当"人文主义"不自觉地作为"humanism"的中译语被使用时，不但将儒学作为一种"religion"会引发无穷的争议，以"人文主义"来界定儒学的基本特征，同样不免"格义"所产生的一系列问题，所得与所失并存。当然，语言是"活"的，否则，只有"法华转"而不可能"转法华"了。任何一种语言的名词、术语的翻译，一旦进入另一种语言的语境，即可具有其自身的涵义，未尝一定为其原先语言中的意义所拘定。因此，如能对"humanism"和"religion"本来的涵义有所把握，同时对"人文"和"宗教"在中文中原本的涵义有充分的自觉，则只要是着眼于"人文主义"和"humanism"之间以及"宗教"和"religion"之间的彼此相通而非单向求同，无论以"人文主义"还是"宗教"来界定儒家传统，又都未尝没有其合法性及其自身特殊的涵义，也并不意味着简单地将儒家传统归于"humanism"或"religion"这两个范畴的其中之一。

一

　　虽然"人文"一词古已有之，可追溯到《周易·贲卦·象辞》中的
"观乎天文，以察时变；观乎人文，以化成天下"。但作为一个专有名
词，"人文主义"却是现代汉语中作为英文"humanism"的中译才出
现的。因此，要明确现代汉语中"人文主义"的本来所指，首先要求
我们了解"humanism"一词的涵义。

　　虽然"humanism"的起源大概可追溯到公元前一世纪左右西塞
罗的拉丁文"*humanitas*"，但就其实际的内容所指来说，"humanism"
的成熟形态似乎更多地被认为始于文艺复兴时期，是指一种基于希腊
和拉丁经典的学习和教育，尤其是对语法、修辞、历史、诗学和道
德哲学这五门学科的学习。不过，需要说明的是，文艺复兴时期尚
无"humanism"一词，只有拉丁文的"*studia humanitatis*"，字面意思
是"关于人性的研究"（the studies of humanity），亦即今天的"人文
学"或"人文学科"（the humanities）。英文中正式使用"humanism"
来指称拉丁文"*studia humanitatis*"，最初是 1808 年一位教育工作者
尼萨摩尔（F. J. Niethammer）根据德文"humanismus"杜撰的。1859
年，在德国历史学家沃伊格特（George Voigt）的著作《古代经典的
复兴或人文主义的第一个世纪》（*The Revival of Classical Antiquity or
The First Century of Humanism*）中，该词被正式用来形容文艺复兴时
期以个人主义为特征的新的世俗文化，遂逐渐得以流传。这种以"个
体的""人"为中心的文化取向，在后来的启蒙运动中进一步强化，直
至成为近现代整个西方文化中的主流。

　　当然，如不以字源学为限，"humanism"在西方是一个具有漫
长历史和不同意义层面的观念，要想对其下一基本定义，几乎不可
能。不过，除非特别说明，至少在十九世纪以来现代西方语境中的

"humanism"，多指文艺复兴尤其启蒙运动以来以人自身经验为中心来看待一切的世界观。英国学者阿伦·布洛克（Alan Bullock）曾专门考察过作为一种传统的"humanism"在西方社会不同历史阶段的演变。在说明"humanism"本身蕴涵复杂性的同时，他也指出，作为文艺复兴和启蒙运动之产物的现代话语中的"humanism"，其基调就是一种人类中心的世界观。如果说文艺复兴、启蒙运动之前中世纪西方世界观以"神"为中心来解释世界，"humanism"的兴起就是要扭转以往"神本"的世界观而代之以"人本"。在此意义上，用"人本主义"来翻译"humanism"，或许更为准确。

14世纪到19世纪以来，"humanism"大体包涵以下几个层面的涵义：（1）一种基于古典学习的教育程序；（2）相信人类的视角、利益和在整个宇宙中的中心地位；（3）相信理性和自律，将其作为人类存在的基础；（4）相信理性、怀疑精神和科学方法是发现真理和建构人类社群的唯一恰当的工具；（5）相信伦理和社会的基础要在自律和道德平等中获得。显然，除了第（1）点与文艺复兴直接相关之外，余下的四点基本上可以说是17—18世纪启蒙运动精神气质的体现。

20世纪以来，尽管西方的"humanism"有多元的发展，但以人类中心的世界观为基调的"人文主义"，仍构成"人文主义"传统的主流，与中世纪以来的宗教传统形成一种紧张。如哈佛大学的奥尔（J. A. C. Fagginger Auer）与耶鲁大学的罗伯特·卡尔洪（Robert Calhon）和朱利安·哈特（Julian Hart），就曾在20世纪50年代初分别各自代表人文主义和基督教传统进行过辩论。因此，虽然也有试图结合人文主义与宗教的思想，如所谓"基督教人文主义"一说，但就20世纪人文主义的主流来看，其消解神圣性因而构成西方宗教传统对立面的基本特点非常明显。如果对此基本分际有所混漫，则真如卢伊克（John Luick）所言，恐怕几乎无人不是人文主义者了。并且，通过与现代科学相结合，人文主义日益突显其无神论、世俗化的取向，甚至有取代传统宗教而成为一种新的信仰对象的趋势。就此而言，现代西方主流的"人文主义"，实可说不过是一种"世俗的人文主义"（secular humanism）。其最为根本的特征，即将人作为评价一切的价值标准，不再承认人类经验之外超越层面的存在及其真实性。古希腊哲人普罗泰戈拉的名言"人是万物的尺度"，恰好可以作为这种世俗人文主义的点睛之笔。

二

学界一般认为，"宗教"是日人翻译英文"religion"的产物，最早由黄遵宪首次引入中文，汉语中本无该词。黄遵宪的确在《日本国志》一书中多次使用"宗教"一词，但他当时不过是沿用日文中既成使用的汉字，不必就是英文中"religion"的翻译。更为重要的是，认为中文本无"宗教"连用的成说，实在是未经考证的臆见。以前虽有学者指出，但仍辗转相传，积非成是，甚至被不少研究者作为结论而沿袭，反映出对于中国古典的陌生。其实，不但"宗""教"是古代汉语中常用的词汇，"宗教"连用作为一个整词，在中国历史上也是其来有自，决非清末民初的"日产"。

英文"religion"以"宗教"的译名传入中国之前，传统儒释道三家中早有"宗教"作为一个整词的用法。大体而言，"宗教"首先广泛出现于佛教的各种文献，后来为道教和儒家相继采用。六朝以至唐宋，"宗教"在佛教文献中几乎俯拾皆是。如梁袁昂（459—540）曾言"仰寻圣典，既显言不无，但应宗教，归依其有。"隋释法经（约公元594年时人）呈隋文帝书中曾称其所修撰的佛典"虽不类西域所制，莫非赞正经。发明宗教，光辉前绪，开进后学"。宋释惠洪（1071—1128）曾称赞某人"自以宗教为己任"。后来，道教和儒学中亦相继不乏使用"宗教"者。如元代任士林（1225—1309）曾称赞天师："二十四岩清垣之尊，诞扬宗教；三十万里弱水之隔，遥彻颂声。"明代王阳明（1472—1529）高弟钱德洪（1497—1574）亦曾称赞鄱阳程氏后人前来问学为"因闻师门宗教，以悟晦庵之学，归而寻绎其祖训"。此外，作为一个整词，"宗教"还指一种官职，即宋代"敦宗院教授"一职的简称。南宋大儒吕祖谦（1137—1181）就曾任"宗教"之职，如《钦定续通志》卷五百四十七《儒林传》即载其"初以荫入官，后举进士，复中博学宏词科，调南外宗教"。

不过，即便"宗教"一词古已有之，其涵义并不对等于英文中的"religion"。且经过清末民初以来围绕西方"宗教"的争论，现代汉语中"宗教"一词已基本成为"religion"的中文对应物。其原先用来指称儒、释、道的历史，已被遗忘。

和"humanism"一样，英文中"religion"也是一个19世纪才出现的词语。根据罗斯（H. J. Rose）为《牛津古典词典》撰写的"religion"词条，不论在希腊文还是拉丁文中，均无与英文中"religion""religious"完全对应的词语。史密斯（W. C. Smith）曾对"religion"在西方的产生和发展进行过较为详细的考察。他指出了很重要的一点：到18世纪末，"religion"的实际所指不过是基督教（Christianity）。

仅以基督教作为近代西方"religion"的观念，或许不免极端，因之前的犹太教和之后的伊斯兰教，都对近代以来西方"religion"观念的形成产生过重要影响。这样说大概比较周延，即西方近代以来"religion"的观念，基本上以包括犹太教、基督教和伊斯兰教在内的"西亚一神教"或"亚伯拉罕传统"（Abrahamic tradition）为典范。这

三大宗教传统起源于西亚，有三个共同的基本特征：（1）都信仰一个
超越于人类世界并决定人类世界秩序的外在的人格神；（2）都具有专
门的组织机构（教会）和神职人员；（3）都有唯一的经典构成其信仰
对象的语言载体。这三个特征构成西方传统"religion"的三项基本条
件。清末民初迄今，绝大部分中国人对"宗教"的理解，已脱离"宗
教"在中国传统中本来的涵义，而仅以"西亚一神教"的模式作为
"宗教"的典范了。

但是，随着与世界上其他文明的接触，20世纪中叶以来，在西
方宗教学研究的领域中，"religion"的概念得到了扩展，不再仅以西
亚一神教的基本特征作为衡量是否宗教的标准。譬如，田立克（Paul
Tillich）以"终极关怀"（ultimate concern）定义宗教。伊利亚德
（Mircea Eliade）认为宗教最大的目的是提供人一种意义，是人内在
的需求，导引人不断往前，并不限于某些组织形式，因而提出"宗教
人"的观念。希克（John Hick）将宗教定义为"人类对于超越者的
回应"。斯狷恩（Frederic Streng）将宗教定义为一种"终极性的转化
之道"。史密斯（W. C. Smith）认为"宗教"的本义不应当是指启蒙
运动以来近代西方的那种宗教观，甚至认为应当根本放弃基于以基督
教为代表的西亚一神教的"religion"这一用语，而代之以"宗教性"
（religiousness）的概念。诸如此类，都是对近代西方基于西亚一神教
模式的宗教观的修正和扩展。就这些西方学者对于宗教本性的理解而
言，似乎完全可以将儒学称为"宗教"或具有"宗教性"。事实上，在
他们的相关著作中，儒学也正是被视为世界上主要的宗教传统之一。
正是在与包括中国在内的诸多非西方的文明发生接触和对话的基础上，
这些扩展了的宗教观方才得以形成。

可惜在中文世界中，相当一部分学者对"宗教"的了解，既早已
忘却中文"宗教"一词古已有之的本义，也未能了解西方晚近宗教学

领域中这种扩展了的宗教观，还停留在 19 世纪以来狭隘的以西亚一神教为典范的宗教概念。如此习焉不察，同情儒学者定要将儒学与"宗教"划清界限，批判儒学者则一定要将其判为一种"宗教"。既然对"宗教"这一观念缺乏反省，聚讼不已，难有定论，也就在所难免了。

三

欧阳竟无（1871—1943）曾说"佛法非宗教非哲学"，方东美（1899—1977）则认为"佛法亦宗教亦哲学"。两句话看似矛盾，其实各有侧重。依我之见，如以西方近代以来的"宗教"和"哲学"为标准，佛教既不能为那种"宗教"所范围，也不能为那种"哲学"所限制。但佛教又同时包涵"宗教"与"哲学"的内容。换言之，佛教同时具有属于近代西方"宗教"和"哲学"这两个范畴的成分，因而不能单纯地为这两个范畴中的任何一种所笼罩。儒学的情况与此类似。尽管儒学在中国大陆的大学和研究单位中多属"中国哲学史"的一支而被置于"哲学"学科之下，但就其性质来看，如以西方近代以来主流的理性主义哲学观为标准，单纯的"哲学"实不足以尽儒家传统的完整内涵。杜维明在英文世界中用"religiophilosophy"一词来界定儒学，既是其苦心孤诣，亦不得不然。

以"人文主义"和"宗教"这两个西方近代以来的范畴来观照儒学，情形也是一样。如果限定于近代西方以来主流的"人文主义"和"宗教"观，则儒学既非"人文主义"亦非"宗教"。但有三种情况可以使我们有理由认为，儒家传统同时可以具有"人文主义"和"宗教"的名称。

首先，若以"人文"和"宗教"两词在中国历史上的本义为准，则不妨既可说儒学是一种"人文主义"，是"人文精神"的集中体现，也可说儒学是一种"宗教"，就像它曾经毫无疑问地在历史上和佛、道两教一起被作为一种"宗教"那样。其次，即便在使用"人文主义"和"宗教"两词时是对应西方的"humanism"和"religion"，只要我们的理解不局限于近代以来主流的"世俗人文主义"和仅以西亚一神教为模式的"宗教"，则同样可以既将儒学视为一种人文主义，又将其视为一种宗教。第三，即便在严格对应于西方近代以来主流的"secular humanism"和仅以西亚一神教为模式的"religion"的情况下使用"人文主义"和"宗教"，只要不是简单地将儒学非此即彼地划入"人文主义"和"宗教"范畴的其中之一，仍可看到儒学之中同时具有"人文主义"和"宗教"的成分，仍可从"人文主义"和"宗教"两个向度入手去刻画儒学的某些特征。换言之，如果运用"双向诠释"而非"单向格义"的方法，即着眼于儒学与"人文主义"和"宗教"的两头相通，而不是试图在单向求同的意义上将儒学化约为"人文主义"或"宗教"的其中一种，则仍不妨将"人文主义"和"宗教"作为把握儒学定义性特征的观念架构。

因此，我们可以套用欧阳竟无和方东美的话来说："儒家非人文主义非宗教，而亦人文主义亦宗教"。用儒家传统中"天""人"这两个核心观念来说，如果"天"象征着宗教性而"人"象征着人文性，则儒学最为基本的特征就是：儒家的"天人之际"不会像西方近代的主流思想那样在"宗教"与"人文"之间建立非此即彼的二元对立关系，而是在肯定"天"与"人"之间具有本体论的一致性（所谓"天人合一"即就此而言）这一前提下，承认现实层面"天"与"人"之间存在的紧张，由此始终谋求"天""人"之间的动态平衡。在这个意义上，无论视儒家传统为"人文主义与宗教之间"，还是将儒家传统称为一种"宗教性的人文主义"，都是为了突显其所兼具的人文主义和宗教的某些特征，同时又避免将其化约为近代西方以来居于主流地位的"人文主义"或"宗教"的其中之一。事实上，在西方很多二元对立的范畴面前，儒学在许多方面都体现出某种非此非彼而又亦此亦彼的"之间"特征。或许有人会说，如此未免模糊了概念的确定性。但假如要坚持每一概念在其原先系统中的精确性，则所有概念系统之间都将不可通约（incommensurable）。不同系统之间的概念无法比较，任何比较的研究势必不能进行，实际的文明对话也将无从展开。事实上，不论不同文明和观念系统之间的对话与交流一直在进行，即使同一种文化系统内部，如西方思想传统，概念的内涵也是处在不断发展变化之中的，甚至同一个思想家，所运用的某一概念在不同的时期也有不同的规定性。就此而言，创造性的"模糊"要比狭隘的"精确"更具有理论的有效性和历史的真实性。

四

我以"人文主义"和"宗教"这两个在现代汉语中几乎完全成为西文中译的观念为参照来考察儒家传统，当然意在显示其中与"人文主义"和"宗教"两头相通但又并非单向相同的特征。我的《儒家传统——宗教与人文主义之间》（北京大学出版社，2007）一书各章所涉的历史跨度力求涵盖儒家传统的主要阶段，由先秦以至当代，而以宋明为多。在处理相关问题时，各章也在不同程度上援引西方哲学、宗教哲学以及宗教学甚至神学的有关论说，或以为对比分析的参照，或以为诠释的助缘。有些章节则直接进行中西比较，或以思想人物为例，或从普遍的理论问题入手。然如"丸之走盘"，虽纵横上下而不离其宗。各章所论，均围绕儒家传统的宗教性和人文性，要皆以发明相关问题的特点与蕴涵为务。我曾经指出，中国思想传统目前与今后的发展，无论是诠释还是建构，都早已不可能在与西方思想传统绝缘的情况下进行。"一切惟泰西是举"固然难以建立中国思想的主体性，试图不与西方思想发生关系、从 20 世纪以来已经建立的现代中国学术中剔除任何"西学"的因素而回到传统"旧学"的形态，同样是既不健康也不可能的思路，只能落入"断港绝河"。以儒学为代表的中国思想传统的精神气质，可以而且必须在"苟日新，又日新，日日新"的过程中"因革损益"，不为特定的形式所限制。借用佛家华严宗的讲法，正所谓"不变随缘""随缘不变"。事实上，从先秦以迄宋元明清，现代学术建立之前儒家传统发展的历史，已经证明了这一点。譬如，先秦儒学中"理"尚未成为一个重要的思想概念，而在后来的宋明儒学中，"理"却成为最为核心的概念。因此，对于儒家传统乃至整个中国传统文化的发展来说，我们固然不可以"西学"为标准，但必须以之为参照，舍此别无他途。只有在以"他者"为参照、与"他者"深度互动和交融的过程中，才能够获得更为明确的自我意识，并不断扩展深化自身的主体性和身份认同。对于包括西方文明自身在内的如今世界范围内每一种文明和文化传统，这恐怕都是一条必由的康庄大道。以往过多（如果不是仅仅）注重儒家传统伦理、社会和政治的人文的向度，儒家传统"宗教性人文主义"的特征或者说其独特的宗教性，没有受到应有的重视。尤其是在中国大陆，由于对"宗教"的理解迄今仍不免囿于狭义的西亚一神教的模式，加上 1949 年以来对"宗教"的负面判断，理解儒家的宗教性更是格外困难。如前所述，肯定和批判儒家传统者看似势若水火，双方背后的宗教观却是未经反省的一致。在这种情况下，本书突显积极和正面意义上的儒家宗教性，首先有其学理的价值。

此外，对于在如今信仰危机的情况下如何"收拾人心"、重建中华民族的价值系统，深入发掘儒学宗教性人文主义的精神资源，更具特别的意义。在数千年的中国历史上，儒学之所以能够发挥"全面安排人间秩序"的功能，首先在于她作为一整套信仰和价值系统发挥着"正人心、齐风俗"的作用。可惜自19世纪中叶以来，中国文化的危机不断加深，从"打倒孔家店"到"批林批孔""破四旧"再到"河殇"，神州大地已然形成一种反传统的传统，儒家的精神气质几乎丧失殆尽。并且，我们似乎并未成功地从"西天"取来"真经"，使之足以作为一种替代性的价值系统来重塑中国人的心灵世界。20世纪90年代以来，全球化在器物甚至制度层面带来"一体化"的同时，也日益突显文化认同与根源意识。"我是谁"的问题迫使每一个民族乃至每一个体不仅不能乞灵于任何纯然外部的文化来建立"自我"，反而必须深入自己的文化传统来"认识你自己"。当然，任何文化都不是凝固不变的，其更新和发展需要不断吸收外部的资源。佛教传入中国就是一个很好的范例。不过，任何文化吸收新的成分从而转化和发展自身，其成功的前提必须是立足于已有的传统，否则即成"无源之水"和"无本之木"。正是在这一点上，在反传统的传统流行中国已有百余年的情况下，重建中国人的价值和信仰系统，从而消除诸多由此而来的社会问题，就首先需要我们对儒家传统的精神价值有深入的了解。只有在"具足正知识"（借用佛教语）的基础上，方能深刻"体知"、付诸实践，不至于"冥行闇修"甚至"走火入魔"。

当然，儒家传统并不只有精神性（spirituality）这一向度，也并非只有这种宗教性人文主义的向度才与现代社会相关、才能为现代社会提供某种资源。我历来认为，正如儒学本身是一个包括政治、社会、伦理等等多向度的传统一样，除了精神性的资源之外，经过一定的转化，儒学还应当而且能够为现代社会提供其他各种不同的思想和实践的资源。即便在制度建设的层面，儒家传统同样不是"俱往矣"的博物馆陈列品，其中仍然蕴涵许多丰富的可以"古为今用"的内容。只不过，即便已经开始意识到这一点，但恰如对儒学宗教性人文主义的方面已经隔膜甚深一样，对于几千年来中国传统社会的各种制度，如今又有多少人能够深入其中，深明其得失呢？其实，无论哪一个层面，哲学性的、精神性的、政治制度的、社会伦理的，如果不能"入乎其内"而后"出乎其外"，任何关注和提倡就和那些"雾里看花"的批判一样，都无法免于口号式的肤泛。那样的话，儒家传统的真正诠释和重建，将是无从谈起的。因此，与其忙于造论立说，提出各种口号，不如大家分工合作，深入发掘儒家传统各个层面的内在资源，然后予以创造性的转化和整合。朱子所谓"旧学商量加邃密，新知培养转深沉"，始终值得再三玩味。就此而言，本书若能于儒家传统精神性层面的发掘、诠释和重建略尽绵薄，并为将来进一步的工作奠定基础，亦可谓功不唐捐。

儒学与宗教冲突

　　全球化似乎已是世人公认的一个潮流，但所谓"全球化"这一观念究竟包含怎样的具体内容，具有怎样的现实所指，恐怕是我们在使用这一用语来描述当今世界范围内所发生的巨大变化时需要有所自觉的。本文无法也不打算对"全球化"的具体内涵进行全面与细致的分析，而是要指出全球范围内的"西方化"趋势与不同文化传统自我认同的强化以及彼此之间的冲突构成"全球化"过程的一体两面，而宗教传统之间的冲突更是文化差异与文明冲突的核心所在。在此基础上，本文着重以阳明学者三教关系的思想和多元宗教参与的实践为据，并结合当今宗教学领域的相关论说，说明儒学对于化解当今世界宗教冲突所可能提供的有益资源。

一、问题：全球化与宗教冲突

　　全球化可以从不同学科的角度加以定义；[①] 也可以不局限于全球化的现代理解，而上溯其历史，甚至将古罗马帝国的军事扩张、中世纪

---

　　① 社会学从人类互动意义增强的角度来定义全球化，即人类集团之间的联系，随着社会发展而逐渐加强，最后形成全球性的联系，这个过程叫全球化。政治经济学将全球化定义为英国资本中心出现之后，资本中心和资本外围的关系，这个过程不仅是经济过程，也是政治过程。

的十字军东征以及成吉思汗拓展疆域的征服都算作全球化的不同形式；还可以侧重从人类文明活动的某一个方面，如经济、政治、文化等来界定全球化。①但无论如何，有一点必须明确，即目前我们所谓的"全球化"，主要指的是二战以后随着科技、经济的发展所带来的全球性的一体化的趋势。这种全球化所涉及的范围之广，对全世界人类生活方方面面的影响之深，都是史无前例的。进一步来说，当我们使用全球化这一概念时，我们主要是想指出当今世界不同国家、地区、民族和各类共同体之间交往互动的日益密切以及不断趋同的现象。无论对全球化的具体理解可以怎样的"见仁见智"，但这一点恐怕是大多数人的一个基本的共识，也是全球化这一用语所指的核心内容所在。事实上，如果从语言分析的角度来考察当今东西方各种媒体对于"全球化"这一概念的使用，我们看到的几乎都是对这种趋同现象的描述。

　　就全球化所导致的"趋同"而言，我们要进一步深入反省的是这种趋同是趋向怎样一种"同"。事实上，全球化带来的趋同并非世界不同文化互动的"合力"现象，所趋向的"同一性"并非包含世界不同文化传统的要素而又根本不同于某一种文化形态的综合性的新生事物和新文化。而毋宁更多的是全世界范围内非西方的各种文化形态逐渐趋同于以美国为代表的西方文化。尽管西方文化内部也并非铁板一块，但相对于全球范围内非西方的各种文化传统来说，我们确实可以以美国为例总结出一些西方世界共同分享的东西，譬如市场经济、民主政治和个人主义等等，正是这些东西构成了我们所谓的西方文化。而如今的全球化也正是在向着这个方向趋同。此外，尽管如今非西方的各个国家、社会、民族也在力求发展出不同于西方文化的文明模式，但

---

　　①　如曾获美国经济学杰出著作奖的威廉姆森和欧饶克的《全球化与历史》一书，就主要是从经济的角度来谈全球化。

我们必须看到，这种"求异"恰恰是在"趋同"于西方文化的过程中产生的，并且，只有在自身在相当程度上已经变得非常西方化了之后才会产生。譬如，中国、日本、韩国、印度等国家晚近对于民族文化传统认同的强调，都是在这种情况下发生的。因此，认为全球化不过是西方价值的延伸和对非西方社会的侵略，虽然不无偏颇，却也委实抓住了问题的要害。正是在这个意义上，以至于有学者认为全球化其实是西方文化在"化全球"。①

　　指出当今世界范围内各个文化形态正在或多或少、或快或慢地趋同于西方文化，确实揭示了全球化的主要特征和基调。但是，正如早有学者观察美国社会时敏锐指出的，与融合、趋同相伴而生、互为表里的，是族群意识、寻根意识的抬头和强化。进一步而言，在全世界的范围内，我们可以说全球化和本土化其实是彼此相伴的同一过程的两个方面。英文中全球化是 globalization，本土化是 localization，而晚近英语世界中出现的 glocal 这一新词（neologism），则正是全球化与本土化如影随形、水乳交融现象的反映。因此，当我们过于关注全球化所带来的"趋同""一体"的同时，也不应当忽视这种以"同一化"为原则的全球化所导致的不同国家、地区、民族和各类共同体之间差异的日见强化与冲突的与日俱增。如果说当前"亚洲化""印度化""斯拉夫化""伊斯兰化"反映了非西方社会对于西方文化"同化作用"的抵制与反激，诸如加拿大和法国对本国电影业所采取的保护政策（限制美国影片的输入）这类情况，则反映了西方世界内部其他国家对于美国价值的抵制。如今，反全球化的示威活动几乎成为每一场重大国际会议的必备场景，而这更是全球化过程中差异与冲突日

---

　　① 参见庞朴：《全球化与化全球》，《21 世纪》双月刊，2000 年 10 月号（香港：中文大学中国文化研究所），页 76—77。

益增强的一个表现。恰恰是由于非西方社会的许多人已经感到全球化并不是在将他们引向一个全球一家、天下一体的"大同"世界，而是在将他们纳入到西方的运行机制当中，使他们为西方文化所"化"；甚至美国等主要西方国家以外的其他西方国家也感到全球化正在迫使他们接受不同于他们自身传统的一套东西，因而，不同程度和形式的反全球化才越来越似乎已经成为当前全球化过程本身的一项重要内容。

正如不同族群和社会的人们都可以穿西装，使用美国的微软电脑系统和日本的小汽车，享受市场经济的实惠那样，如果说全球化可以仅仅局限于经济领域和物质层面，大概在不同的族群和社会之间不太容易出现差异和冲突的问题。正因为全球化是文化意义上的全球化，涉及生活世界的方方面面、里里外外，问题才不那么简单。在全球化的过程中，愈是触及不同文化形态的深层结构，愈容易形成差异的对照从而引发冲突。对于文化的定义，至今已不下百余种，但认为文化包括从器物到制度再到观念这由表及里的三个层面，则基本上是中外学者们的共识。而差异与冲突的表现和发生，往往集中在观念的层面。如果说价值系统和宗教信仰是文化最为核心和底里的东西，那么，我们如今历历在目的世界上的主要冲突，都几乎无一例外地具有宗教信仰差异的根源。恰如卡西尔（Ernst Cassirer）所说："它（宗教）鼓励我们与自然交往，与人交往，与超自然的力量和诸神本身交往，然而它的结果却恰恰相反：在它的具体表现中，它成了人们之间最深的纠纷和激烈斗争之源泉。"① 从中东地区的连绵战火到"9·11"的极端恐怖，都可以说是宗教冲突的表现形式。亨廷顿（Samuel P. Hungtington）所谓"文明的冲突"（the clash of civilization），固然包

---

① 卡西尔：《人论》，甘阳译，上海：上海译文出版社，2004年，页92—93。

括政治与经济利益的内容，但本质上可以归结为不同信仰的冲突。事实上，亨廷顿本人也正是将宗教视为文化的最主要因素之一。[①] 因此，假如我们要关注全球化过程中差异与冲突的一面，那么，如何化解宗教冲突，谋求不同宗教传统之间的和谐相处、共同繁荣，恐怕就不能不是一个首先需要考虑的问题。著名天主教神学家、"世界伦理宣言"的起草人孔汉思（Hans Kung，又译为汉斯·昆）所谓"没有宗教之间的和平就没有世界的和平"，[②] 如今在世界范围内已经越来越不断得到了现实层面的论证，也成为全球众多有识之士的基本共识。

二、理解：儒家传统的宗教性

不论以全球化为人类的福音，还是视全球化为人类的陷阱，反映的都还只是我们对全球化侧重不同的理解以及在此基础上的情感态度，[③] 而在全球化这一难以逆转的潮流之下，如何解决其中的问题，使之发展朝向一个繁荣昌盛的人类社群，而不致因为冲突的激化导致人类的悲剧和文明的毁灭，则是我们首先需要深思熟虑和赋予更多关注

---

① 塞缪尔·亨廷顿：《文明的冲突与世界秩序的重建》，北京：新华出版社，1999，页47。

② 这句话是孔汉思1989年2月巴黎"世界宗教与人权"会议上宣读论文的题目，代表了孔汉思的一个基本观点，如今得到了全球伦理与宗教对话参与者们的普遍认同。

③ 戴维·赫尔德（David Herd）等人曾经以对全球化的存在和前途的态度为标准，将目前西方全球化的理论划分为三大类：极端全球主义者（hyperglobalizers）、怀疑论者和变革论者（transformationalists）。极端全球主义者的代表如《历史的终结和最后的人》的作者福山，他们认为全球化已经带来了新的历史时期，各种传统的制度和体制在经济全球化面前或者已经过时，或者正在失去其存在的基础，而市场则成为决定和解决一切问题的力量。变革论者如吉登斯、贝克等人，（转下页）

的。正因为宗教的因素构成全球范围内文化冲突的根源之一，如何通过对话而不是对抗来寻求宗教冲突的化解之道，业已成为宗教界人士和广大知识分子共同参与进行的一项事业。① 世界各个宗教传统的信奉者以及认同或至少对这些宗教传统有同情了解的研究者们，如今更是正在分别从不同的宗教传统中发掘各种相关的资源，以求能对宗教冲突的化解有所贡献。例如，在 2002 年美国纽约举办的第 32 世界经济论坛年会（WEF）上，宗教冲突的问题就纳入了会议的议程，显示出经济与宗教两个似乎不相干的领域其实具有紧密的内在关联，而受邀参加论坛年会的台湾法鼓山圣严法师一方面建议论坛成立宗教委员会，一方面也呼吁信奉或认同佛教传统的人士开发佛教传统的智慧，谋求化解宗教冲突的良策，表示了佛教方面对于全球宗教冲突的回应。

　　儒家传统当然并非西方意义上的建制化宗教（institutional religion），但是，如果我们认识到宗教的本质在于"变化气质"，使人的现实存在获得一种终极性、创造性的自我转化，而不在于组织化

（接上页）来自社会学领域，他们把全球化作为一个源于西方的社会变革过程，该过程同时是一个不可抗拒的自然过程。怀疑论者的代表有汤普森、赫斯特、韦斯等人，他们力图通过历史比较的方法来证明全球主义对全球化的判断犯了夸大事实和有意误导公众的错误。具体说明参见戴维·赫尔德等著：《全球大变革：全球化时代的政治、经济与文化》（*Global Transformations: Politics, Economics and Culture.* London: Polity Press, 1999），北京：社会科学文献出版社，2001 年。

　　① 譬如，1970 年，在日本京都召开过"宗教与和平的世界"会议；1989 年，在巴黎举办了联合国支持召开的"世界宗教与人权"会议；1993 年，在芝加哥召开了纪念 1893 年"世界宗教会议"的纪念大会；1997 年 3 月和 12 月，分别在巴黎和意大利的拿波里举办过联合国教科文组织主办的两次"世界伦理会议"。1997 年欧洲出现了一份以对话为目标的新学报，名字就叫《全球对话》（*Global Dialogue*），而该学报第 3 期（2000）以"信仰的新宇宙"（the new universe of faiths）为题，就是一个宗教比较与对话的专辑。如今，世界范围内大大小小各种形式的宗教对话活动已是不胜枚举。

的教会、超越外在的一神信仰等仅仅属于亚伯拉罕信仰传统的那些特征，并且充分顾及非西方的宗教传统，我们就不应该将"宗教"这一概念的专属权自觉不自觉地拱手让给"religion"。如果我们对于佛教传统有基本的了解，知道释迦牟尼开创的佛教就其本源而言根本是一种无神论的主张，如果我们知道道教根本否认凡人世界与神仙世界之间存在着异质性（heterogeneity）亦即本质的差别与鸿沟，而同时又承认不论佛教还是道教都可以为人们提供一种终极性的转化之道，都是一种宗教，那么，以"修身"为根本内容，为追求"变化气质"并最终成为"大人""君子""圣贤"提供一整套思想学说和实践方式（"工夫"）的儒家传统，显然具有极强的宗教性。只不过"大人""君子"以及"圣贤"境界的达成不是从人性到神性的异质跳跃，而是人性本身充分与完美的实现。事实上，作为宗教的佛教和道教只是两个起源于东方的例子，而世界上也还存在着大大小小、许许多多不同于西方宗教形态而同样被视为宗教的精神传统。儒学作为一种宗教性的精神传统，至少在国际学术界也早已不再是一个值得争议的问题，而成为讨论许多相关问题的前提和出发点了。并且，在当今全球性的宗教对话中，儒家也早已被其他的宗教传统主动接纳为一个不可或缺的对话伙伴。[①] 这绝非偶然，而是由于在许多其他宗教传统的代表人物

①　迄今为止，在香港、Berkeley 和 Boston 已经分别召开过多次儒学和基督教对话的国际学术会议。第一次儒耶对话国际会议于 1988 年在香港中文大学举行。第二次儒耶对话国际会议于 1991 年在美国加州 Berkeley 举行。第三次儒耶对话国际会议于 1994 年在波士顿大学（Boston University）举行。第四次儒耶对话国际会议于 1998 年又回到香港举行。第一次儒耶对话的论文集，参见 Peter K. H. Lee, ed., *Confucian-Christian Encounters in Historical and Contemporary Perspective.* Lewiston/Queenstown: The Edwin Mellen Press, 1991. 第二次会议的论文收入 *Pacific Theological Review*, Vol. 24/25, 1993. 第四次会议的论文集中文版参见赖品超、李景雄编《儒耶对话新里程》，香港：中文大学崇基书院宗教与文化研究中心，2001。

的眼中，在一个相当突出的层面上，儒学在中国以及东亚地区历史上
发挥的作用，恰恰相当于他们的宗教传统在他们所在地区所发挥的
作用。

有一点顺带指出，在西方近代尤其启蒙运动以来的话语脉络中，
如果说宗教与人文主义是一对彼此对立的概念的话，那么，当我们
用人文主义的概念来形容儒家传统时，就切不可不自觉地承袭了这
种两分的思考方式和言说脉络，将儒学仅仅作为一种拒斥超越与神
圣的世俗的人文主义（secular humanism）。就整体而言，儒学的一
个基本特征的确是将关注的焦点放在世俗世界的人伦日用，但其实
却并非缺乏超越的向度，而是认为超越性、神圣性以及无限的意义
就寓于世俗世界之中，王阳明《别诸生》诗中所谓"不离日用常行
内，直造先天未画前"一句，正体现了儒学传统"即凡俗而神圣"这
种独特的精神与价值取向。因此，鉴于当今知识话语中难以完全摆
脱的现代西方背景，以及用"人文主义""人文精神"来指称儒学已
经到了近乎泛滥的地步，我们不妨将儒学称为一种宗教性的人文主
义（religious humanism），这样或许可以避免在人文主义这一名词未
经检讨的使用中忽视了儒家传统本来所有的极其丰富的宗教属性和
向度。

由于儒家传统本身具有宗教性，对于人类如何使有限的自我连同
其所存在的整体脉络（包括家、国、天下以及整个宇宙）一道最终实
现创造性的转化，其"修身""成人"之学有着丰富的理论和实践可资
参照，在全球的视域中也已经被广泛地认为是一种宗教传统，在当前
全球的宗教对话中正在逐渐发挥其作用，[①] 因此，我们不仅要充分重视

---

① 参见彭国翔：《从西方儒学研究的新趋向前瞻21世纪的儒学》，《孔子研究》，
2000年第3期，页98—104。该文亦见《中国儒学年鉴》2001年创刊号，北京：
商务印书馆，2001年10月，页30—34。

儒家传统中宗教性的资源，以求为推动并深化全球范围的宗教对话作出贡献，还应当在此基础上针对当今全球范围的宗教冲突问题，为谋求"化干戈为玉帛"的因应之道尽可能提供儒家方面的资源。事实上，这还并非只是因为作为一种精神性的传统，儒家和世界上其他精神性的传统一样需要承担这样的义务，更是因为对于化解宗教冲突来说，无论在观念还是实践的层面，儒家传统都的确具有格外宝贵的历史资源，值得我们发掘探讨，以利世人。

三、资源：儒家多元主义的宗教观与实践

在冲突日增的时代，儒家对和谐的特别重视尤其受到了其他文化传统的欣赏。儒家"和而不同"的主张更是被屡屡言及，成为在保持不同文化传统各自独立性前提下化解冲突、和平共处的指导原则。不过，对于化解宗教冲突而言，除了"和而不同"的一般原则之外，儒家关于不同宗教传统之间关系的理论以及儒者参与不同宗教传统的实践，尤其可以提供更为具体的智慧借鉴。

由于佛教汉代传入，道教后起，基督教的大规模传入更在明代后期，[1] 因此，儒家传统对于其他宗教传统的态度以及关于宗教之间关系的看法主要表现在宋明儒学之中。在宋明儒学的两大典范中，朱子学虽然对佛道二教批评较多，但也非全然排斥，[2] 阳明学则更是持开放

---

[1]　本文的基督教取其广义，包括天主教和新教（狭义的基督教）。基督教在唐代已传入中国，称为景教，但未成气候。有关景教的情况，参见朱谦之：《中国景教》，北京：东方出版社，1993年。

[2]　朱子本人对佛道二教超越世俗的精神境界也表示欣赏。甚至连被作为宋明儒学先声、排佛甚严的韩愈，也为佛教人士不染世累的精神气象所折服。

的态度。而阳明学者有关儒释道三教关系的论说，正是我们如今从儒学传统中寻求宗教冲突化解之道具体的一个理论资源所在。对于阳明学者有关三教关系的主张，我们不妨以王阳明（名守仁，字伯安，号阳明，1472—1528）、王龙溪（名畿，字汝中，号龙溪，1498—1583）和焦弱侯（名竑，字弱侯，号澹园，又号漪园，1541—1620）为代表来加以说明。①

王阳明对于儒释道三教的关系曾有"三间屋舍"的比喻，认为佛道两家修养身心、不染世累的精神境界本来为儒学所具备，后儒将那种超越的精神境界失落，视之为佛道两家的专属，恰如原本有厅堂三间共为一厅，却将左右两间割舍，其实是自小门户。所谓"二氏之用，皆我之用。即吾尽性至命中完养此身谓之仙；即吾尽性至命中不染世累谓之佛。但后世儒者不见圣学之全，故与二氏成二见耳。譬之厅堂三间共为一厅，儒者不知皆吾所用，见佛氏，则割左边一间与之；见老氏，则割右边一间与之；而己则自处中间，皆举一而废百也。圣人与天地民物同体，儒、佛、老、庄皆吾之用，是之谓大道"（《王阳明年谱》"嘉靖二年十一月"条下）。王阳明的这种立场在佛道两家的人士看来虽然仍不免居高临下，但却显然以对佛道两家超越精神境界的肯定为前提，显示了对于其他宗教传统的包容。

王龙溪是阳明高弟，与佛道二教的关系更为密切，在当时甚至被称为"三教宗盟"。他虽然并没有丧失儒者的身份和自我认同，而是

---

① 这样的选择并不是任意的。王阳明的活动主要在正德年间与嘉靖初年，王龙溪的活动主要在嘉靖、隆庆年间以及万历初年，焦弱侯的活动则主要在万历中后期。如果说从正德年间到嘉靖初年是阳明学的兴起时期，从嘉靖经隆庆到万历初年是阳明学的全盛期，万历中后期至明末是阳明学衰落期的话，那么，这三人的活动时间恰好覆盖了阳明学从兴起到全盛再到衰落的整个时段。另外，作为阳明学的创始人，王阳明对于阳明学兴起的重要性自不必言，而对于阳明学的全盛期和衰落期来说，王龙溪与焦弱侯又分别可以作为这两个阶段的代表人物。

试图站在儒家的基本立场上将佛道两家的思想观念融摄到儒学内部，[①]
但他有关三教起源的观点已经开启了超越儒家本位的契机。在他看来，
儒释道三教之名均属后起，而人所具有的"恒性"则是儒释道三教共
同的基础和根源。所谓"人受天地之中以生，均有恒性，初未尝以某
为儒、某为老、某为佛而分授也。良知者，性之灵，以天地万物为一
体，范围三教之枢。不徇典要，不涉思为。虚实相生而非无也；寂感
相乘而非灭也。与百姓同其好恶，不离伦物感应，而圣功征焉。学佛
老者，苟能以复性为宗，不沦于幻妄，是即道释之儒也；为吾儒者，
自私用智，不能普物而明宗，则亦儒之异端而已"（《王龙溪先生全集》
卷十七《三教堂记》）。这句话的后半段表明王龙溪没有完全放弃儒家
的本位，因为他认为儒家能够完整体现人的"恒性"，佛道两家不免仍
有所偏，但前半段话则显然包含了超越儒家本位的因子。事实上，王
龙溪之后，晚明阳明学者在三教关系问题上的一个重要发展方向，就
是表现为进一步淡化并超越儒家的本位，将儒释道三教平等地视为宇
宙间一个更为根本的本源的不同体现。这在焦竑处有明确的表现。[②]

---

① 有关王龙溪与佛道二教关系的专题研究，参见（一）彭国翔：《王畿与佛
教》，《台大历史学报》第 29 期，台北：台湾大学历史系，2002 年 6 月，页 29—
61；（二）、彭国翔：《王畿与道教》，《中国文哲研究集刊》第 21 期，台北："中研院"
中国文哲研究所，2002 年 9 月，页 255—292。

② 焦竑师从耿定向（字在伦，号楚侗，称天台先生，1524—1596），并曾在南
京亲聆过王龙溪、罗汝芳（字惟德，号近溪，1515—1588）的讲席，在晚明不仅是
一位阳明学的中坚，还是一位学识渊博的鸿儒，所谓"博极群书，自经史至稗官、
杂说，无不淹贯"（《明史》卷二八八）。作为一位百科全书式的人物，在当时享有
崇高的学术地位与社会声望，被誉为"钜儒宿学，北面人宗"（徐光启：《尊师澹园
焦先生续集序》）。四方学者、士人无不以得见焦竑为荣，所谓"天下人无问识不
识，被先生容接，如登龙门。而官留都者自六官以下，有大议大疑，无不俯躬而奉
教焉"（黄汝亨：《祭焦弱侯先生文》）。并且，焦竑曾著《老子翼》《庄子翼》《楞严
经精解评林》《楞伽经精解评林》《圆觉经精解评林》以及《法华经精（转下页）

　　如果说王龙溪有关不同宗教都是"恒性"不同表现的看法还只限于儒释道三教的话，焦竑则将视野放得更宽。在焦竑看来，古今中外不同的人物及其思想都可以成为一个"道"的表现形式，不能明了于此，难免破裂大道，株守一隅。所谓"道一也，达者契之，众人宗之。在中国曰孔、孟、老、庄，其至自西域者为释氏。由此推之，八荒之表，万古之上，莫不有先达者为师，非止此数人而已。昧者见迹而不见道，往往瓜分之，而又株守之"（《澹园集》卷十七《赠吴礼部序》）。对于这种看法，焦竑曾有"天无二月"的形象比喻来加以说明，所谓"道是吾自有之物，只烦宣尼与瞿昙道破耳。非圣人一道、佛又一道也。大抵为儒佛辨者，如童子与邻人之子，各诧其家之月曰：'尔之月不如我之月也。'不知家有尔我，天无二月"（《澹园集》卷四十九《明德堂答问》）。由于将儒释道三家平等地视为"一道"的表现，焦竑甚至反对"三教合一"的说法。对焦竑而言，许多三教合一的持论者们之所以主张三教合一，其背后的预设并非三教本于一道，而是将三教视为三种各自独立的思想系统或者说三种各自不同的"道"。但既然"道"本来是一非三，也就无所谓合一。焦竑站在"道无三"的立场上不接受三教合一说，无疑表明焦竑认为最后的道是超越于儒释道之上的更为源初的东西。而就焦竑不限于三教的宽阔视野而言，我们可以说，在焦竑的眼中，经过人类经验和理性检验的各种宗教传统，都可以视为宇宙间根源性的"道"的表现。

（接上页）解评林》等，更是当时会通三教的思想领袖。焦竑当时三教领袖的地位，甚至利玛窦（Matteo Ricci, 1552—1610）在其回忆录中也曾提到。利氏这样写道："当时，在南京城里住着一位显贵的公民，他原来得过学位中的最高级别（按：焦竑曾中状元），中国人认为这本身就是很高的荣誉。后来，他被罢官免职，闲居在家，养尊处优，但人们还是非常尊敬他。这个人素有我们已经提到过的中国三教领袖的声誉。他在教中威信很高。"参见利玛窦、金尼阁：《利玛窦中国札记》，高泽译，北京：中华书局，1983 年版，页 358—359。

　　在当今的宗教学研究中，一种宗教传统对于其他宗教传统的态度，可以划分为三种类型，即排斥主义（exclusivism）、包容主义（inclusivism）和多元主义（pluralism）。[①]排斥主义是指自认为独占绝对宗教真理的专属权，否认其他的宗教传统可以为人的存在的终极转化提供真正可行的道路。包容主义是指虽然在一定程度上承认其他宗教传统拥有部分的真理性，但同时认为其他的宗教传统所拥有的真理已经包含在自己的宗教传统之中，其他宗教只是真理的初级阶段，而真理的最后与最高阶段仍然不为其他宗教传统所有，只能通过自己的宗教传统才能得到揭示和指明。这颇类似于佛教的所谓"判教"。多元主义则能够正视包括自身在内的各个宗教传统的特殊性，认为不同的宗教传统都可以为人类存在的终极性转化提供一条道路，尽管超越的方式不同，但都是对于超越者的一种回应。用约翰·希克（John Hick）著名的比喻来说，不同的宗教传统恰如信仰的彩虹，是对同一种神性之光的不同折射。[②]

　　当然，排斥主义、包容主义和多元主义只是一种类型学（typology）的划分，每一种宗教传统都未必可以简单、绝对地归于三种中的某一种，每一种宗教传统内部也可能或多或少地同时包含这三种成分，并且，在全球众多的宗教传统中也可能存在着这三种类型的某种变种。但是，从提示一个宗教传统对其他宗教传统基本与总体的态度倾向来看，这三种类型显然具有较强的涵盖性，能够作为理论分

---

　　① 这三种类型的区分最早见于 Alan Race 的 *Christians and Religious Pluralism*（London: SCM Press and Maryknoll, New York, 1994, second edition），而为约翰·希克（John Hick）所大力发挥，如今在宗教研究和对话领域已经受到广泛的接受和使用。

　　② 参见约翰·希克：《信仰的彩虹：与宗教多元主义批评者的对话》，王志成译，南京：江苏人民出版社，1999 年。

析的有效架构。正是由于这一点，这三种区分在目前国际上的宗教研究和对话领域被广泛采纳和运用。

如果借用这种三分法作为一种分析的方便，根据以上对阳明学者有关三教关系思想的考察，我们可以看到，从王阳明到王龙溪再到焦竑，阳明学者对于宗教关系的看法日益开放，不仅业已从排斥主义的立场转化，并且恰恰表现出从包容主义到多元主义的演变。不过，我们需要指出的是，阳明学发展到焦竑所体现的多元宗教观，并非一般意义上的多元主义，而有其特殊的涵义和价值。

一般意义上的宗教多元主义，虽然能够正视并肯定其他宗教传统的意义，但有时不免会流于相对主义。而流于相对主义的多元主义表面对各种宗教传统都能肯定，其实否认宇宙间存在统一性的终极真理，不愿且无法正视各个不同的宗教传统在对终极真理的反映上可以存在侧面的不同、侧重的差异以及程度的深浅，无形中消解了不同宗教之间比较与对话的必要性，反而不利于宗教之间的彼此沟通与相互取益，不利于宗教冲突的化解。而阳明学所代表的儒家多元主义，在平等对待不同宗教传统的同时，又是以充分肯定宇宙间存在着一个根源性的"道"为前提的，这就为肯定宇宙间终极真理的统一性提供了保证，不致流于相对主义的随波逐流。借用宋明儒学中"理一分殊"的概念来说，以阳明学为代表的儒学对不同宗教传统关系的看法，最后可以发展出来的可以说是一种"理一分殊"的多元主义。它既肯定"百虑"，又信守"一致"；既肯定"殊途"，又信守"同归"。就像焦竑那样，肯定儒释道等宗教传统都是"道"的体现，但同时指出各家所宣称的绝对真理都不过是"相对的绝对"，根源性的统一的"道"才是"绝对的绝对"。对于正确对待全球不同的宗教传统，化解彼此之间的冲突，这种"理一分殊"的多元主义显然是一个值得汲取的宝贵资源。而当代新儒家学者刘述先、杜维明、蔡仁厚等人在如今直接参与不同宗教传统的对话活动时，所发挥与诠释的也可以说正是儒家这种"理一分殊"的多元主义宗教观。①

事实上，就整体而言，较之世界上其他的宗教传统，儒学的一个最大的特征就是其兼容性。尽管中国历史上不无诸如"灭佛""法难""教案"等排斥其他宗教传统的事件，但且不论这些事件远不能和宗教裁判所、十字军东征以及"圣战"相提并论，关键更在于这些事件的发生主要是出于政治、经济和社会的原因，而并非出自儒家思想的内在要求，②如"三武一宗"的灭佛事件主要是由于寺院经济对整个国家经济的损害以及僧侣阶层生活腐化所造成的不良社会影响。因此，我们不应当以这样的个别事件为据而否认儒家对待其他宗教传统的兼容特征。并且，这绝非认同儒家传统人士的私见，而是世界范围内比较宗教学研究领域一个较大的共识。许多具有其他宗教身份的学者都承认儒学相对于世界上其他的宗教传统具有较强的兼容性。

此外，正是由于儒学具有"理一分殊"的多元主义的内在资源，具有兼容性的特征，在这种思想基础上，儒者往往能够在不丧失儒家身份的情况下充分参与到其他的宗教传统之中。这一点，同样在明代

———————

① 刘述先、杜维明是如今全球宗教对话中儒家方面的代表人物。在文明对话、全球伦理以及宗教对话三个相互交涉的领域，两位先生都代表儒家传统作出了极大的贡献。蔡仁厚先生早年亦曾与台湾著名的基督教学者周联华有过往复的对话，一度成为当时学界的焦点。而在当代新儒家人物之中，刘述先先生更是直接对"理一分殊"所蕴涵的睿识卓见进行了现代的阐释，并将其作为原则运用到了当今的全球伦理与宗教对话之中。参见刘述先：《全球伦理与宗教对话》，台北：立绪文化事业有限公司，2001年。

② 圣严法师自己就曾指出："中国历史上虽曾有过禁止佛教与摧毁佛教的政治行为，但在漫长的历史过程中，那是几次极其短暂的事件而已，儒家虽站在反对佛教的一边，却未以政治手段压制佛教。"，见释圣言：《明末的居士佛教》，《华冈佛学学报》第五期，页9。

的阳明学者那里有充分的体现。如周汝登（字继元，号海门，1547—1629）、杨起元（字贞复，号复所，1547—1599）、管志道（字登之，号东溟，1536—1608）、李贽等人，都是往来于儒释道三教之中的表表者。而当时居士佛教的盛行，道教养生术的广泛流传，在相当程度上都包含着许多儒者多元宗教参与的成分。在如今全球化的过程中，由于不同宗教传统之间交往互动的日益密切，多元宗教参与（multiple religions participation）的问题也越来越突出，如何看待多元宗教参与的现象，探讨其中所关涉的理论课题，成为当今宗教学界关注的焦点之一。而阳明学者参与不同宗教传统的丰富经验，既然早已使多元宗教参与成为历史的现实，自然可以为当今全球范围内多元宗教参与的问题提供实践上的借鉴。杜维明先生晚近在代表儒家传统与基督教传统对话时提出的"儒家式的基督徒"如何可能的问题，其实不妨视为阳明学者多元宗教观与多元宗教参与经验在当代的进一步扩展。而随着全球各种宗教交往互动的日益紧密，现代儒者的多元宗教参与也将会更加丰富多彩。

最后需要指出的是，面对全球化过程中的宗教冲突，我们从儒家传统中发掘出"理一分殊"的多元宗教观和多元宗教参与的实践经验做出回应，并不意味着世界上其他的宗教传统缺乏相应的资源。在一定意义上，其他宗教传统中都多少可以发现"差异中的统一"（unity in diversity）这种观念。①但是，对于化解当今全球范围的宗教冲突而言，

---

① 在 2000 年初出版的《全球对话》第 3 期 "信仰的新宇宙" 专辑中，代表世界各个宗教传统的专家学者分别探讨了自己宗教传统的基本意旨以及对于全球宗教对话的回应。从中可以看到，当今中西方代表不同宗教传统的学者都在极力发掘自身传统中 "差异中的统一" 这种观念。对此，刘述先先生曾经作过精要的评介，参见刘述先：（一）《从比较的视域看世界伦理与宗教对话——以亚伯拉罕信仰为重点》；（二）《从比较的视域看世界伦理与宗教对话——以东方传统智慧为重点》，二文俱收于《全球伦理与宗教对话》。

如果说需要以既肯定差异又肯定统一并且鼓励不同宗教间的交往互动方不失为上策的话，那么，我们可以说，儒家"理一分殊"的多元宗教观和多元宗教参与的实践的确对此有较为深入与广泛的探讨，有较为丰厚的历史经验可资借鉴。这种资源值得我们重视，而经过进一步创造性的阐发，相信可以为全球宗教冲突的化解作出应有的贡献。

儒学与宗教对话

作为一个不断累积的传统，儒学在不同的历史阶段都有其所面对的时代课题。如果清末民初以来儒学的发展可以被视为所谓儒家传统第三期开展的话，那么，尽管我们可以说与西方文明的互动交融一直构成儒学第三期开展一个基本而且未竟的主题，但在这近百年以来的发展过程中，儒学与西方文化互动交融也与时俱进，在不同的时段其重点也有相应的转移。依我之见，就当下以及将来的发展具体而言，宗教对话的问题将构成儒学第三期开展核心课题的主要内容之一，而儒家传统作为一种宗教传统，在全球的宗教对话中也将会有其特有的贡献。

一、儒学第三期开展的再诠释

儒学第三期开展的说法，当以杜维明一度倡言最为有力，因而一提及此说，一般人士大概往往立刻会联想到杜维明。实则杜维明此说最早承自牟宗三，尽管其涵义后来有所变化。而进一步溯源，作为一个说法，儒学第三期的提出，最早或许尚非源于牟宗三，而是来自于沈有鼎。

在刊于 1937 年 3 月《哲学评论》的《中国哲学今后的开展》一文

中，①沈有鼎正式提出了"第三期文化"的说法，认为："过去的中国文化可以分作两大时期。尧舜三代秦汉的文化，是刚动的，思想的，社会性的，政治的，道德的，唯心的文化。魏晋六朝隋唐以至宋元明清的文化，是静观的，玄悟的，唯物的，非社会性的，艺术的，出世的文化。"②"第一期文化，是以儒家的穷理尽性的哲学为主脉的。""第二期文化，是以道家的归真返璞的玄学为主脉的。"③此后中国哲学当进入"第三期"，而第三期的发展"是要以儒家哲学的自觉为动因的"④。严格而论，沈有鼎的所谓"三期"说其实并非仅仅针对儒家传统，而是就整个中国文化和哲学的发展来说的。只不过儒学既然构成中国哲学的主流，他又特别提出儒学当构成中国哲学和文化在今后发展的主角，因此，将儒学三期说的起源归于沈有鼎，或许并不为过。

正式就儒家传统而言三期发展的，则是牟宗三。牟宗三与沈有鼎相知，⑤其说受沈有鼎启发，亦属自然。牟宗三儒学三期说的提出，最早在其1948年撰写的《江西铅山鹅湖书院缘起暨章则》一文的"缘起"部分，但稍嫌语焉未详。其明确而系统的表述，则在后来的《儒家学术之发展及其使命》和《从儒家的当前使命说中国文化的现代意

---

① 该文沈有鼎首先于1937年1月宣读于南京的中国哲学会第三届年会，最早刊于1937年3月《哲学评论》第7卷第3期，现收入《沈有鼎文集》，北京：人民出版社，1992，页101—110。

② 沈有鼎：《沈有鼎文集》，北京：人民出版社，1992年，页103。

③ 同上书，页104。

④ 同上书，页108。

⑤ 牟宗三1935年出版《从周易方面研究中国之玄学与道德哲学》一书，当时沈有鼎即称赞该书为"化腐朽为神奇"，参见蔡仁厚：《牟宗三先生学思年谱》，台湾学生书局，1996年，页6。

义》两篇文字。[①]与沈有鼎不同者，一方面牟宗三明确就儒学传统而非整个中国哲学立言；另一方面更为重要的是，牟宗三认为儒学第一期的发展并非先秦，而是从先秦一直到两汉，第二期则是由宋以至于明清，主要以宋明新儒学为代表。至于民国以后儒学应当有第三期的开展，牟宗三虽然与沈有鼎有同样的看法，但是第三期儒学开展所面对的课题或者说内容，沈有鼎并未有明确的交代。而牟宗三则指出发展民主政治和科学这所谓"新外王"构成儒学第三期开展的核心课题。

杜维明曾经专门以"儒学第三期"为题出版过著作，[②]因而"儒学第三期开展"更多地成为杜维明而非牟宗三的话语的一个重要方面而为人所知，并非偶然。事实上，杜维明对于儒学第三期开展所面对的时代课题或者说具体内容，也的确在牟宗三的基础上有进一步的发展。对于第一和第二期儒学的划分，杜维明继承了牟宗三的说法，二者并无不同，"所谓三期，是以先秦两汉儒学为第一期，以宋元明清儒学为第二期"。[③]而对于第三期发展的内容，如果说牟宗三基本上还是着眼于中国范围内儒学自我更新的问题，那么，杜维明则进一步将其置入一种全球性的视野中来加以考察。因此，随着全球化过程中一些普遍性的思想课题的重点转换，杜维明关于儒学三期开展所面临的课题，在表述上也相应有所调整。起先，杜维明基本上还是顺着牟宗三的思

---

① "儒家学术之发展及其使命"一文刊于1949年，其中前半部分的文字几乎完全与"江西铅山鹅湖书院缘起暨章则"一文的"缘起"部分相同，"缘起"部分未刊，或许原因在此。

② 参见杜维明：《儒学第三期发展的前景问题——大陆讲学、问难，和讨论》，台湾：联经出版公司，1989。该书后来收入《杜维明文集》第一卷，武汉：湖北出版社，2002年。

③ 杜维明：《儒学第三期发展的前景问题——大陆讲学、问难，和讨论》，《杜维明文集》，卷一，页420。

路，只不过在牟宗三的"民主"和"科学"之外，又给儒学三期发展的内容增加了"宗教情操"和"心理学方面对人性的理解"两个方面。他指出："科学精神、民主运动、宗教情操、乃至弗洛伊德心理学所讲的深层意识的问题，都是儒学传统所缺乏的，而又都是现代西方文明所体现的价值。这是中国现代化所必须发展的、必须要掌握的价值。"[1] 尽管他同时也意识到了儒学在中国、东亚和欧美三个不同的处境中各有自身存在的方式和面临的课题，[2] 但当时尚未将儒家传统在全球发展所面对的问题过多地纳入三期说的论域。后来，随着全球化过程中文明对话问题的突显，以及其他一些学者对于以往儒学三期说的质疑，杜维明越来越强调儒学三期发展的全球性课题，在他看来，第三期儒学发展的核心课题已经不是儒学传统自身在中国这一范围内如何进行转化和更新的问题，而是如何进入中文世界以外的整个世界而与以西方文明为代表的其他文明进行对话沟通的问题了。譬如，他在同样专门讨论儒学第三期的文字中明确指出："第二期儒学的显著特征就是儒学传入朝鲜、日本、越南。正如岛田虔次暗示的那样，将儒学描述成'中国的'，不免狭隘；儒学同样也是朝鲜的、日本的、越南的。儒学不同于佛教、基督教、伊斯兰教，它不是世界性的宗教，未延伸到东亚以外，至今也未超越语言的边界。虽然儒家经典现在有了英译本，但是，儒学的信念似乎仍然和中国文字缠绕在一起。然而，至少可以看到，如果儒学还可能有第三期发展，那么，儒学的信念就应该可以用中文以外的语言交流。"[3] "无法预言唐（君毅）、徐（复观）、牟（宗三）所展望的儒学的未来走向。不过，考虑到眼下诸多卓有成效的

---

[1]　杜维明：《现代精神与儒家传统》，《杜维明文集》，卷二，页615。
[2]　杜维明：《儒学第三期发展的前景问题——大陆讲学、问难，和讨论》，《杜维明文集》，卷一，页425—427。
[3]　杜维明：《论儒学第三期》，《杜维明文集》，卷三，页640—641。

迹象，我们可以指出这项事业进一步发展的步骤。如果人类的福祉乃是中心关怀，则第三期儒学绝不能局限于东亚。需要一种全球眼光使其关怀普世化。"① 由此可见，可以说杜维明最为晚近的儒学三期说包涵了两个基本要点：首先，儒学三期发展如今面临的问题是要使儒学走向世界，不再仅仅是中国甚至东亚文明的主要组成部分；其次，就儒学的世界化来说，儒学三期发展所蕴涵的课题必然是文明的对话。尤其在 "9·11" 事件发生之后，以儒学走向世界和文明对话来界定儒学三期发展的任务，在杜维明的一系列话语中就格外突出。

不过，对于杜维明如此意义的儒学第三期开展，我认为仍有进一步诠释的必要。如此才能减少一些不必要的争议，使儒学三期开展目前和将来所面临的核心课题更为明确。有学者曾经在杜维明的三期说之外提出 "四期" 说、"五期" 说。② 事实上，无论是 "四期" 说还是 "五期" 说，其实都不应当构成三期说的挑战。关键在于究竟应当如何理解 "儒学三期说"。

在我看来，"儒学三期说" 的真正意义，与其说是描述了一种传统在其内部自身的时间意义上的绵延，不如说是指出了一种传统在与其他文明对话从而丰富自身的空间意义上的拓展。具体来说，第一期是从鲁国的地方性知识扩展为整个中国的国家意识形态，这一期的发展是在从春秋到汉代完成的。第二期是从中国的价值系统扩展为整个东亚意识和心理结构的重要组成部分，这一期的发展是在 11 世纪到 17 世纪逐渐形成的。而第三期儒学发展所面临的课题，则是从东亚的文化心理结构扩展到全球，成为世界人士价值系统和

---

① 杜维明：《论儒学第三期》《杜维明文集》，卷三，页 650。

② 所谓 "儒学四期" 说是李泽厚提出的，参见其《说儒学四期》，见《己卯五说》，北京：中国电影出版社，1999 年。所谓 "儒学五期" 说，参见成中英：《第五阶段儒学的发展与新新儒学的定位》，《文史哲》，2002 年第 5 期。

生活方式的一种可能的选择。如果我们在这个意义上来界定儒学的所谓三期发展，就既可以避免从时间角度分期所可能引起的各执一段，更可以突显儒学第三期开展在如今全球化过程中从东亚走向世界的趋势。

此外，文明对话当然毫无疑问构成儒学第三期开展当前和今后的主要内容。但是，从文明对话的角度来规定儒学第三期开展的课题，似乎还稍嫌宽泛。"文明"是一个内涵极其丰富的范畴，无论政治、经济、文化等均可视为文明的组成部分。但自"儒教中国"全面解体以来，我们已经很难说儒家还能够作为一种"全面安排人间秩序"（余英时先生语）的文明来和西方文明以及其他文明进行整体性、全方位的对话了。余英时先生曾经将儒学的现代形态称为"游魂"，一方面固然指出儒学已经不能够再像以往那样在社会的政治、经济等各方面发挥影响，所谓"全面安排人间秩序"；另一方面也同时表示儒学具有超越任何特定社会政治、经济形态的方面，可以作为一种价值信仰系统而存活在人们的心中，不为时空所限。[①] 因此，就目前而言，无论在中国大陆还是其他任何地区，儒学只能是作为一种宗教性的价值系统和信仰方式发挥作用，并非作为一种"全面安排人间秩序"的整体性的"文明"而存在和表现自身。在这个意义上，依我之见，用"宗教对话"而非"文明对话"，或许更能够准确地反映和界定儒学第三期开展的时代课题。事实上，如果说宗教传统是某一个文明最为内核的部分，那么，文明对话最关键和最根本的部分就是宗教传统之间的对话。

---

① 参见余英时：《现代儒学论》"序言"，上海：上海人民出版社，1998年。

二、儒学是否一种宗教传统

　　如果儒学第三期开展如今和将来的时代课题即是儒学随着全球化而不可避免地在走向世界的过程中与其他文明传统进行对话和交融，而宗教对话又构成文明对话的核心，那么，我们或许首先需要回答"儒学是否一种宗教传统"的问题。

　　儒学是否可以称为一种宗教，首先取决于我们对于"宗教"的理解。毫无疑问，"宗教"是一个西方现代的概念。20世纪以往西方传统的宗教观基本上是基于西亚一神教的亚伯拉罕传统（Abrahamic tradition），包括（广义的）基督教（Christianity）、犹太教（Judaism）和伊斯兰教（Islam）。因此，一个超越并外在于人类经验世界的人格神、组织化的教会和专门的神职人员以及确定的经典，便构成了"宗教"不可或缺的部分。然而，随着西方宗教人士对于其他文明的接触和了解，他们逐渐认识到，除了西亚一神教这种宗教的模式之外，在人类的其他文明形态中还有另外一些不同的模式，在这些模式中，未必有一个超越并外在于人类经验世界的人格神，未必有组织化的教会和专门的神职人员，其经典也未必是单一的，但这些模式在其所在的文明中发挥的作用，却几乎完全等同于基督教、犹太教和伊斯兰教在各自的社群中所发挥的功能。譬如南亚的佛教和印度教、东亚的儒教和道教等。如此一来，具有全球意识和眼光的西方宗教研究者便自然修正了以往传统的宗教定义，采取了一种更具包容性同时也更切近宗教之所以为宗教本质的理解。譬如，田立克（Paul Tillich，大陆译为"蒂利希"）将宗教定义为一种"终极关怀"（ultimate concern）。所谓："在人类精神生活所有机能的深层，宗教都可以找到自己的家园。宗教是人类精神生活所有机能的基础，它居于人类精神整体中的深层。'深层'一词是什么意思呢？它的意思是，宗教精神指向人类精神生活中终极的、无限的、无条件的一面。宗教，就这个词的最广泛和最根本的意义而言，是指一种终极关怀。"[1] 而从田立克的"终极关怀"到希克（John Hick）的"人类对于超越的回应方式"（human responses to the transcendent）以及斯猲恩（Frederic Streng）的"终极性的转化之道"（means of ultimate transformation）等等，[2] 都是修正以往基于西亚一神教的宗教观的表现。而史密斯（W. C. Smith）之所以要在"宗教"（religion）之外再提出"宗教性"（religiosity）的观念，就是要强调人类所具有的普遍的"宗教性"是特殊的"宗教"的核心部分。[3] 其实，"宗教性"是"理一"，"宗教"只是"分殊"。因此，即便"宗教"一词已经约定俗成地为西亚一神教的基督教、犹太教和伊斯兰教所独占，也不能否认其他文明中不同于西亚一神教的精神传统在不是那种狭义的"宗教"的同时具有很强的"宗教性"，从而在自身的传统中发挥着提升精神和净化心灵的作用。

因此，儒家传统当然并非西亚一神教意义上的制度化宗教（institutional religion），但是，如果我们认识到宗教的本质在于"宗教性"，其目的在于"变化气质"，使人的现实存在获得一种终极性、创造性的自我转化，而不在于组织化的教会和专门的神职人员、超越外在的一神信仰等仅仅属于亚伯拉罕信仰传统的那些特征，并且充分顾及各种非西方的宗教传统，那么，"宗教"（religion）不再局限于亚伯

① Paul Tillich, *Theology of Culture*. Edited by Robert C. Kimball, New York: Oxford University Press, 1959. 中译《文化神学》，《蒂利希选集》（上），上海：上海三联出版社，1999 年，页 382。

② 参见 John Hick, *An Interpretation of Religion: Human Responses to the Transcendent*. New Haven: Yale University Press, 1989; Frederick Streng, *Understanding Religious Life*. Third edition. Belmont, Calif.: Wadsworth, 1985.

③ 参见 W. C. Smith, *The Meaning and End of Religion*. New York: Harper & Row Publishers, 1978.

拉罕传统的模式，自然是顺理成章的。如果我们对于佛教传统有基本的了解，知道释迦牟尼开创的佛教就其本源而言根本是一种无神论的主张，如果我们知道道教根本否认凡人世界与神仙世界之间存在着异质性（heterogeneity）亦即本质的差别与鸿沟，而同时又承认不论佛教还是道教都可以为人们提供一种终极性的转化之道，都是一种宗教，①那么，以"修身"为根本内容，为追求"变化气质"并最终成为"大人""君子""圣贤"提供一整套思想学说和实践方式（"工夫"）的儒家传统，显然具有极强的宗教性。只不过较之西亚一神教的亚伯拉罕传统，儒家"大人""君子"以及"圣贤"境界的达成不是从人性到神性的异质跳跃，而是人性本身充分与完美的实现。在这个意义上，我们当然没有理由否认儒学可以说是一种宗教传统。事实上，作为宗教的佛教和道教只是两个起源于东方的例子，而世界上也还存在着大大小小、许许多多不同于西方宗教形态而同样被视为宗教的精神性传统（spiritual traditions）。

　　除了宗教观的定义问题之外，我们还可以根据两个判断的标准，来将儒学理解为一种宗教传统。首先，在文明对话的过程中，其他文明中的宗教传统在很大程度上是将儒家传统作为一种功能对等物来看待的。关于儒学是否可以称之为一种宗教，在中文世界尤其中国大陆学界目前似乎还聚讼不已，有的人是在对"宗教"持完全负面的意义上（譬如说认为宗教是人们精神的鸦片）来论证儒家传统是一种宗教，有的人则是在对"宗教"持完全正面的意义上（譬如说认为宗教是人类终极性自我转化的方式）来论证儒家传统是一种宗教。初观之下都

---

① 如今，没有人会质疑佛教是一种世界性的宗教。而道教虽然一直被视为中国本土的一种地方性宗教，其实目前在包括西方世界在内的海外都有流传。法国著名的道教研究专家施舟人（Kristofer M. Schipper）教授自己即是一位道教信徒和修炼者，于此即可为一证。

是赞同儒学是一种宗教传统，而其实立论的根据尤其是对儒学精神的基本理解实则几乎完全背道而驰。之所以出现这种现象，在相当程度上是由于持论者对于各自的宗教观和宗教定义缺乏明确的澄清。这与中国大陆真正学术意义上的宗教学研究起步较晚，人们对于宗教的理解长期以来受到意识形态的影响而持完全负面的印象有很大关系。然而，在国际范围内，不仅在学术界，即使在许多一般人的印象中，儒学作为一种宗教传统和精神性传统早已不再是一个值得争议的问题，而成为讨论许多相关问题的前提和出发点了。西方学术界 20 世纪 70 年代以来出现了相当一批从宗教学角度来研究儒家传统的著作，正是这一点的反映。[①] 并且，在当今全球性的宗教对话中，儒家也早已被其他的宗教传统主动接纳为一个不可或缺的对话伙伴。迄今为止，在香港、波士顿和伯克利等地已经先后召开过多次儒学和基督教对话的国际会议。[②] 并且，随着全球化尤其是移民的浪潮，具有不同宗教背景的人士直接接触所产生的实际的宗教对话，早已远远超出了学术界的范围，在纽约、巴黎、罗马、东京的大街小巷甚至美国中西部的沙漠地区和夏威夷群岛的某个小岛，正在切实地影响和改变着人们的生活。

[①]　参见彭国翔:《从西方儒学研究的新趋向前瞻 21 世纪的儒学》,《孔子研究》（济南）,2000 年第 3 期，页 98—104。全文收入 2001 年《中国儒学年鉴》（创刊号）,北京: 商务印书馆，2001 年，页 30—34。

[②]　第一次儒耶对话国际会议于 1988 年在香港中文大学举行。第二次儒耶对话国际会议于 1991 年在美国加州 Berkeley 举行。第三次儒耶对话国际会议于 1994 年在波士顿大学（Boston University）举行。第四次儒耶对话国际会议于 1998 年又回到香港举行。第一次儒耶对话的论文集，参见 Peter K. H. Lee, ed., *Confucian-Christian Encounters in Historical and Contemporary Perspective.* Lewiston/Queenstown: The Edwin Mellen Press, 1991. 第二次会议的论文收入 *Pacific Theological Review*, Vol. 24/25, 1993. 第四次会议的论文集中文版参见赖品超、李景雄编《儒耶对话新里程》,香港: 中文大学崇基书院宗教与文化研究中心，2001 年。

这一点绝非偶然，而是由于在许多其他宗教传统的代表人物和具有其他宗教背景的人士的眼中，在一个相当突出的层面上，儒学在中国以及东亚地区历史上发挥的作用，恰恰相当于他们的宗教传统在他们所在地区所发挥的作用。

其次，某一种传统内部的人士具有界定该传统特性的优先权，这是一般大家都接受的。而在儒家传统发展的当代阶段，被人们视为当代儒学主要代表人物的牟宗三、唐君毅、杜维明、刘述先等人，恰恰是将"宗教性"作为儒家传统的一个突出特征来加以阐发的。譬如，牟宗三1959年曾经在台南神学院做过一场题为"作为宗教的儒教"的演讲，后来该篇讲辞被作为第12讲收入其《中国哲学的特质》一书中。[①]其中，牟宗三特别指出儒家完全可以说是一种宗教传统，只不过这种宗教传统在表现形态上不同于以基督教为代表的西方宗教。在他看来，"一个文化不能没有它的最基本的内在心灵。这是创造文化的动力，也是使文化有独特性的所在。依我们的看法，这动力即是宗教，不管它是什么形态。依此，我们可说：文化生命之基本动力当在宗教。了解西方文化不能只通过科学与民主政治来了解，还要通过西方文化之基本动力——基督教来了解。了解中国文化也是同样，即要通过作为中国文化之动力之儒教来了解"[②]。而杜维明思想的一个重要方面，更在于在一个比较宗教学的全球视野中对于儒学宗教性的发挥。由于他身在西方学术思想的中心，对于西方宗教学领域的发展有近水楼台之便，因而诸如田立克的"终极关怀"、史密斯的"宗教性"以及斯狷恩的"终极转化之道"，都构成他阐发儒家宗教性的理论资源。他将儒家的宗教性定义为"一种终极性的自我转化之道"（a

---

① 该篇讲词最早刊于1960年5月16日的《人生杂志》第20卷第1期。

② 牟宗三：《中国哲学的特质》，《牟宗三先生全集》，第28册，台北：联合报系文化基金会、联经出版公司，2003年，页97。

way of ultimate self-transformation ），就直接来源于斯狷恩，而其中给"转化"添加的前缀"自我"（self），则显然是儒家传统一贯重视主体性的反映。杜维明指出："儒家的宗教性是儒家人文精神的本质特色，也是儒家人文精神和启蒙心态所显示的人类中心大异其趣的基本理由。正因为儒家的价值取向是既入世又需要根据道德理想而转世，它确有和世俗伦理泾渭分明的终极关怀。"① 他还说："在比较文明的格局中，强调儒家人文精神的宗教性，无非是要阐明儒家的人生哲学虽然入世，但却有向往天道的维度。严格地说，儒家在人伦日用之间体现终极关怀的价值取向，正显示'尽心知性'可以'知天'乃至'赞天地之化育'的信念。"② 事实上，如果说 1958 年唐君毅、徐复观、牟宗三、张君劢联名发表的《为中国文化敬告世界人士宣言》是当代新儒学的纲领，那么，这篇宣言所特别强调的一点，可以说就是儒家传统的宗教性。正是由于这种宗教性，儒学才能作为一种活生生的传统而超越于特定的政治、经济结构，成为中国文化的精神价值。当然，儒家可以称之为一种宗教绝不只是儒学内部人士的私见，而的确有其坚强的理据。也正是因为这一点，西方许多具有宗教背景的人士才会不约而同地将儒家传统作为西方宗教在中国文化中的一种功能对等物。

事实上，无论形态如何，宗教在任何一个文化系统中都是不可或缺的。我们不妨将文化或文明比作一个房子。一个完整的房子必须至少具备卧室、客厅、厨房、卫生间这些基本单元，否则就不是一个完整意义上的房子。房子内部可以有各种各样的格局，但无论这些基本单元的结构、样式可以怎样的不同，这些基本单元都是彼此不能相互

① 杜维明:《儒家人文精神与宗教研究》,《杜维明文集》,卷四,页580。
② 杜维明:《论儒学的宗教性》"前言",《杜维明文集》,卷三,页374。

替代、一个不能缺少的。无论客厅、卧室、卫生间再大，没有厨房的房子也很难算是一个完整的房子。而宗教就是文化或文明中的基本单元之一。从另一个角度来看，由于宗教面对的是人生、宇宙最为终极的问题，因而在文化或文明的系统中甚至是最为重要的一个单元。尽管梁漱溟的宗教观或许更多地来源于佛教，但他以下所说，尤其显示了宗教对于人类文化的永恒性："宗教是有他的必要，并且还是永有他的必要，因为我们指出的问题是个永远的问题，不是一时的问题。该无常是永远的，除非不生活，除非没有宇宙，才能没有无常；如果生活一天，宇宙还有一天，无常就有，这问题也就永远存在，所以我们可说宗教的必要是永远的。"[①] 进一步而言，世界上各种文化之间的区别，不在于外在的器物层面，如日本的汽车，美国的微软电脑系统，如今已经是世界上不同文化共享的东西了，甚至也不在于制度的层面，因为有些制度也是可以为不同的文化共同采用的，而只能在于作为文化最为内核的宗教和价值的层面。正是宗教传统的不同，使得世界上各个不同的文化或文明显示出各自的特性。

三、儒家传统的对话性

如果根据本文第一部分所论，我们将儒家传统迄今为止的三期发展更多地理解为一种空间意义的拓展而非一种时间意义的绵延，那么，我们就会更为明确地看到，儒家传统三期发展的历史，恰恰就既是一个内部不同分支和流派相互对话的过程，又是一个与其他思想系统不断对话的过程。正是这种对话性的过程，使得儒家传统自身日益

---

① 梁漱溟：《东西文化及其哲学》，北京：商务印书馆，1935 年，页 104。

获得丰富。

在先秦时期，儒学产生之初，不过是当时众多思想流派所谓"诸子百家"之中的一种。而从先秦到汉代，儒学第一期的发展，就是通过与诸子百家的对话，从鲁国曲阜一带的一种地方性的文化，最终成为整个华夏文明的主流意识形态和价值系统。甚至孔子本人的思想，也是在与其众多弟子门人的对话中来得以表现的。譬如，无论是反映孔子思想最为核心的文本《论语》，还是20世纪90年代以后新发现的不见于《论语》而保留在一些竹简上的孔子言论，都主要是以孔子与门人弟子之间的对话为形式的。

从唐宋以迄明清，儒学第二期的发展，则更是表现为一个文明对话的过程。在中国内部，儒学不仅经过与佛教、道教长期与充分的对话从而产生了理学（Neo-Confucianism）这种充分消化和吸收佛教思想的新的儒学的表现形式。同时，儒学还通过与韩国、日本和越南等不同文明形式的对话与交流，在这些国家和地区形成了具有其民族特色的儒学传统，如日本、韩国的朱子学和阳明学等，并且在整个东亚意识的形成中扮演了重要甚至是主导性的角色。作为一种区域文明，如果说东亚文明构成有别于以亚伯拉罕传统为核心宗教的西亚文明和以印度教、佛教为核心宗教的南亚文明的另一种文明形态，那么，东亚文明的核心宗教无疑可以说是儒教。我们可以看到，在儒学从中国的意识形态和价值系统扩展为整个东亚文明的精神内核这一过程中，儒家传统同样体现了鲜明的对话性。

清末民初迄今，儒家传统的发展进入了一个更新的阶段。而现代新儒学运动到目前为止，最为鲜明的特征之一就是其对话性。并且，较之以往儒学内部的对话以及与佛、道、伊斯兰教和基督教的对话，儒学目前与整个西方文明的对话更是全方位、多层次的。与以往历史上的儒家学者相比，现代儒家学者需要了解和应对的文化传统更为多样和复杂。在这个意义上，其担负无疑也更加沉重。譬如说，牟宗三、唐君毅一生和西方哲学对话，对西方哲学的了解不仅其师熊十力先生望尘莫及，甚至远远超过一些专治西方哲学的学者。至于余英时先生在深植中国历史文化传统的同时，对于整个西方文化尤其历史传统的了解之精深，亦非其师钱穆先生所能望其项背。

目前，宗教对话理论中有所谓宗教之间对话（inter-religious dialogue）和宗教内部对话（intra-religious dialogue）的两种区分。简言之，宗教之间对话是指不同类型的宗教传统之间的对话，譬如基督教与儒家传统之间的对话，基督教与佛教之间的对话，伊斯兰教与基督教之间的对话等。宗教内部对话则是指某一种大的类型的宗教传统内部不同分支（ramifications）、流派（schools）之间进行的对话。譬如基督教内部浸信会（Baptism）、卫理公会（Methodism）、福音派（Evangelicalism）等各种分支教派之间的对话等等。而无论从宗教之间对话还是从宗教内部对话的角度来看，儒家传统发展的历史都是对话性的。

先就宗教内部的对话来看，儒学传统始终都是高度对话性的。孔子本人思想的对话性以上已经有所交代。孔子以后，先秦儒学错综复杂，一直处于彼此的对话之中，孟子与荀子所形成的两条不同的思路，更是在后来的儒学发展史上形成长期的对话。汉代儒学虽号称一统，但其实也是异彩纷呈，诸家解经之别以及所谓今古文经学之辩，同样是当时儒学内部不同分支对话的表现。至于宋明理学数百年的发展，更是一种对话性的充分体现。不同思想系统之间的辩难，譬如朱熹和陆象山鹅湖之会所反映的所谓"千古不可合之同异"（章学诚语），固然是对话性的高度体现，某一种思想流派内部，同样是以对话性为其特色。阳明学内部"异见"多多，其良知学理论与实践的充分展开，就是通过王阳明身后众多弟子后学彼此论辩而实现的。[1]二程及其门人之学和朱熹及其门人之学，也无一不是通过对话而形成的。仅就他们思想的载体大部分是语录和彼此之间的通信这一点来看，即可为证。

再就宗教之间的对话来看，儒释道的三教融合唐宋以来绵绵不绝，至晚明达于高峰，而宋明理学的形成即是与佛教、道教长期对话的结果。这一点已是不刊之论。在儒学第二期的发展中，儒家传统与日本、韩国和越南等地原有的宗教传统对话从而最终铸造了东亚意识的形成，这一点前面也已经提到。我在此要补充的是，除了儒释道的三教融合之外，其实基督教和伊斯兰教大规模传入中国以来，儒学就一直与其保持对话，并产生了丰硕的成果。儒学与基督教对话所产生的成果，如杨廷筠（1557—1627）、徐光启（1562—1633）、李之藻（1565—1630）、利马窦（Matteo Ricci，1552—1610）等人的思想与实践，学界已有不少研究。[2]而16、17世纪儒学与伊斯兰教对话产生的重要成果，如王岱舆（约1570—1660）、刘智（约1655—1745）的思想，如今也开始在全球范围内受到关注。[3]

所谓宗教内部的对话与宗教之间的对话这两种区分并不是绝对的。

---

[1]　参见彭国翔：《良知学的展开——王龙溪与中晚明的阳明学》，台北：学生书局，2003，北京：三联书店，2005年，2015年；吕妙芬：《阳明学士人社群——历史、思想与实践》，台北："中研院"近代史研究所，2003年。

[2]　如钟鸣旦（Nicolas Standaert）对杨廷筠的研究，参见其 *Yang Tingyun, Confucian and Christianity in Late Ming China*. Leiden: E. J. Brill, 1988。中译本见《杨廷筠——明末天主教儒者》，北京：社会科学文献出版，2002年。对于利马窦的研究则更是汗牛充栋。

[3]　如村田幸子对王岱舆《清真大学》和刘智《真经昭微》的英文翻译和研究。参见 Sachiko Murata, *Chinese Gleams of Sufi Light: Wang Tai-yu's Great Learning of the Pure and Real and Liu Chih's Displaying the Concealment of the Real Realm*. Albany，N.Y. : State University of New York Press, 2000.

尤其对于儒家传统的发展来说，儒释道三教之间的对话既可以说是宗教之间的，又可以说是宗教内部的。内在于中国历史文化的发展，我们似乎可以说儒家传统与佛教、道教的对话是宗教之间的。但是，在佛教和道教的许多方面被儒家充分消化吸收而成为自身内在有机组成部分从而产生了宋明时期的新儒学（Neo-Confucianism）之后，当这种新儒学所代表的儒家传统与中国之外的宗教传统再进行对话时，相对于中国之外的那些宗教传统，儒释道之间的对话又无疑可以说是宗教内部的了。儒学传统的第二期发展固然已经如此，如今就与西方各种宗教传统的对话而言，中国传统的儒释道三教对话恐怕就更多地具有宗教内部对话的涵义了。

儒家传统的这种似乎是与始俱来的对话性，并不需要我刻意强调。西方学者对此其实早有意识。狄培理（W. T. de Bary）曾经认为，作为东亚文明主要组成部分的儒家传统中体现着一种对话律令（dialogical imperative）。[1] 而马丁森（Paul Martinson）更是指出：中国人迄今为止经历了对所有世界性宗教谱系的接受。其中，除了儒释道三教和中国的各种民间宗教之外，还包括诸如西方的犹太教、基督教以及伊斯兰教。[2] 也正是由于这种对话性以及如今全球化时代的到来，恰如我在本文所要特别指出的，宗教对话的问题构成儒家传统第三期发展或者说当代儒学发展的核心课题。事实上，当代儒学的发展从牟宗三到杜维明、刘述先，也鲜明地显示了这一方向。譬如，牟宗三虽然归宗

---

[1]　参见 W. T. de Bary, *East Asian Civilizations: A Dialogue in Five Stages*. Cambridge Harvard University Press, 1988。该书有中译本《东亚文明——五个阶段的对话》，何兆武、何冰译，南京：江苏人民出版社，1996 年。

[2]　参见 Paul Martinson, *A Theology of World Religions: Interpreting God, Self, and World in Semitic, Indian, and Chinese Thought*. Minneapolis, Minn: Augsburg Publishing House, 1987.

儒学，但对佛教哲学、道家哲学都有极为深入和系统的研究，对于西方文明核心之一的基督教，在一些关键问题上也有透彻的把握。[1]杜维明身在西方学术的中心，与世界主要宗教传统的对话可以说是其一生的轨迹之一。刘述先很早就注意到宗教对话的问题，近年来更是作为儒家传统的代表人物全程参与了联合国举办的全球伦理与宗教对话。[2]

四、儒学传统对于宗教对话的应有贡献

如今，随着全球化的浪潮，宗教对话的问题格外引人注目，成为全球意识的焦点之一。如果说全球化其实是世界上各种不同文化传统之间"趋同"与"求异"的一体两面，那么，"求异"的根源在很大程度上在于不同宗教传统之间的差别。而如何对待宗教传统的差异，通过"对话"而非"对抗"来化解愈演愈烈的宗教冲突所导致的文明冲突，在"9·11"之后尤其成为全人类共同面对的一个尤为迫切的时代课题。亨廷顿（Samuel P. Hungtington）所谓"文明的冲突"（the clash of civilization），固然包括政治与经济利益的内容，但本质上可以归结为不同宗教信仰的冲突。事实上，亨廷顿本人正是将宗教视为文化的最主要因素之一。[3]孔汉思（Hans Kung）所谓"没有宗教之间

---

① 牟宗三对佛教哲学和道家哲学的研究参见其《佛性与般若》和《才性与玄理》，对于基督教的一些判断则散见于《中国哲学的特质》《中国哲学十九讲》等诸多著作。

② 参见刘述先:《全球伦理与宗教对话》。台北:立绪文化出版社，2001 年。

③ 塞缪尔·亨廷顿:《文明的冲突与世界秩序的重建》，北京:新华出版社，1999 年，页 47。

的和平就没有国家之间的和平"，① 也已经不断得到事实层面的论证而成为广大有识之士的普遍共识。我以为，对于构成文明对话核心的宗教对话问题，以对话性为其显著特色的儒家传统至少可以有三点值得借鉴的思想和实践的资源。

其一，是"和而不同"的对话原则。宗教对话的理论和实践发展到今天，参与者已经越来越明确意识到一点，那就是，对话的目的不能是为了转化对方，使之放弃其自身原来的宗教立场而归依我门。如果对话的每一方都是持这种立场的话，对话必将是自说自话、劳而无功甚至激发冲突。对话的最低目标是要加深彼此之间的理解。尽管理解未必意味着欣赏，但至少可以降低由于宗教冲突所引发的大规模文明冲突的可能。在儒家传统中，孔子提倡的"和而不同"，历来被视为一种不同个体之间的相处之道。不论在个体的人与人之间还是群体性的各个国家、民族与社群之间，都应当"和而不同"。所谓"和而不同"，简言之，就是指不同个体在彼此密切相关、连为一体的同时又不丧失自身的规定性。在全球化"趋同"与"求异"一体两面的背景下，对于当今与将来全球范围的宗教对话来说，"和而不同"显然是一种最基本的原则，大概也是对话所能够达至的现实可期的理想状态。认为对话无济于事，不同的宗教传统只能"鸡犬之声相闻、老死不相往来"，彼此处于孤立的状态，这是一种特殊主义（particularism）的立场，未免过于悲观；认为对话可以消解不同宗教传统之间的差异，最终出现一种全人类共同信奉的世界宗教或全球宗教，达到"天下大同"，则是一种普遍主义（universalism）的立场，又未免过于乐观。作为一种对话原则和合理期许，"和而不同"则可以超越普遍

① 这句话是孔汉思1989年2月巴黎"世界宗教与人权"会议上宣读论文的题目，代表了孔汉思的一个基本观点，如今得到了全球伦理与宗教对话参与者们的普遍认同。

主义和特殊主义的极端立场，在两者之间取得一条切实可行的中庸之道。

其二，是"理一分殊"的多元主义宗教观。在宗教对话的问题上，从类型学的角度来看，一种宗教传统对于其他宗教传统的态度基本可以有三种，一种是排斥主义（exclusivism），即根本否认别的宗教传统的合法性，认为只有自己的一套主张才具有唯一的真理性。[1]另一种是包容主义（inclusivism）。[2]这种立场是承认别的宗教传统的合法性，但认为别的宗教传统的主张都可以在自己的教义中找到，并且，那些主张都并非是终极性的真理，终极的真理只存在于自己的教义之中。或者，即使别的宗教传统中能够发现终极真理的体现，那也是与自己的教义不谋而合，其实践者也可以说是自己这一宗教传统的匿名者而已。拉纳（Karl Rahner，1904—1984）所谓"匿名的基督徒"（anonymous Christians）一说，[3]正是这一立场的体现。借用佛教的说法，这种立场认为别的宗教传统不过是"权法"而非"究竟法"。因此，这种立场也恰似佛教中的"判教"。第三种是多元主义（pluralism）。[4]这种立场既能够肯定其他不同宗教传统的合法性，同时还能够意识到包括自身在内的每一种宗教传统的特殊性，并不预设不同宗教传统之间的高下。在此基础上，多元主义的宗教观认为不同的宗教传统都可以为人类存在的终极性转化提供一条道路，尽管超越的

---

[1] 代表人物有 Karl Barth、G. Lindbeck、H. Kraemer、W. Pannenberg、H. A. Netland 等。

[2] 代表人物有 Karl Rahner、G. D. Costa 等。

[3] 参见 Karl Rahner，"Anonymous Christians"，in *Theological Investigations*，Vol. VI，Baltimore: Helicon，1969，pp. 390ff。

[4] 代表人物有 John. Hick、P. Knitter 和 Raimon Panikkar 等。当然多元主义内部还可以再做进一步的细分，如前举三人便并不完全相同，这里的多元主义以希克为代表。事实上，宗教多元主义在全球最有影响的代表性的正是希克。

方式不同，但都是对于超越者的一种回应。用希克（John Hick）著名的比喻来说，不同的宗教传统恰如信仰的彩虹，是对同一种神性之光的不同折射。[①] 这三种宗教观既是一种类型学的划分，[②] 也大体反映了西方神学界宗教对话理论演变的历史。[③] 当然，每一种宗教传统都未必可以简单、绝对地归于三种中的某一种，每一种宗教传统内部也可能或多或少地同时包含这三种成分，并且，在全球众多的宗教传统中也可能存在着这三种类型的某种变种。我们可以看到，多元主义是一种开放的立场，也似乎越来越为具有全球视野的宗教界人士所接受。不

---

　　① 参见 John Hick, *The Rainbow of Faiths*. London: *SCM*, 1995。中译本有王志成、思竹译：《信仰的彩虹：与宗教多元主义批评者的对话》，南京：江苏人民出版社，1999 年。

　　② 这种三分法最早见于 Alan Race, *Christians and Religious Pluralism: Patterns in the Christian Theology of Religions*. London: SCM, 1983。后来也有一些学者提出了不同的划分类型。但就其实际而言，这些不同大体只是形式上的。如尼特（Paul Knitter）曾经提出置换模式、成全模式、互益模式、接受模式这四种对话模式，参见其 *Introducing Theologies of Religions*. Maryknoll: Orbis Books, 2002, 中译本有王志成译：《宗教对话模式》，北京：中国人民大学出版社，2004 年。事实上，置换模式即相当于排斥主义，成全模式即相当于包容主义，互益模式和接受模式也并未超出多元主义。再如潘尼卡（R. Panikkar）在排斥主义、包容主义和多元主义之外又提出所谓"平行主义"（parallelism）和"相互渗透"（interpenetration），参见其 *The Intrareligious Dialogue*. New York: Paulist Press, 1999, pp.3-22。中译本见王志成、思竹译：《宗教内对话》，北京：宗教文化出版社，2001 年，页 23—281。但其实多元主义即可包涵平行主义，而相互渗透也不外是包容主义和多元主义的交集而已。

　　③ 从 15 世纪一直到宗教改革期间，严格的排斥主义一直是被普遍接受的。16 世纪中天主教的天特会议（Council of Trent, 1545—1563）开始向包容主义转变，但正式讨论包容主义的主张，则要到 20 世纪初 John Farquahr 出版 *The Crown of Hinduism* 一书。而多元主义立场的出现，大概最早在 Ernst Troeltsch 1923 年发表的"The Place of Christianity among the World Religions"一文和 William Hocking1932 年出版的 *Re-thinking Missions* 一书中。

过，一般意义上的多元主义却存在着流于相对主义的问题。而流于相对主义的多元主义表面对各种宗教传统都能肯定，其实否认宇宙间存在统一性的终极真理，不愿且无法正视各个不同的宗教传统在对终极真理的反映上可以存在侧面的不同、侧重的差异以及程度的深浅，无形中消解了不同宗教之间比较与对话的必要性，反而不利于宗教之间的彼此沟通与相互取益，不利于宗教冲突的化解。由于本身即是一种对话性的传统，儒学长期以来发展出一套"理一分殊"的多元主义宗教观，并在中晚明的阳明学中达到高峰并趋于完善。[①]这种"理一分殊"的多元主义既肯定"百虑"，又信守"一致"；既肯定"殊途"，又信守"同归"。既肯定不同的宗教传统都是"道"的体现，同时又指出各家所宣称的绝对真理都不过是"相对的绝对"（relative absolute），[②]根源性的统一的"道"才是"绝对的绝对"，无论我们是否能够对于"道"有明确和一致的言说。显然，对于正确对待全球不同的宗教传统，化解彼此之间的冲突，这种"理一分殊"的多元主义是一个值得汲取的宝贵资源。

其三，是多元宗教参与和多元宗教认同的理论与实践资源。所谓多元宗教参与（multiple religious participation）和多元宗教认同（multiple religious identity），是指具有某一种宗教信仰的人士进入到别的宗教传统之中，成为一个内在的参与者而非仅仅是一个外在于该宗教传统的观察者。借用文化人类学的说法，即是"emic"的参与方

---

① 关于这一点，参见彭国翔：《儒家"理一分殊"的多元主义宗教观——以阳明学为中心的考察》，《新哲学》第3辑，郑州：大象出版社，2004年，页76—92。

② 关于"相对的绝对"这一观念的说明，参见（一）John Hick, *An Interpretation of Religion: Human Responses to the Transcendent*. New Haven: Yale University Press, 1989；（二）Leonard Swidler, *After the Absolute: The Dialogical Future of Religious Reflection*. Minneapolis: Fortress Press, 1990.

式而非"etic"的参与方式。[①] 而如果一位本来具有某种宗教信仰的人士由于深入另外一种甚或几种宗教传统，成为内在的参与者而非外在的旁观者，最后竟然在不放弃自己原来信仰的同时在相当程度上接受了另外一种甚或几种宗教传统的核心价值和信仰，那么这位信仰人士便可以说具有了多元宗教认同。多元宗教参与和多元宗教认同的问题，都是在当代全球宗教对话的背景下由当代具有神学和宗教背景的西方学者提出来的。[②] 对于西方的宗教传统尤其亚伯拉罕信仰来说，如果说多元宗教参与是近乎不可能的话，多元宗教认同就更是难以想象的了。然而，全球化所导致的宗教对话，尤其是实际生活中发生的宗教对话，却使得这一问题不得不构成西方宗教人士的焦点意识之一。有趣的是，如果说多元宗教参与和多元宗教认同是一个令西方人士倍感困惑的难题，中国甚至整个东亚却早就具有多元宗教参与和多元宗教认同的漫长历史了。无论在理论上还是在实践上，正如前文提到，在儒学发展的对话性历史中，已经为多元宗教参与和多元宗教认同的问题积累了丰富的经验。换言之，多元宗教参与和多元宗教认同对于儒家传统来说已经不是一个问题，而足以构成进一步思考的前提了。譬

---

① "emic"的参与方式是内在于某一文化传统并用该传统自身的观念去理解这一文化传统。而"etic"的参与方式则是用一种外在、客观和实证性的标准去观察该文化传统。不过，需要指出的是，这两个词其实最早起源于美国语言学家 Pike 对于"phonetics"和"phonemics"的区分。

② 多元宗教参与是白诗朗（John Berthrong）提出的一个观念，参见 John Berthrong, "Syncretism Revisited: Multiple Religious Participation, "*Pacific Theological Review*, vols. 25-26（1992-93）, pp. 57-59。多元宗教认同也是 John Berthrong 提出的一个观念，参见其 *All Under Heaven: Transforming Paradigms in Confucian-Christian Dialogue*. Albany: SUNY Press, 1994, chapter 6。南乐山（Robert Neville）则对其问题性（problematic）和意义（significance）进行了进一步的发挥，参见其 *Boston Confucianism. Albany*, New York: State University of New York Press, 2000, pp.206-209。

如，晚明时期出现了一大批往来于儒释道三教之间的儒家学者，如王畿（1498—1583）、周汝登（1547—1629）、管志道（1536—1608）、焦竑（1541—1620）、陶望龄（1562—1609）等人，他们一方面与佛道人物密切交往，注解、刊刻佛道两家的经典，修炼道教的内丹功法，深入佛道两家的精神世界，甚至直接就以居士、道人自居，另一方面又并未放弃自己的儒家认同。① 而当时林兆恩（1517—1598）创立并在南方民间盛行的三一教，就是将儒释道三教熔为一炉，同时尊奉三教的圣人。② 并且，这种三教融合并不只是南方的一种地方现象，北方同样如此。直至今日，山西高平市的万寿宫（元代）、山西大同的悬空寺（北魏）、河北张家口鸡鸣山的永宁寺（辽代）等许多地方都有同时供奉着孔子、老子和释迦牟尼的"三教殿"。悬空寺的三教殿甚至在其最高处。这些都是多元宗教参与和多元宗教认同在理论与实践上的充分体现。西方学者同样看到了这一点，柏林（Judith Berling）在研究林兆恩的三一教时便意识到了多元宗教参与的问题。③ 马丁森（Paul Martinson）更是明确指出，贯穿其历史经验的各个主要时代，中国人的生活一直伴随着宗教差异性，并且在某些情况下，甚至发展出了诠释这种精神性差异的积极态度。④ 华裔学者何炳棣也曾经有力地指出，正是民族的多样性和文化的多重性构成了"汉化"和中华文明的

<hr>

① 参见彭国翔:《良知学的展开》，第五章"王龙溪与佛道二教"，第七章"中晚明的阳明学与三教融合"第一节"三教融合"。

② 参见 Judith Berling, *The Syncretic Religion of Lin Chao-en*. New York: Columbia University Press, 1980. 郑志明:《明代三一教主研究》，台北：学生书局，1988 年。林国平:《林兆恩与三一教》，福州：福建人民出版社，1992 年。

③ 参见上引 Judith Berling 书。

④ 参见 Paul Martinson, *A Theology of World Religions: Interpreting God, Self, and World in Semitic, Indian, and Chinese Thought*. Minneapolis, Minn: Augsburg Publishing House, 1987.

精髓。^①我们完全可以说，由于儒家传统中很早就发展出了那种"理一分殊"的多元主义宗教观，具有极强的兼容性，现代由于宗教对话问题而在神学界、宗教学界提出和讨论的多元宗教参与和多元宗教认同的问题，其实在相当程度上已经在儒家传统中获得了理论和实践上的双重回答。因此，我们能够而且应当从儒家传统中发掘出丰富的资源，在当今走向世界的第三期开展中为文明对话中核心的宗教对话做出贡献。而波士顿儒学（Boston Confucianism）的出现，无疑是多元宗教参与和多元宗教认同扩展到儒家和基督教之间的一个最新的当代范例。这个例子本身也说明，儒学的走向世界首先是一个对话与融合的问题。^②

---

① 参见何炳棣："In defense of Sinicization: A Rebuttal of Evelyn Rawski's 'Reenvisioning the Qing'"，*Journal of Asian Studies* 57, 1: 123-55，1998.

② 关于波士顿儒学的有关情况，参见彭国翔：《儒家传统与中国哲学——新世纪的回顾与前瞻》（石家庄：河北人民出版社，2009 年）第一部分"全球视域中当代儒学的定位"第四篇《全球视域中当代儒学的建构》。

四　儒学与政治社会

儒学: 自由主义与社群主义之间

如果说儒学是中国传统文化的主干，自由主义则是近代以降西方文化中最具影响力的主流思潮。但奇怪的是，在近代以来中西文化冲突与融合的背景下，中国学界对儒学传统与自由主义相关性的探讨，较之该问题的重要性而言，却几乎是微不足道的。较之儒学与自由主义在当代东亚社会已经取得相当程度结合的现实形态，我们似乎更缺乏应有的理论反省。不过，尽管对这一极为重要的课题的研究目前仍远远滞后于其需要，但毕竟已经进入了当代学者的视域。北京三联书店 2001 年 10 月出版的《儒家与自由主义》，便是探讨这一历史与理论课题的重要成果之一。

该书是一部文集，既包括像狄培理（W. T. de Bary）、白鲁恂（Lucian Pye）、孟旦（Donald J. Munro）、罗思文（Henry Rosemont Jr.）、杜维明等海外资深学者在儒学与自由主义这一论域之内的相关论说，也包括当今自由主义大师罗尔斯（John Rawls）、德里达（Jacques Derrida）对自由主义若干思想的阐发。当然，当代自由主义的代表罗尔斯本人并未直接撰文，但罗尔斯的亲密友人、已故哈佛大学哲学系德雷本（Burton Dreben）教授"论罗尔斯"的演讲文，却对罗尔斯先后在《正义论》和《政治自由主义》两书中表达的自由主义的基本理念和原则进行了钩玄提要的精辟解说，无异于罗尔斯的现身说法。

在这部文集中，以杜维明的论说所占篇幅最长，达全书的三分之一。杜维明的论说并非以论文的形式，而是通过与陈名的系列对话来展开。由于这种对谈的形式，杜维明的论说似乎无法就某个专门的问题进行严密深入的论证，但也正是这种非论文的对话形式，使其能够驰骋其思想，在古今中西的宏大思想世界中穿梭游弋，因而这篇题目就是"儒家与自由主义"的对谈，便广泛涉及了儒学与自由主义这一宽阔论域中的方方面面，可以说为进一步的研究提示了许多线索和方向。将杜维明的这篇谈话与德雷本论罗尔斯的演讲文章加以串读（tandem reading），显然能够对儒学与当代自由主义各自的纲领与彼此的交涉得其精要。该文集编辑者将此两篇作为一栏置于首位，或许正是将其视为了解儒学与当代自由主义的入门导论。

该文集的第二栏包括白鲁恂的《儒学与民主》、狄培理的《〈大学〉作为自由传统》、孟旦的《一种证明论理规则的现代方式：约翰·斯图亚特·穆勒、孟子和当代生物学》、罗思文的《谁的民主？何种权利？——一个儒家对当代自由主义的批评》、David B.Wong 的《和谐、分离与民主之礼》、德里达的《一个世纪里的饶恕》、爱得加·莫寒的《饶恕是对残酷世界的抵抗》以及一篇批评狄培理《亚洲价值与人权——从儒家社群主义的观点看》的书评文字。显然，这一组文章是在儒家与自由主义这一论域中探讨某些相对具体的问题。民主与人权是该组文章讨论的两个核心观念。

无疑，这两栏文章构成《儒家与自由主义》一书的主体。但是，在比较与参照中无论是要深入了解儒家传统还是自由主义，恐怕都还需要引入当今世界中另一个重要的话语系统，那就是社群主义。这不仅是当今学术界自由主义与社群主义两大对立思潮相互激荡的语境所使然，更为重要的是，对于深究精察我们自己文化传统的主干——儒学——来说，仅以自由主义为参照系尚不足够，还需要充分考虑社群主义所开辟的理论空间，只有在与自由主义和社群主义双方同时三边互镜的情况下，儒学才能继往开来，既深化对自身的觉解（self-understanding），又为世界范围的文明对话提供一笔丰厚的资源。事实上，由批评狄培理《亚洲价值与人权——从儒家社群主义的观点看》的文章《儒家的社群主义如何可能？》来看，不论作者的观点我们如何看待，至少已经说明：即使在"儒家与自由主义"的标题之下，有关社群主义的问题也已经构成无从闪避的题中之义了。

在这个意义上，除了向读者推荐《儒家与自由主义》这部书之外，我不打算囿于儒学与自由主义的双边框架，而是希望在儒学、当代自由主义和社群主义的三方互动中略陈己见。更为准确地说，是要在自由主义与社群主义这两大典范的参照之下，力求使儒学的某些基本特征在现代的话语中获得进一步较为明确的定位。当然，这是一个巨大的课题，可以而且应当分解成若干不同层次和不同视角的具体问题分别加以专门研究，决非三言两语所能道尽。因此，在这样一个极为有限的篇幅内，我只能对一些基本的问题稍作提示。

即使在当代，自由主义也是一个内部异彩纷呈的阵营，不同流派甚至不同学者之间的差异不可胜数，但个人主义（individualism）的自我观、权利优先（primacy of right）的政治理论以及义务论（deontology）的伦理取向（ethical orientation），大概可以说是维系自由主义统一性的三个基本特征。其中又以个人主义的自我观最为基本，它可以说是整个自由主义的哲学基础（philosophical ground）。权利优先的政治理论和义务论的伦理取向都可以说是由个人主义的自我观中派生而出。对此，当代自由主义的最大代表罗尔斯可以提供一个最佳的例证。社群主义尽管内部也是所同不胜其异，但在对自由主义的批评上，不同的社群主义学说与学者又表现出某种大体上的一致性。与罗尔斯所代表的当代自由主义针锋相对，社群主义也有三个基本特征，即群体主义（collectivism）的自我观、公益优先（primacy of common interest）的政治理论以及目的论（teleology）的伦理取向。在沈岱尔（Michael J. Sandel）、麦金太尔（Alasdair MacIntyre）等人对罗尔斯的批判中，这三方面得到了不同形式和程度的表现。

以当代自由主义和社群主义的对立为参照，在自我观、政治理论和伦理取向这三个方面，儒家具有非常特殊的表现形态。在政治理论方面，儒家相对淡化行为主体的权利意识而比较重视责任与义务，这与社群主义较为一致。而在伦理取向方面，儒家的"义利之辨"强调"义"优先于"利"，且指出义之为义不在于其能否产生或促进利，则基本上接近自由主义"正当优先于善"（the priority of the right over the good）的义务论立场。至于作为政治理论和伦理取向哲学基础的自我观，情况较为复杂。约略而言，儒家的自我不是单子式的个体，而是一个由家庭到社会再到天下万事万物的公共关系网络中的结点。只有在与他人、自然之间横向的彼此感通中，以及在与天、地之间纵向的三参一体中，自我才能够获得其本真的规定性。社群主义对当代自由主义最根本的批判就是认为后者的自我是一种"先行个体化的主体"（antecedently individuated subject）或"无牵无挂的自我"（unencumbered self），而这种主体或自我不过是一种先验的虚构。就此而言，儒家的自我观显然接近社群主义的思路，但是，儒家的自我也决非淹没于芸芸众生之中而丧失个性的 das man，不是那种牺牲个体的集体主义。强调人格独立与主体自由是儒家从孔子、孟子到陈寅恪、徐复观、唐君毅、牟宗三、余英时等人一以贯之的共识。儒家既肯定个体与社群的密不可分，同时又突显独立人格，在深入社群的同时成就鲜明的自我，自我对社会构成一种既内在又超越的关系。余英时与狄培理曾经不约而同地以 personalism 而非 individualism 一词来指称儒家对于个体性的重视，①就是看到了儒家这种独特的自我观与自由主义的自我观相似而又有所不同。

　　由于儒学历来被视为与自由主义势同水火，在当今自由主义受到社群主义强烈挑战的情况下，许多学者便试图寻觅儒学与社群主义的公分母。而由我们以上简略的说明可见，儒学固然与社群主义有诸多不谋而合之处，与自由主义却也同样有着可以互相支持的接榫点。在中国现代思想史上，新儒家与自由主义者的关系演变，以徐复观和殷海光之间的论辩为例，也在经验的层面上论证了儒学与自由主义其实是"合则两美，离则两伤"。在自由主义与社群主义的二元对立中将儒学做非此即彼的通约，只能是既不谙熟当代的自由主义与社群主义又不精通儒学传统的结果。事实上，就像自由主义与社群主义参照之下的儒学一样，在西方很多二元对立的范畴面前，包括儒学在内的中国传统思想在许多方面都体现出某种非此非彼而亦此亦彼的"之间"或"居间"特征。《儒家与自由主义》中《儒家的社群主义如何可能？》一文批评狄教授"儒家社群主义"的说法不能成立，殊不知西方学者中指出儒家有自由主义传统的也恰恰是狄。而这只能说明，不论狄教授本人是否自觉如此，当我们无论有"儒家社群主义"之说还是有"儒家自由主义"之论时，只要是着眼于儒学与社群主义和自由主义的两头相通，而并非在communitarianism和liberalism彼此相斥情况下的单一求同，那么，"儒家社群主义"和"儒家自由主义"这两种表述，都未必没有其合法性以及自身特殊的涵义。事实上，正如将儒家注重个体性的特征称为personalism而非individualism那样，我

---

　　①　不过，狄培理最近干脆就以"Confucian individualism"来指称儒家传统中对于个人尊严与自由的重视。见其研究与思想的结穴之作 *The Great Civilized Dialogue: Education for a World Community*（New York: Columbia University Press, 2013），"Confucian Individualism and Personhood", pp.132-165.

相信狄教授所谓的"儒家社群主义"也并非将儒家传统简单地纳入到 communitarianism 的架构之中。顺带一提的是，安乐哲（Roger T. Ames）教授近年来力倡的"儒家民主主义"，也同样是在了解儒学与西方民主思想各有其历史脉络和理论内涵的前提下进行创造性理论建构的尝试，而不是不明分际的单向格义。总之，在明同别异的前提下展开儒学、当代自由主义与社群主义三边的深度互动，无论对于儒学还是当代自由主义、社群主义来说，恐怕都会收到相互滋养、彼此取益的效果。

全面检讨儒学与自由主义、社群主义之间的复杂关涉，既不为篇幅所许，也似乎不当是这篇简短的介绍与评论文字的主旨。回到《儒学与自由主义》一书，最后我想说的是，如果我们留意到其中绝大部分文字都是西方学者所作，我们就不能不益发感到中国学者在面对儒学与自由主义（还有社群主义）这一研究课题时的紧迫。当然，仔细检索晚近整个汉语文化圈中有关儒学与自由主义以及社群主义的研究成果，我们其实会发现，虽然严重短缺，但这个领域也并非不毛之地。事实上，至少已经有好几篇中国学者撰写的颇有分量和见地的关于儒学与自由主义或儒学与社群主义的论文。大概由于某些原因，《儒学与自由主义》一书未能将其收录在内，这或许是美中不足而不免让人稍觉遗憾的地方。

化解 "民族主义" "爱国主义" 与 "世界主义" 的纠结

——一个儒学的视角

一、引言

1994 年 10 月到 11 月之间,美国当今著名的女哲学家纽思浜 (Martha Craven Nussbaum) 在《波士顿评论》(*Boston Review*) 上发表了一篇题为《爱国主义与世界主义》(Patriotism and Cosmopolitanism) 的文章,结果立刻引来了二十九篇读者回复。这在当时尚无网络可以轻易留言发表评论的情况下,尤其是对一个哲学家发表的看起来非常理论化和抽象的文章来说,可谓一石激起千层浪。时任《波士顿评论》主编同时也是麻省理工学院哲学系讲座教授的科恩 (Joshua Cohen) 立刻意识到了这一议题的重要性。在编委会的认真组织和筛选之下,二十九篇读者回复中的十一篇,有的经过了修订和扩展,加上五篇专门组织的回应文章,连同纽思浜原先的文章及其阅读十六篇回应文章之后的一篇答复文字,最终由科恩编辑,以《爱国之由:关于爱国主义局限的论辩》(*For Love of Country: Debating the Limits of Patriotism*) 为题于 1996 年结集出版。

参与论辩的十六篇文章的作者,包括科恩本人,和纽思浜一样都是美国学术思想界尤其人文社会学科领域的翘楚。仅其中文世界相对较为熟悉的名字,就包括 2016 年刚刚过世的帕特南 (Hilary

Putnam）、曾与纽思浜极为亲密的诺贝尔经济学奖得主阿玛蒂亚·森（Amartya Sen）、2015 年和哈贝马斯一道荣获克鲁格奖的查尔斯·泰勒（Charles Taylor）、世界体系理论（world-systems theory）的杰出代表瓦勒斯丁（Immanuel Wallerstein）以及普林斯顿高等研究院的资深研究员瓦尔泽（Michael Walzer）等。正是由于聚集了美国人文社会领域的一时之选，关于爱国主义和世界主义的相关议题，在该书中得到了集中和深度的探讨。毫无疑问，无论爱国主义还是世界主义，都不是只存在于美国以及西方世界的问题。因此，中文世界的知识人和思想者，同样需要对此全球性的议题进行深入的反思。这也是该书颇为值得我们阅读和借鉴的原因所在。

不过，在此我并不打算详细介绍书中的各种论点，有兴趣和条件的读者完全可以按图索骥，自行阅读，无须我嚼饭与人。我这篇小文的主旨，是希望基于《爱国之由：关于爱国主义局限的论辩》这本论集的讨论，从中国思想传统特别是儒学的角度，对化解"民族主义""爱国主义"和"世界主义"的纠结，提出自己的观察与看法。之所以如此，是因为这一问题目前在华人世界似乎格外突出，亟须检讨和反省。事实上，我之所以特别留意到该书，固然源于我自己蕴蓄已久的有关政治哲学的问题意识，而近年来的天下大势尤其中国的现实，也不能不说是一个虽属外缘但却更为直接的触动。至于中国思想传统特别是儒学的视角，并不是我刻意的选择，而是我自身专业训练与长期浸润所能提供的知识结构与观念资源的一种自然结果。显然，我的视角并不能基于我并未经过专业训练的知识领域，否则就只能是外行的"对塔说相轮"了。

二、民族主义与爱国主义可以相互转化

在《爱国之由：关于爱国主义局限的论辩》中，主要围绕的是"爱国主义"和"世界主义"的问题，对于"民族主义"（nationalism）并没有多少讨论。显然，这是因为在西方的语境当中，"民族主义"基本上是一个负面的指涉，这在包括主流媒体在内的公共话语或至少学界的知识人群体之中，可以说是一个共识，似乎是无须讨论的。不过，在中文的语境中，"民族主义"是否已经像西方语境或至少是英语世界中那样已经成为几乎众口一词的批判对象？也还是一个问题。尤其是，当西方往往指出（同时自然也是批评）中国 20 世纪以来非但未能避免反而似乎愈演愈烈的民族主义时，相当一部分中国人——且不论社会大众，即便在知识思想界，总不免会质疑这样一个问题，即：为什么看似同样的一种情感与行为，在西方就被视为正面的"爱国主义"，而在中国就成了负面的"民族主义"？因此，除了"爱国主义"和"世界主义"，在中文的语境中，还必须要考虑"民族主义"的问题。

无论"民族主义"和"爱国主义"，在西方的各种理论中都不是边界清晰、内容一致的概念。在此，无法也不必对西方话语中有关这两个概念的各种繁复界说一一介绍。我只想指出，"民族主义"并非天生就是个贬义词。很多西方学者也都承认，在很多情况下，"民族主义"甚至和"爱国主义"难以区分。也正是由于这一点，"爱国主义"也并不天然就是一个褒义词，它有时同样会产生负面的"民族主义"所可能产生的所有后果。不然的话，纽思浜也就不会从"世界主义"的视角反省并检讨"爱国主义"的局限，从而引发那场讨论了。

"民族主义"之所以常常和"爱国主义"难以区分，原因在于两者都是基于对"民族国家"（nation-state）的认同。这是人类历史发展到以"民族国家"而非"文明"（civilization）为政治社会的基本组织单

位之后自然产生的。无论"民族主义"还是"爱国主义"，都是一种认同自己所归属的民族国家的情感与行为。所不同者，被视为正面价值的"爱国主义"，其情感与行为的表现，主要并不以排斥其他民族国家的人群为目的，而是以凝聚所属民族国家内部人群的各种价值认同为首务；而被视为负面价值的"民族主义"，其情感与行为的主要表现，则以排斥甚至攻击其他民族国家的人群为目标。在这个意义上，可以说二者的差别在于，"爱国主义"是一种内向凝聚的建构性力量，"民族主义"则是一种外向攻击的破坏性力量。虽然"爱国主义"在向内凝聚以建构、强化各种价值认同的同时，不可避免会产生"自己人"和"他人"的内外之别，甚至会连带产生排外的情感与行为。但排外的情感与行为只要还未达到"非我族类，其心必异"的程度，还未发展成为对于其他民族国家的公然敌视和攻击，就还没有转化为"民族主义"。同样，"民族主义"在外向敌视和攻击其他民族国家的同时，也自然会带来内部认同的强化。历史上不少国家以发动对外战争来化解内部的各种危机，正是由于了解"民族主义"这种效果所运用的手段。但是，只要凝聚和强化内部价值认同并非根本目的，只是转嫁内部危机的手段，且无论如何产生了对其他民族国家的实质性敌视与攻击，这种情感与行为就不是正面的"爱国主义"，而仍然属于负面的"民族主义"。简言之，区别"爱国主义"和"民族主义"的关键，在于判断其情感和行为是"完善自己"还是"攻击他人"。显然，在这个意义上，在中国境内数年前发生的抵制日货运动中，那种打砸抢自己同胞财物并导致自己同胞身心伤残的狂热行为，显然就绝不是"爱国主义"的义正词严，只能是"民族主义"的愚蠢和野蛮了。当然，"民族主义"也并不总是负面的。当一个民族国家遭受外来侵略，其原有的政治与社会结构面临解体，尤其是其历史文化的传统遭受摧毁的危险时，这个民族国家的人们与外来侵犯的对抗，就不属于外向的敌视与攻击，而完全是正义的自卫了。在这种情况之下，也可以说"民族主义"已然转化为"爱国主义"了。

如果说民族主义与爱国主义可以相互转化，民族主义并非毫无是处，同样，爱国主义也会由一种向内凝聚价值与认同的情感和行为，一变而可能产生盲目排外（xenophobic）等一系列的问题。纽思浜20世纪末从"世界主义"的视角对于爱国主义的反省和检讨，正是有见于此。的确，在我看来，由于血亲关系、出生地和母语等因素的不可选择，作为一种"根源性的纽带"（primordial ties）或者"乡情"，爱国主义可以说原本是人类一种天然的情感，通常情况下无须刻意提倡。例如，"9·11"之后，美国民众自发大批量购买国旗悬挂于自家的房屋，以至于造成国旗一度脱销，就是这种爱国主义的表现。至于当时美国政府反而呼吁广大民众冷静，回归日常生活，则是避免爱国主义一变而为民族主义的明智之举。如果说民族主义的问题在于对其他民族基于"非我族类、其心必异"的非理性、无来由的敌视和攻击，那么，和平时期刻意提倡的爱国主义，尤其在混淆国家和政府这两个不同概念的情况下，其问题或许不免于两个相与表里的方面：对内导致专制与极权，以政府的权力来压迫个人的权利和自由；对外导致以追求霸权为目标的国际扩张甚至侵略。后者正是爱国主义转变为民族主义的表现。而那种实质就是民族主义的极端爱国主义，最终必然导向以侵犯其他族群为特征的"沙文主义"（jingoism）和帝国主义。

在这个意义上，纽思浜所警惕并加以反省和检讨的，严格而论或许不是"爱国主义"而是"民族主义"，尽管她所指出的爱国主义的种种局限和问题的确存在。如此来看的话，十六篇回应她的文章中几乎绝大多数不约而同肯定爱国主义的正面意义，就不难理解了。不过，问题不在于对爱国主义的肯定，而在于对"世界主义"的理解，尤其在于如何处理"爱国主义"和"世界主义"的关系。这一问题，也正是我在此想要特别加以探讨的。

三、世界主义：如何避免流于空洞与抽象

如果说"爱国主义"的核心在于热爱并忠于自己所属的民族国家，认同自己民族国家所提倡的核心价值，由此自然与世界上其他的民族国家之间产生一种"厚此薄彼"的区别对待，那么，"世界主义"则是要超越那种对于各自民族国家的特殊认同，超越不同民族国家各自提倡的差异价值；以"世界公民"的自觉去认同包括仁爱、自由、平等、公正等人类的普遍价值，而不是以自己所属国家意识形态的认同作为价值评判和行为取舍的标准。例如，当二战期间身为纳粹党员的辛德勒（Oskar Schindler）出于人性的"恻隐之心"，置纳粹的国家政策于不顾而营救了众多的犹太人时，他正是"世界主义"的体现。而耶路撒冷大屠杀纪念馆前大道的一千多株树木，每一株都分别是一个人或一家人的纪念。之所以如此，也正是因为这些人曾经冒着生命危险挽救了一个又一个犹太人的生命。这些挽救犹太人生命的人来自不同的国家，具有不同的宗教背景。他们之所以能够超越各自的国家和宗教，不约而同地从事了"救人一命胜造七级浮屠"的事业，和辛德勒一样，都是"不忍人之心"的结果。正是由于这一鲜明而强烈的象征意义，赞同"世界主义"的纽思浜，在其对于各种回应文字的总答复中，一开始就提到了耶路撒冷大屠杀纪念馆前的那些纪念树，作为进一步阐发其论点的生动事例。显然，"世界主义"价值立场的核心，就是要指出存在着超越于"爱国主义"之上的更高且普遍的人类价值。对于一个"世界主义"者来说，当仁爱、自由、平等、公正等人类普遍的价值与"爱国主义"发生冲突的时候，其选择应该是忠于前者而不是听命于后者。

乍看起来，"世界主义"和"爱国主义"之间似乎存在着不可避免的紧张。并且，"世界主义"由于推崇包括仁爱、正义、自由、人权等在内普遍的人类价值，强调"世界公民"所拥有的不受国家意识形

态局限的理性与情感，似乎也更符合道德法则的普遍性从而占据着道德的高地。不过，"世界主义"也有其必须面对的问题，那就是：如何避免成为抽象的理念；如何避免只能成为部分社会精英脱离社会大众实际生活的温室标本。的确，真实的世界是一个极度不平等的世界，爱国主义甚至特定情况下的民族主义，都不无相当的合理性。比方说，如果印度当初没有爱国主义甚至民族主义的"抵制英货运动"（swadeshi），印度恐怕至今仍然是英国的殖民地。中国抗日战争时期的民族主义和南非曼德拉（Nelson Mandela）领导的以反抗种族歧视、争取黑人尊严与自决的民族主义，也完全是正面意义上的爱国主义。这种爱国主义所体现和追求的，正是"世界主义"许为普遍和基本人类价值的人道、正义、自由、平等和公正。也正是由于这一点，尽管纽思浜对于"世界主义"所可能面对的问题有足够的自觉，对于她有关爱国主义限制的批评文章，十六位回应人中的绝大部分，仍然几乎众口一词地指出了"世界主义"所同样可能具有的限制——流于空洞与抽象，并肯定了"爱国主义"的正面意义。

　　那么，进一步值得思考的是，在"爱国主义"（包括正面意义上的"民族主义"）所注重的"特殊"以及"世界主义"所强调的"普遍"之间，是否势若水火而不可调和呢？是否应该而且可以觅取一条超越双方对峙并融合二者各自合理性的"中道"呢？在我看来，儒家传统中恰恰蕴含着化解"民族主义""爱国主义"和"世界主义"三者纠结的观念资源。对此，我们可以从儒家对于仁爱、自我和天下这三个方面的理解来加以说明。

四、爱国主义与世界主义之间的"中道"

　　"仁"是儒学的核心观念，作为一种"爱"的情感，所谓"仁者爱人"，儒家的"仁"往往被认为不如墨家的"兼爱"、耶教的"博爱"以及佛教的"慈悲"高远博大。所谓不够高远博大，就是认为儒家的仁爱肯定"爱有差等"，普遍性不足，不如"兼爱""博爱"和"慈悲"更具一种"世界主义"的胸怀。其实，且不论"爱有差等"一说并无儒家经典的直接根据。关键在于，对儒家来说，"爱有差等"只是对于经验世界人类感情远近亲疏自然差序的一种观察和正视，并不是儒家的一种"主张"和"提倡"。如果从"主张"与"提倡"的角度来看，儒家的仁爱与兼爱、博爱和慈悲一样，都是指向世间的所有存在。儒家强调"老吾老以及人之老、幼吾幼以及人之幼""以天地万物为一体"，正是主张人类应该把"老吾老"和"幼吾幼"这种最为真实的情感推广到他人乃至世间万物。这就是儒家所谓"推爱"。这种不断拓展的仁爱甚至不能只局限于人类之间，而是要普遍地涵盖世间所有的存在。如果这种爱不能遍及万物，儒家甚至认为不能称得上是真正的"仁"。只是儒家看到，在仁爱实际落实的过程中，人类的感情由亲而疏、由近及远，存在着自然减弱的经验事实。如果不能正视人类情感的自然差序，由此作为一个切实的出发点，起始就提倡"爱人如己"，恐怕难以真正实现，或许在未能做到"待邻人如父母"之前，已经先"待父母如邻人"了。如此一来，"兼爱""博爱"和"慈悲"这一类高尚而普遍的价值，就有可能流于空洞、抽象甚至自欺欺人的口号。显然，儒家一方面立足于"爱有差等"的经验事实，另一方面又坚信，只有将仁爱推己及人并且及于天地万物，才能是"仁爱"自身充分而真实的实现；而一旦仁爱遍及天地万物，自然也就与"兼爱""博爱"并无二致了。

对于儒家的自我观，以往也存在一种流行和常见的误解，即认为儒家是一种"集体主义"的立场，不重视自我，认为个体只有在某种集体和组织结构中才有意义和价值。诚然，儒家的确认为每一个人都不是祁克果（Soren A. Kierkegaard）意义上的"孤独个体"（isolated individual)、莱布尼兹意义上"没有窗户的单子"(monad without window)，每一个体"自我"的建构都是在一个各种关系彼此交织和相互影响的网状过程中逐渐形成的。但是，儒家也并不认为每一个人的自我是"本来无一物"的"空空如也"。从孟子以及绝大多数儒家的角度来看，至少"恻隐""是非""羞恶"和"辞让"这"四端之心"，作为人的"本心"和"良知"，同时也是天赋的道德理性，是无法被消解和化约的最终实在。从孔子"我欲仁，斯仁至矣""三军可夺帅也，匹夫不可夺其志也"，孟子"富贵不能淫，贫贱不能移，威武不能屈"的"大丈夫"精神，一直到陈寅恪的"独立之精神、自由之思想"，可以说强调的都是这种独立不依的人格与自我。因此，从儒家的角度来看，对于每一个人来说，一方面要意识到自己在享有不可剥夺的权利的同时，还有广泛的责任和义务，自我的实现与完成无法脱离各种关系的网络，另一方面也要保持自己独立的人格。自我与社会或者说个体与群体之间，应当是一种既内在又超越的关系，要在深入社群的同时成就鲜明的自我。这才是儒家的自我观。这一点，也是我曾在别处早已指出的。

至于儒家的天下观，与"爱国主义"和"世界主义"的关系更为直接。孔子周游列国，是一个人尽皆知的事实。但也许大部分人并没有意识到，孔子当时周游列国，绝非像我们如今在国内各省之间往来一样。秦统一中国之前的春秋战国时期，各诸侯国无论文字、货币、度量衡还是语言、服装等等，都各有不同。因此，孔子周游列国，是名副其实的"跨国"行为。由此可见，对于自己学说与理想的实现，孔子并不仅以他自己所生长的鲁国为限。并且，孔子还说过"道不行，乘桴浮于海"(《论语·公冶长》)的话，并且曾经表示过"欲居九夷"(《论语·子罕》)的想法，这也表明，其视野与胸怀显然已经超出了"中国"的界限。这些行为和言论都说明，孔子的天下观可以说完全是一种"世界主义"的立场；视孔子为一个典型的"世界公民"，恐怕也毫不为过。而《礼记》中天下"大同"的理想，以及王阳明所谓"视天下为一家，中国犹一人"（《大学问》），更是儒家"世界主义"这一立场的鲜明反映。儒家"仁、义、礼、智、信"的核心价值，作为超越族群与国家的人类普遍价值，正是一种"世界主义"的取向。不过，儒家世界主义的天下观也并没有忽视不同民族与国家之间的特性与差异，一味提倡抽象、空洞与无差别的"大同"。无论是对于个体的人与人之间还是国与国之间，孔子认同与推崇的是"和而不同"（《论语·子路》）的原则。而"和而不同"的前提，恰恰是对于个体差异的肯定与尊重。至于孟子在群雄争霸的战国时期提倡"王道"与"仁政"，正是不以各国之间的彼此征伐为尚，反对恃强凌弱的霸权主义。在这个意义上，对于世界上各个不同民族国家之间的关系，儒家的"大同"理想并不是抹杀个性的铁板一块，要求以某一种意识形态和政治社会组织结构"一统天下"，而是"和而不同""各美其美，美美与共"的"大通"与"和谐"。

五、儒家的立场是一种"有根的世界主义"

儒家在"仁爱""自我"和"天下"三方面的看法与立场，决定了在"爱国主义"和"世界主义"关系这一问题上，儒家的视角必然是超越了彼此的对立而融合了双方的合理性，是"特殊"与"普遍"之间的中道与平衡。

就儒家而言，爱国主义和世界主义之间的中道，是一种动态的平衡。"中道"之"中"不是一个静止的"点"。儒家的"时中"原则，强调的正是这种动态的平衡。人类历史发展迄今，无论是民族主义、爱国主义还是世界主义，都有其极端发展而产生危害人类文明的理论与实践。当世界主义被推向极端，典型如当年的共产国际和苏联，以建立一个全人类共有的"大同"世界这一理想和旗帜相号召，试图抹杀不同民族、国家与文化的差异。这种情况下，就必须肯定爱国主义甚至民族主义的合理，以个体的尊严去抵御虚幻与抽象的"大同"对个性的剥夺。而一旦民族主义、爱国主义被推向极端，典型如当年的纳粹德国，在不同民族之间划分优劣，以维护"优等"民族及其所传承的人类文明为由，推行对其他民族和国家的侵犯甚至种族灭绝。这种情况下，就必须发扬世界主义的精神，以普遍的人类价值去制止和消解人类之间的"手足相残""同根相煎"。历史已经证明，极端的民族主义、爱国主义不免反噬自己的民族和国家。正如纽思浜所说，"将自己的国家奉若神明，其实正是给自己的国家带来诅咒"。总之，极端的民族主义、爱国主义和极端的世界主义，都不是人性中"真善美"的反映，不是真正"天下为公"理念，只不过是一小部分人构成的组织或集团为了满足私利而愚弄大众的"迷魂幡"和"兴奋剂"。而纳粹德国的覆亡，正说明了谬误的观念无论怎样一时蛊惑人心，无论给人类的价值与文明造成多大的灾害，终究逃不过历史的惩罚而注定"灰飞烟灭"。因此，在民族主义、爱国主义以及世界主义的关系问题上，我们在澄清观念的同时，更应该审时度势，明辨不同民族国家各自在不同历史境况下所面对的主要问题，不要被任何的冠冕堂皇和义正词严所蛊惑。胡适曾经引禅宗大师的话，告诫青年朋友不要受到任何一种权威话语或时髦思潮的迷惑。这一提醒，对于世人尤其热血青年，始终不无意义。

事实上，无论古今中西，任何思想深刻且富有良知的智者，在民族主义、爱国主义和世界主义的问题上，都不会偏于一端。例如，纽思浜固然检讨和反省爱国主义的局限，反对和批判那种认为自己民族和国家优于其他民族和国家的狭隘民族主义和爱国主义，主张将对普遍"人道"的忠诚置于对于某一特定民族和国家的忠诚之上，提倡古希腊哲人第欧根尼（Diogenes）那种"世界公民"的襟怀；但另一方面，她也指出，一个人成为"世界公民"，并不意味着需要放弃自己的各种本土认同（local identifications），后者足以成为自身丰富性的源泉；一个"世界公民"的形成，是一个从自我到家庭再到邻里以及整个世界的同心圆的不断扩展。如此一来，民族主义、爱国主义和世界主义之间看似不可调和的纠结与对立，似乎也就并非不能超越和消解。借用非裔哲学家阿皮亚（Kwame Anthony Appiah）的词语，这可以说是一种"有根的世界主义"（rooted cosmopolitanism）。显然，这与儒家从"身""家"到"国""天下"的看法是相当一致的；在爱国主义和世界主义之间，儒家的立场与看法也可以说是一种"有根的世界主义"。而一种健全的爱国主义，也必定是一种"具有世界主义胸怀的爱国主义"（cosmopolitan patriotism）。这种爱国主义不会"坐井观天"和"夜郎自大"，而必定是将自己民族和国家置于全世界的整体脉络和全人类的普遍价值之中予以理解。

　　当然，"有根的世界主义"或"具有世界主义胸怀的爱国主义"之所以可能和必需，关键在于必须认识到：世间的确存在着普遍的"人道"和"公道"，无论是个体的人与人之间还是不同的族群和国家之间，彼此的冲突往往正是各逐其"私"而不顾"人道"和"公道"的结果。而古今中西哲人之所以能够对此不谋而合，不过是"人道"与"公道"在人心中所产生的智慧。这一点，也再次印证了陆象山的洞见，所谓"东海有圣人出焉，此心同也，此理同也。西海有圣人出焉，此心同也，此理同也。……千百世之上有圣人出焉，此心同也，此理同也。千百年之下有圣人出焉，此心同也，此理同也"。我相信，如果纽思浜等人能够了解儒家传统，正如我们从他们的思考与论辩中得到启发一样，对于爱国主义和世界主义等诸多问题的反省，将会产生更为丰硕的成果。

公议社会的建构：黄宗羲民主思想的真正精华
——从《原君》到《学校》的转换

一、《原君》再分析：历史脉络与思想涵义

作为黄宗羲政治思想的代表性著作，《明夷待访录》自晚清以来一直受到中外学者的高度重视。梁启超、谭嗣同的表彰是其得以成为思想焦点之一的重要原因。无论是将《明夷待访录》直接与西方的民主、民权思想相连，[①] 还是认为《明夷待访录》不能直接与西方的民主、民权思想相比附，只能说是中国传统民本思想的体现和极致，[②] 在认为《明夷待访录》具有反对君主专制的思想这一点上，则几乎是众口一词，没有异议的。美国学者司徒琳（Lynn A. Struve）曾经指出不能过分强调《明夷待访录》的独创性，而应当将其视为当时东林和复社一些儒家知识人所试图推行的政治思想的总结。换言之，在司徒琳看来，《明夷待访录》的许多思想其实并非黄宗羲个人的独唱，而是当时思想

---

① 譬如，钱穆的《中国近三百年学术史》，直接起于对梁启超《中国近三百年学术史》的不满，二书立论之不同，处处可见。但在认定《明夷待访录》为中国民主思想的体现这一点上，双方则并无不同。

② 譬如，萧公权对西方政治思想了如指掌，他的《中国政治思想史》，历来被认为持论公允的经典之作。其中即认为不能以民主来比附黄宗羲的《明夷待访录》。

界的共识。[①] 但尽管如此，在认为《明夷待访录》具有反对君主专制思想这一点上，司徒琳也并未有所怀疑。

进一步来说，认为《明夷待访录》具有反对君主专制思想，主要根据的文献在于其中的《原君》一篇。考察以往几乎所有相关的研究文献，我们可以确定无疑地指出这一点。但是，《原君》政治思想的宗旨是否可以概括为反对君主专制，其实是很值得深入检讨的。

《明夷待访录》特别其中《原君》一篇在晚清之所以受到格外表彰，其实与当时的环境有关。梁启超、谭嗣同等人宣扬黄宗羲这一文献的用意，在于希望借表彰该文献来营造一种反对当时清政府专制的思想氛围。另外，自现代学术建立以来，学界基本上以启蒙思潮来界定明清之际的思想转型。[②] 而反专制、平民意识、思想解放等所谓"启蒙意识"，便几乎成为学者研究明清之际思想家的基本问题意识。在这种问题意识的之下，发现并强调《原君》所代表的《明夷待访录》之中的反对君主专制的政治思想，便在所难免。这两点，是《原君》被塑造为黄宗羲反对君主专制政治思想的基本原因。

其实，如果紧扣《原君》文本进行分析，我们会发现，得出所谓"反对君主专制"的结论，可以说是经过了"二度抽离"的结果。[③] 所谓"二度抽离"，首先，是指持论者历来反复征引的用以支持"反对君主专制"的依据，不过《原君》中的一两句话，其理解和判断脱离了

---

① 参见司徒琳：《〈明夷待访录〉与〈明儒学案的再评价〉》，吴光主编：《黄宗羲论》，杭州：浙江古籍出版社，1987 年，页 287—293。

② 这一点以侯外庐开启的思想史学派最为典型，参见侯外庐：《中国早期启蒙思想史》，北京：人民出版社，1956 年；《中国思想通史》，北京：人民出版社，1956 年；《宋明理学史》，北京：人民出版社，1984 年。

③ 此"二度抽离"语，借自余英时先生《朱熹的历史世界——宋代士大夫的政治文化》（台北：允辰文化公司，2003 年；北京：生活·读书·新知三联书店，2004 年）一书"导论"部分。

《原君》一文的整体脉络；其次，是指以《原君》作为批判君主专制的文献依据，脱离了黄宗羲个人所在的当时的历史脉络，未能将此篇与黄宗羲个人的生活经历尤其晚明的政治现实结合起来考虑。

为便于分析和论证，尽管《原君》一篇似乎学者已经耳熟能详，笔者在此仍然全文征引。《原君》全文，一般分为如下4段：

1. 有生之初，人各自私也，人各自利也。天下有公利而莫或兴之，有公害而莫或除之。有人者出，不以一己之利为利，而使天下受其利；不以一己之害为害，而使天下释其害；此其人之勤劳，必千万于天下之人。夫以千万倍之勤劳，而己又不享其利，必非天下之人之情所欲居也。故古之人君，去之而不欲入者，许由、务光是也；入而又去之者，尧、舜是也；初不欲入而不得去者，禹是也。岂古之人有所异哉？好逸恶劳，亦犹夫人之情也。

2. 后之为人君者不然。以为天下利害之权皆出于我。我以天下之利尽归于己，以天下之害尽归于人，亦无不可。使天下之人不敢自私，不敢自利，以我之大私为天下之大公。始而惭焉，久而安焉，视天下为莫大之产业，传之子孙，受享无穷。汉高帝所谓"某业所就，孰与仲多"者，其逐利之情，不觉溢之于辞矣。此无他，古者以天下为主，君为客，凡君之所毕世而经营者，为天下也。今也以君为主，天下为客，凡天下之无地而得安宁者，为君也。是以其未得之也，屠毒天下之肝脑，离散天下之子女，以博我一人之产业，曾不惨然，曰："我固为子孙创业也。"其既得之也，敲剥天下之骨髓，离散天下之子女，以奉我一人之淫乐，视为当然，曰："此我产业之花息也。"然则为天下之大害者，君而已矣。向使无君，人各得自私也，人各得自利也。呜呼！岂设君之道，固如是乎？

3. 古者天下之人爱戴其君，比之如父，拟之如天，诚不为过也。今也天下之人怨恶其君，视之如寇雠，名之为独夫，固其所也。而小儒规规焉以君臣之义无所逃于天地之间，至桀、纣之暴，犹谓汤、武不当诛之，而妄传伯夷、叔齐无稽之事，使兆人万姓崩溃之血肉，曾不异夫腐鼠。岂天地之大，于兆人万姓之中，独私其一人一姓乎？是故武王圣人也。孟子之言，圣人之言也。后世之君，欲以如父如天之空名禁人之窥伺者，皆不便于其言，至废孟子而不立，非导源于小儒乎！

4. 虽然，使后之为君者，果能保此产业，传之无穷，亦无怪乎其私之也。既以产业视之，人之欲得产业，谁不如我？摄缄滕，固扃鐍，一人之智力，不能胜天下欲得之者之众。远者数世，近者及身。其血肉之崩溃在其子孙矣。昔人愿世世无生帝王家，而毅宗之语公主，亦曰"若何为生我家？"痛哉斯言！回思创业时，其欲得天下之心，有不废然摧沮者乎？是故明乎为君之职分，则唐、虞之世，人人能让，许由、务光非绝尘也；不明乎为君之职分，则市井之间，人人可欲，许由、务光所以旷后世而不闻也。然君之职分难明，以俄顷淫乐不易无穷之悲，虽愚者亦明之矣。

历来引文献论证所谓反对君主专制者，其实反复征引的，多仅为"然则为天下之大害者，君而已矣。向使无君，人各得自私也，人各得自利也"（第2段）两句，甚至只引其中的前一句。不过，如果我们仔细阅读这两句话的上下文，充分考虑其前后左右的文意，就会发现黄宗羲根本并无反对君主制或者说反对"设君"的意思。首先，所谓"向使无君，人各得自私也，人各得自利也"，表面上看似乎是希望"无君"。但"向使"二字，说明黄宗羲这里不过是假设的虚拟语气。并且，即便是要"无君"，还要看黄宗羲是在一般意义上主张"无君"，还是在特定的意义上主张"无君"。换言之，即使要"无君"，也要看是"无"什么"君"。事实上，在《原君》整个文字中，黄宗羲通篇有一个对比，即"古之人君"和"后之为人君者"。前者是"不以一己之利为利，而使天下受其利；不以一己之害为害，而使天下释其害"（第 1 段）。后者则是"以为天下利害之权皆出于我，我以天下之利尽归于己，以天下之害尽归于人"（第 2 段），并且"视天下为莫大之产业，传之子孙，受享无穷"（同前）。前者的例子是许由、务光、尧、舜、禹，后者的典型则是汉高帝。在"古"和"今"的这种对比之下，黄宗羲所要"无"的"君"，其实只是后者，所谓"今也天下之人怨恶其君，视之如寇雠，名之为独夫，固其所也"（第 3 段），但并非"君"本身。否则的话，他就不会在第 3 段开头说"古者天下之人爱戴其君，比之如父，拟之如天，诚不为过也"这样的话了。总体来说，对黄宗羲而言，像桀、纣那样作为"独夫"的"君"是应当革去的。在那种情况下，不能讲什么"君臣之义无所逃于天地之间"（第 3 段），否则不过是"规规焉"的"小儒"。而"无"去那种"君"，却恰恰是为了要得到像汤、武那样受百姓爱戴而尊为"父""天"的"君"。黄宗羲"岂设君之道固如是乎"的反问，正是透显了这一点。黄宗羲如果根本要"无君"，即在一般意义上反对君主制本身，他就根本不必做"古之人君"和"后之为人君者"的对比，更不必提出"设君之道"的问题了。

除了回到《原君》整个文本的脉络之中，我们还应当回到黄宗羲当时所在的政治与社会现实，结合其自身的生活经验，如此才能对《原君》的思想旨趣获得恰当的理解。其父为阉党所害，黄宗羲仇恨刻骨铭心。其年轻时为父报仇的传奇经历，充分显示了这一点。需要指出的是，表面上看，迫害黄尊素以及当时清流者为魏忠贤及其手下的阉党，其实，若非当朝皇帝的纵容，阉党决难有当时的权势与气焰。

有明一代皇权绝对至上，太祖借胡惟庸案废除宰相制度之后尤其如此。魏忠贤及其党羽气焰熏天，但崇祯即位后不久即将其一举剿灭，可见生杀大权绝对系于皇帝一手。因此，黄尊素之祸，根源实不在魏忠贤，而在熹宗朱由校（1605—1627）。熹宗虽然以沉于木工活、不理朝政闻名，但最终的权柄始终在握。没有他的默认容许，生杀定夺大权是不会一任魏忠贤之辈的。[①] 对此，黄宗羲不可能不了然于胸。因此，在其父被逮、被杀一事上，黄宗羲内心深处最为痛恨的恐怕并不是魏忠贤，而是昏聩的熹宗。以"离散天下之子女"来谴责"后之为人君者"，不能不说是道出了黄宗羲心中的隐痛。而所谓"今也天下之人怨恶其君，视之如寇雠，名之为独夫，固其所也"，作为黄宗羲的心声，就其实际的遭遇来看，恐怕矛头所指，正是熹宗。另外，《原君》一篇对于"君害"的痛陈，也更多地不是泛泛而言，而是与有明一代的政治现实密切相关。换言之，《原君》中的所谓"后之为人君者"，固然可以笼罩三代以下几乎所有的君主，其中举汉高祖"某业所就，孰与仲多"的话作为君主以天下为一己之私业的证据，即是一例，但更多的或者说直接的所指，应当是有明一代的君主。《原君》中提到的所谓"废孟子而不立"，指朱元璋的罢孟子陪享。而与黄宗羲别处所谓"有明无善治，自高皇帝罢丞相始"一句合观，更可说明《原君》中所谓"后之为人君者"，主要当针对有明一代的君主而言。这同样说明，黄宗羲所欲"无"之"君"，实乃如明代大多数君主一样的"昏君"和"独夫"，而非君主之位本身。

过去对于黄宗羲作《明夷待访录》的动机，历来有不同的看法。一种如章太炎、陈寅恪、赵俪生等人，认为黄宗羲是自比箕子，以待

---

① 典型的例子，即魏忠贤图谋陷害张皇后由于熹宗卫护而未果一事。参见林金树、高寿仙：《天启皇帝大传》，沈阳：辽宁教育出版社，1993 年。

清朝新君的来访而"将以有为也"。另一种自全祖望以降至邱汉生等人，则持不同态度，认为并非如此。本文不涉入该问题的具体讨论，所欲指出者，惟在一点。无论黄宗羲本人是否欲待新君来访，有一点可以肯定。至少就《原君》本文可见，黄宗羲并非一般地否认君主之位在异姓之间转移或者说改朝换代的合法性。在上引《原君》第三段文字中，这一点显而易见。如果说面对的是像桀、纣那样民"视之如寇雠"的"暴君""独夫"，还认为汤、武革命的改朝换代不合法而有悖于"无所逃于天地之间"的所谓"君臣之义"，置"兆人万姓崩溃之血肉"于不顾，则不过是"规规焉"的"小儒"之见。直斥"伯夷、叔齐"之事为"妄传"的"无稽之事"，并发出"岂天地之大，于兆人万姓之中，独私其一人一姓乎"（第3段）的质问，也正说明了黄宗羲的这一看法。至于最后一句话："后世之君，欲以如父如天之空名禁人之窥伺者，皆不便于其言，至废孟子而不立，非导源于小儒乎"，则可以说将君主之位在异姓之间的转移以及改朝换代的合法性直接与明清鼎革相关。因为这里"废孟子而不立"的君主，说的即是明朝的建立者朱元璋。事实上，黄宗羲在明末清初的抗清义举与其晚年对清朝太平盛世的肯定，以及他自己始终不肯入仕而后来又并不反对其后人和学生入朝为官，并不构成不可理解的矛盾。正是基于对君位异姓之间转移以及改朝换代合法性的肯定，反对"独私其一人一姓"，黄宗羲被后人讥为"晚节"有亏的一系列肯定清朝政府的行为，作为并不"有亏"的自然结果，才是可以理解的。

二、《学校》新诠释：公议思想的核心地位

　　以上，我们结合历史脉络与思想内涵两个方面，澄清了对于《原

君》的"过度诠释"。本文的重点并不在于对那种过度诠释的"破"，而在于对《学校》一篇中所蕴涵或者说可能发展出的"公议"的思想甚至制度设计的"立"。依笔者之见，后者才是黄宗羲政治思想的真正精华。如何从人类的传统中发掘资源，反省目前民主在思想蕴涵和制度设计方面的问题，或许更为重要。《学校》中的思想甚至具体的举措，恰恰与西方当今政治理论前沿的"公议"思想有颇多相合之处，可以提供一笔丰富的资源。并且，对黄宗羲来说，只有他心目中的"学校"的建立，可以"比之如父，拟之如天"的真正的"君"，才有可能出现。《学校》中所谓："学校之法废，民蚩蚩而失教，犹势利以诱之。是亦不仁之甚，而以其空名跻之曰"君父，君父"，则吾谁欺！"由此可见，学校甚至构成健康的君主制度的必要保证和前提。在这个意义上，即使我们回到黄宗羲《明夷待访录》的文本以及当时的历史脉络本身，也足见《学校》一篇的重要性。

和《原君》一样，严格而论，《学校》的思想也并非黄宗羲个人"前不见古人、后不见来者"的绝唱。譬如，有学者就曾指出，《学校》一篇的思想与张溥（1602—1641）领导的复社的政治议程有相当的一致之处。[①] 但是，是否对复社的政治议程进行深入的理论反省，从而提炼出其中蕴涵的思想内容，是否将这种思想内容加以系统的论述，则又的确非黄宗羲的《学校》莫属。进一步来说，即便复社的政治思想是黄宗羲《学校》的近因，其远源实则一直可以上溯到儒家传统初期"庶人议政"的精神。《左传·襄公三十一年》条载：

> 郑人游于乡校，以论执政。然明谓子产曰："毁乡校，如何？"子产曰："何为？夫人朝夕退而游焉，以议执政之善否。其

---

① 前引司徒琳文，参见《黄宗羲论》，页 289。

所善者，吾则行之；其所恶者，吾则改之，是吾师也，若之何
毁之？我闻忠善以损怨，不闻作威以防怨。岂不遽止？然犹防
川：……仲尼闻是语也，曰：人谓子产不仁，吾不信也。

孔子从不轻易以"仁"许人，但当他听说子产不仅不毁乡校，反
而维护庶人议政的风气并且能够根据众人所议政之"善""恶"来
"行""改"时，竟以"仁"许之，可见孔子对于"庶人议政"精神的
肯定。事实上，"天下有道，则庶人不议"（《论语·季氏第十六》），正
是孔子自己说过的话。鉴于春秋乱世的背景，这句话显然可以理解为，
在孔子看来，在天下无道的情况下，庶人议政就更是必需的。由此可
见，黄宗羲《学校》的思想来源绝不止于晚明的东林和复社，从春秋
时期的"庶人议政"，历经汉代的太学清议、宋代的太学生运动，直到
晚明的东林和复社，可以说一脉相承。黄宗羲《学校》的思想，正是
对儒家这一思想和实践传统的高度理论概括。

以往在讨论《明夷待访录》的政治思想时，研究者们也并没有忽
略《学校》这篇文字。不过，尽管也有不同的意见，但以往从胡适开
始，大多数研究者往往将《学校》之中的思想和制度设计与西方近代
以来的议会制度相比照。[1] 前文已经提及，现代学术建立以来，将整个
明清之际纳入所谓"启蒙"的视野，是一种迄今为止仍有相当影响力
的诠释视角。是否可以以西方近代以来的议会来比较黄宗羲《学校》
中的构思，以及在何种程度上、什么层面上我们可以进行这种工作，
不是本文要讨论的内容。换言之，本文以下对《学校》的分析，并不
构成对以往诠释模式的质疑甚至挑战，而毋宁说只是笔者基于自己的

---

[1] 　参见胡适：《黄梨洲论学生运动》，姜义华主编：《胡适学术论集》，北京：中
华书局，1998年。后来如侯外庐《中国思想史》所代表的以"启蒙"作为明清之
际思想范式的解释模式，更是持此一说。

观察视角而提出的进一步的补充。

《学校》一篇文字颇长，本文将其分为如下 17 段：

1. 学校，所以养士也。然古之圣王，其意不仅此也，必使治天下之具皆出于学校，而后设学校之意始备。非谓班朝，布令，养老，恤孤，讯馘，大师旅则会将士，大狱讼则期吏民，大祭祀则享始祖，行之自辟雍也。盖使朝廷之上，间阎之细，渐摩濡染，莫不有诗书宽大之气，天子之所是未必是，天子之所非未必非，天子亦遂不敢自为非是，而公其非是于学校。是故养士为学校之一事，而学校不仅为养士而设也。

2. 三代以下，天下之是非一出于朝廷。天子荣之，则群趋以为是；天子辱之，则群摘以为非。簿书、期会、钱谷、戎狱，一切委之俗吏。时风众势之外，稍有人焉，便以为学校中无当于缓急之习气。而其所谓学校者，科举嚣争，富贵熏心，亦遂以朝廷之势利一变其本领，而士之有才能学术者，且往往自拔于草野之间，于学校初无与也，究竟养士一事亦失之矣。

3. 于是学校变而为书院。有所非也，则朝廷必以为是而荣之；有所是也，则朝廷必以为非而辱之。伪学之禁，书院之毁，必欲以朝廷之权与之争胜。其不仕者有刑，曰："此率天下士大夫而背朝廷者也。"其始也，学校与朝廷无与；其继也，朝廷与学校相反。不特不能养士，且至于害士，犹然循其名而立之，何与？

4. 东汉太学三万人，危言深论，不隐豪强，公卿避其贬议。宋诸生伏阙搥鼓，请起李纲。三代遗风，惟此犹为相近。使当日之在朝廷者，以其所非是为非是，将见盗贼奸邪慑心于正气霜雪之下！君安而国可保也。乃论者目之为衰世之事，不知其所以亡者，收捕党人，编管陈、欧，正坐破坏学校所致，而反咎学校之人乎！

5. 嗟乎！天之生斯民也，以教养托之于君。授田之法废，民买田而自养，犹赋税以扰之；学校之法废，民蚩蚩而失教，犹势利以诱之。是亦不仁之甚，而以其空名跻之曰"君父，君父"，则吾谁欺！

6. 郡县学官，毋得出自选除。郡县公议，请名儒主之。自布衣以至宰相之谢事者，皆可当其任，不拘已任未任也。其人稍有干于清议，则诸生得共起而易之，曰："是不可以为吾师也。"其下有"五经"师，兵法、历算、医、射各有师，皆听学官自择。凡邑之生童皆裹粮从学，离城烟火聚落之处士人众多者，亦置经师。民间童子十人以上，则以诸生之老而不仕者充为蒙师。故郡邑无无师之士，而士之学行成者，非主六曹之事，则主分教之务，亦无不用之人。

7. 学官以外，凡在城在野寺观庵堂，大者改为书院，经师领之，小者改为小学，蒙师领之，以分处诸生受业。其寺产即隶于学，以赡诸生之贫者。二氏之徒，分别其有学行者，归之学官，其余则各还其业。

8. 太学祭酒，推择当世大儒，其重与宰相等，或宰相退处为之。每朔日，天子临幸太学，宰相、六卿、谏议皆从之。祭酒南面讲学，天子亦就弟子之列。政有缺失，祭酒直言无讳。

9. 天子之子年至十五，则与大臣之子就学于太学，使知民之情伪，且使之稍习于劳苦，毋得闭置宫中，其所闻见不出宦官宫妾之外，妄自崇大也。

10. 郡县朔望，大会一邑之缙绅士子。学官讲学，郡县官就弟子列，北面再拜。师弟子各以疑义相质难。其以簿书期会，不至者罚之。郡县官政事缺失，小则纠绳，大则伐鼓号于众。其或僻郡下县，学官不得骤得名儒，而郡县官之学行过之者，则朔望之会，郡县官南面讲学可也。若郡县官少年无实学，妄自压老儒而上之者，则士子哗而退之。

11. 择名儒以提督学政，然学官不隶属于提学，以其学行名辈相师友也。每三年，学官送其俊秀于提学而考之，补博士弟子；送博士弟子于提学而考之，以解礼部，更不别遣考试官。发榜所遗之士，有平日优于学行者，学官咨于提学补入之。其弟子之罢黜，学官以生平定之，而提学不与焉。

12. 学历者能算气朔，即补博士弟子。其精者同入解额，使礼部考之，官于钦天监。学医者送提学考之，补博士弟子，方许行术。岁终，稽其生死效否之数，书之于册，分为三等：下等黜之；中等行术如故；上等解试礼部，入太医院而官之。

13. 凡乡饮酒，合一郡一县之缙绅士子。士人年七十以上，生平无玷清议者，庶民年八十以上，无过犯者，皆以齿南面，学官、郡县官皆北面，宪老乞言。

14. 凡乡贤名宦祠，毋得以势位及子弟为进退。功业气节则考之国史，文章则稽之传世，理学则定之言行。此外乡曲之小誉，时文之声名，讲章之经学，依附之事功，已经入祠者皆罢之。

15. 凡郡邑书籍，不论行世藏家，博搜重购。每书钞印三册，一册上秘府，一册送太学，一册存本学。时人文集，古文非有师法，语录非有心得，奏议无裨实用，序事无补史学者，不许传刻。其时文、小说、词曲、应酬代笔，已刻者皆追板烧之。士子选场屋之文及私试义策，蛊惑坊市者，弟子员黜革，见任官落职，致仕官夺告身。

16. 民间吉凶，一依朱子《家礼》行事。庶民未必通谙，其丧服之制度，木主之尺寸，衣冠之式，宫室之制，在市肆工艺者，学官定而付之；离城聚落，蒙师相其礼以革习俗。

17.凡一邑之名迹及先贤陵墓祠宇，其修饰表章，皆学官之事。淫祠通行拆毁，但留土谷，设主祀之。故入其境，有违礼之祀，有非法之服，市悬无益之物，土留未掩之丧，优歌在耳，鄙语满街，则学官之职不修也。

以下在具体分析时，将随文根据需要再做相应的征引。大体来说，《学校》一篇分为两个部分：一是明确学校的职责和功能；二是一些具体的设计。

关于具体的设计，黄宗羲考虑得十分细致周密。首先，从学校在整个社会的涵盖性来讲，下起郡县，上至太学，甚至远离城市的"烟火聚落之处"以及"民间童子十人以上者"（第6段），如何建立学校，黄宗羲都有说明。其次，在不同的学校形式中，如何选择主教的学官，黄宗羲也有说明。譬如，对于郡县学官，黄宗羲认为"毋得出自选除。郡县公议，请名儒主之。自布衣以至宰相之谢世者，皆可当其任，不拘已仕未仕也"（第6段）。对于太学祭酒，则"推择当世大儒，其重与宰相等，或宰相退处为之"（第8段）。对于少儿教师，则"以诸生之老而不仕者，充为蒙师"（第6段）。第三，学校教化的对象几乎涵盖所有的人士。甚至天子本人，亦当定期于太学受教，所谓："每朔日，天子临幸太学，宰相、六卿、谏议皆从之。祭酒南面讲学，天子亦就弟子之列。政有缺失，祭酒直言无讳"（第8段）。至于统治阶层的子弟，更是学校教育的对象，所谓"天子之子年至十五，则与大臣之子就学于太学，使知民之情伪，且使之稍习于劳苦"（第9段）。为的是要避免这些纨绔子弟"闲置宫中，其所闻见不出宦官宫妾之外，妄自崇大也"（同前）。第四，如第11段所示，学校教师的选拔具有相当的独立性，不在通常的官僚体系之内，其考核亦有一套独立运作的机制。第五，虽然教师代表"道统"而具有在政权之外的独立性，但是，正因为其如此重要，所以学校的教师并不具有绝对和单方面的权威，如不合格，学生有权将其更换。譬如郡县学官，黄宗羲就指出，"其人稍有干于清议，则诸生得共起而易之，曰：'是不可以为吾师也'"（第6段）。至于那些"僻郡下县"，如果无法请得"名儒"担任"学官"，暂时由学行兼优的行政长官代行教师职责的，一旦代行者并无真才实学，反而"妄自压老儒而上之者"，则更当由"士子哗而退之"（第10段），以正视听。除此之外，还有一些更为细致的设计，如第13到17段所显示的，主要与当时的风俗有关，在普遍性的意义方面较为缺乏。有些主张，如废除佛寺道观，没收其产业，一律改为学校，则无论在什么时候也都并不合理。

关于学校的职责和功能以及丧失其应有的功能所带来的危害，主要在于《学校》的前5段文字。在黄宗羲看来，学校的直接功能和目标是所谓"养士"，所谓"学校所以养士也"（第1段）。但"养士"并非最终目的，学校的设立和存在，更是为了培养一种正确的舆论监督和制约力量。所以黄宗羲紧接着又说："然古之圣王，其意不仅此也。必使治天下之具，皆出于学校，而后设学校之意始备。"（第1段）换言之，对黄宗羲而言，学校应当是一切价值判断的最终来源和根据，而士人群体包括学校的"学官"以及受教的诸生，则是这种价值判断的具体实施者。一旦"治天下之具，皆出于学校"，自然"朝廷之上，闾阎之细，渐摩濡染，莫不有诗书宽大之气"（第1段），而最终的结果，就是"天子之所是未必是，天子之所非未必非，天子亦遂不敢自为非是，而公其非是于学校"（第1段）。如此一来，也就自然不会出现《原君》中所述的"君害"了。正是在这个意义上，黄宗羲在第1段最后说"是故养士为学校之一事，而学校不仅为养士而设也"。总之，正如牟宗三先生曾经指出的，在黄宗羲看来，学校应当是一个教

化的系统，它有三方面的作用：一是司教；二是养士；三是议政。[①]这
三方面的作用合在一起，就是要使是非判断的价值标准不在于天子一
人，而在于学校的公论；不在于朝廷，而要公诸天下。当前者与后者
发生冲突时，当以后者或者说天下士人的公论为准。儒家传统中从来
就有"道"高于"势"的主张和信念，黄宗羲"公其是非于学校"的
思想，就是给这一主张和信念提供了具体的制度安排。

　　不过，学校与议会不同者，在于学校并不是直接讨论国家大事、
进行立法和决策的地方。以往多认为黄宗羲学校的职能为"议政"，其
实并不准确。如果说西方议会"议政"的功能主要是对于政策本身内
部的问题进行具体讨论的话，在黄宗羲的心目中，学校的功能则并不
仅仅在于政策本身内部问题的讨论。譬如，学校确有议政的职责，所
以对于"政事缺失"，黄宗羲也说要"直言无讳"（第8段）、"小则纠
绳，大则伐鼓号于众"（第10段）。但是，除了既在于为政策的指定和
实施提供广泛和宏观的价值指导，学校的功能更在于在整个社会营造
一种独立于权力系统之外的"公议"的世界。这个世界代表着社会上
正义的价值判断和舆论导向，亦即所谓"正气"。黄宗羲所举的历史典
故："东汉太学三万人，危言深论"和"宋诸生伏阙捶鼓，请起李纲"，
正是通过"公议"而最终在政治和社会的重大问题上产生了的"正义"
的例证。所谓"公卿避其贬议"，正是"正义"高于"权力"的结果。
因此，对黄宗羲而言，这种公议社会，最接近儒家传统理想的政治社
会，所谓"三代遗风，惟此犹为相近"。

　　以往我们对民主的理解，主要是从一种选举文化的角度。譬如，
大都根据熊彼特（Joseph Alois Schumpeter，1883—1950）的理解，认

---

　　① 牟宗三：《政道与治道》，《牟宗三先生全集》，台北：联经出版公司与联合报
系，2003），第10册，页193。

为民主的实质就是选举，就是政治上的轮流坐庄。这种理解当然没有错，但其实并不全面，甚至并不够深入。事实上，晚近西方对于民主的理解开始更强调民主作为一种人的素质和生活方式。比如，安乐哲（Roger Ames）和郝大维（David Hall）曾经结合杜威的思想与儒家传统并从中汲取资源来阐释这样一种民主观。① 尤其是，同样有代表性并且与黄宗羲《学校》一篇的思想可以参照的，最近则有 1998 年诺贝尔经济学奖获得者、经济学家兼哲学家的阿马蒂亚·森（Amartya Sen）从 "public reasoning" 的角度来界定的民主。② 在森看来，从选举文化以及由此而来的大多数人统治这一角度来理解民主，只是一种较为狭义的民主观，而从他所谓 "public reasoning" 来理解的民主，才具有更为广泛和深刻的涵义，也更接近民主本来所应有的意义。

　　具体来说，作为印度裔学者，森对于印度的文化传统具有相当的了解和认同。对于 "public reasoning" 这一观念的阐发，森就主要是从印度历史文化中的所谓 "论辩传统"（argumentative tradition）来加以说明的。③ 在森看来，"论辩传统" 的一个核心就是 "public reasoning"。森指出，"public reasoning" 主要涉及三个方面：一是对于不同观点和生活方式的容忍；二是对于公众关怀的各种问题需要进行公开的讨论；三是鼓励人们参与到转化和改善社会的公共行为之中。

---

　　① 参见 Roger Ames and David Hall, *The Democracy of the Dead: Confucius, Dewey, and the Hope for Democracy in China*. La sale, IL: Open Court, 1999. 中译本《先哲的民主》，何刚强译，南京：江苏人民出版社，2002 年。

　　② "public reasoning" 一词笔者最早听闻于和杜维明教授的交谈。但杜先生并未告诉笔者这一观念的来源。后经笔者调研，虽目前不敢谓这一观念最早源自 Amartya Sen，但当前几乎所有关于 "public reasoning" 的讨论都与 Amartya Sen 有关，且对这一观念的解释和运用，以 Amartya Sen 为最。

　　③ 具体讨论参见 Amartya Sen, *The Argumentative Indian: Writings on Indian History, Culture and Identity*. Farrar, Straus and Giroux, 2005.

而在这三个方面之中，贯穿其中的一个主要精神，则恰恰是如同黄宗羲在《学校》中所倡导的那种"公其非是"的原则。换言之，即将权力的运作置于一种公开、透明的舆论监督和控制的机制之下。所谓监督控制机制的舆论，是透过广大知识人的普遍参与和反复讨论所形成的一种"风教"，并且，这种作为"风教"的舆论并不是在各种决策"之外"和"之后"才发生作用的，各种决策行为的发生必须是要在这种"风教""之中"或至少"之下"来形成的。由于《学校》第六段本有"公议"一词，且在笔者看来，"公议"颇能反映森所谓"public reasoning"的根本精神方向，在本文中，笔者即以"公议"来翻译"public reasoning"。

一个社会是否能够成为一种"公议社会"，对于一个社会的发展至关重要。如果只具有一人一票的选举形式，却不具备一种"公其是非于天下"并由广大知识人普遍参与、充分讨论的"公议"的条件，那么，具备了形式合理性的选举却很可能导致并不能真正体现民意的、不具备实质合理性的"恶果"。由于缺乏"公议"，在黑金、豪强的幕后操作之下，很多选举产生了鱼肉乡里的领袖，便是明证。有趣的是，森本人就曾经对比过最近几十年来印度和中国在医疗保险方面各自的成败。他指出，印度之所以能够在医疗保险取得很大的进展，很重要一个原因就是一系列相关的决策和执行都是诉诸"公议"的结果。而中国医疗保险制度的问题，很大一部分原因相反正是政治和社会整个缺乏一种"公议"的机制。他特别举了2003年SARS在中国蔓延的例子，作为缺乏"公议"的一个例证。① 因此，在森看来，只有在一个"公议"社会中，一人一票的选举才会真正体现并最终实现民主的精神。而在这个

---

① 参见森的文章"Democracy and Its Global Roots: Why Democratization is not the Same as Westernization"，*New Public*, Vol. 229, October 6th, 2003, pp.28-35.

意义上，"公议"而非"选举"，也更能够体现民主的本质。

需要指出的是，森并没有说"公议"只属于印度的文化传统。相反，他指出，"公议"的精神和资源存在于每一个文明和文化传统之中。譬如，他还特别指出了在伊斯兰文明尤其其中的苏菲（Sufis）传统中，同样具有培养"公议"的传统。事实上，森之所以强调要从"公议"而非"选举"的角度来理解民主的精义，恰恰是要反驳那种民主为西方所独有的陈见。这一点，目前在整个西方世界也并非是森个人的独唱，而其实可以说是许多优秀的西方知识人批判性的群体自我反思的结果之一。既然民主的精义更在于"公议"，那么，如果我们从"公议"而非单纯"选举"的角度来界定民主，认为《学校》之中蕴涵了丰富的民主思想，根据以上的文本分析，就并非"比附"，而不过是揭明其"题中应有之义"罢了。

当然，笔者绝无意说黄宗羲《学校》中的"公议"思想与森的"public reasoning"彼此若合符节，无分轩轾。其间的差别所在，亦自不可掩。譬如"public reasoning"中所强调的以肯定多元为前提的容忍问题，至少就不是《学校》所涉及的。但是，这并无伤其价值。原本所无，并不意味着目前和将来不可能有。一种思想和学说的价值，本不在于其包罗万象，已经穷尽了所有的问题，而恰恰在其给后人提供一定思想资源的同时，又为进一步的诠释提供了展开的空间。

三、结语：公议社会的建构

现代学术建立以来，对于黄宗羲政治思想的认识和评价，在中国大陆经历了演变的过程。起先是称颂《明夷待访录》尤其《原君》一篇所具有的民主思想，后来又强调不能与西方的民主思想简单比附，因而基于"民主"和"民本"的区分，认为黄宗羲的政治观还是民本思想的表现，顶多可以说是民本的极致。这里面其实有两个关键问题：一是以往的焦点多在《原君》，于《学校》一篇着力不多；另一个则是对"民主"涵义的理解似是而非，至今不免雾里看花。如果我们放宽并深入对于民主的了解，不以单纯的选举文化为限，并将注意的焦点从《原君》转换到《学校》，或许就不必执着于所谓"民本"与"民主"在名相上的"虚妄分别"（借用佛教语），更无须在今天对于其有关君主制的问题多费口舌了。

不过，我们引入最近西方世界关于"public reasoning"的观念，并指出与黄宗羲《学校》中的"公议"思想多有相通合拍之处，并不是要获得一种"人有我亦不乏"的满足。而是希望借此说明，第一，在目前的情势之下，要想从中国文化自身的传统中发掘衔接现代民主的资源，至少就黄宗羲而言，我们的重点当从《原君》转换到《学校》，后者所蕴涵的"公议"思想才是黄氏民主思想的真正精华。第二，我们应当深入思考"公议"问题的重要性，以之作为民主建设的核心内容。选举制度层面的民主建设固然重要，也是迄今我们所急需的。但如上所述，单纯的制度建设只能保证"形式合理性"而无法使"实质合理性"成为必然。西方制度层面的民主已经很成熟，目前他们的自我反省和批判正在于单纯制度层面民主的不足。如欲避免"步人后尘"，"公议"就不能局限于单纯的制度层面。事实上，整个社会如果缺乏一种作为"风气"的"公议"，制度层面的真正民主也是难以建立的。第三，结合西方现代的民主理论，发掘并发展《学校》中的"公议"思想，并不只能"坐而论道"。如何在建构"和谐社会"的诉求之外，同时致力于建构一种"公议社会"，恐怕更是广大知识人所当再三致意的。缺乏"公议"的社会，恐怕很难臻于真正的"和谐"之境。

五　当代儒学人物

当代儒家知识人的典范

——余英时先生荣获人文诺贝尔奖的启示

一、引言

或许由于本人是化学家的缘故，当初诺贝尔（1833—1896）临终前决定以其遗产的一部分（约920万美元）设立诺贝尔奖时，在物理、化学、生理或医学、和平之外，人文学科中仅有文学一科。其后迄今，也只增加了经济奖（1968）和地球奖（1990）。前者授予在经济学研究领域中做出重大贡献的学者，后者则授予为环境保护做出重大贡献的杰出人士。

由诺贝尔生活的19世纪直到今天，可以说是一个科学技术在人类生活中不断趋于强势而人文学科日益退处边缘的过程。西方世界既然如此，在"尊西籍若神圣，视西人若帝天"的整个20世纪，东方以及中国自不免亦步亦趋。不过，作为人类自身经验的反映，人文学科既然无论如何终究无法消失，其意义所在也就自然会有有识之士念兹在兹。非但直接从事人文学科领域的人士如此，其他行业如科技、工商、媒体以及娱乐领域亦不乏其人。由于科技、工商领域易于累积财富，其中有所成就而深明人文学科的价值和意义者，如果对人文领域提供资助，反而更加容易直接推动人文学领域的发展。美国电视巨头约翰·克鲁格（John W. Kluge）先生可以说正是这样一位身在人文学科之外却又颇具人文关怀的明达之士。

　　有鉴于诺贝尔奖中人文学科只有文学一项，约翰·克鲁格于 2000 年向美国国会图书馆捐款 7300 万美元，设立"克鲁格奖"，也称为"约翰·克鲁格人文与社会科学终身成就奖"，明确表示该奖项的目的在于弥补诺贝尔奖在人文领域的不足。因此，该奖涵盖的学科就是历史、哲学、政治学、人类学、社会学、宗教、文艺批评和语言学。无论在奖励对象还是在遴选程序上，该奖几乎都一如诺贝尔奖。奖励的对象是那些在上述人文学科中辛勤耕耘多年、做出重大贡献并获得举世公认的杰出学者，其国籍和写作的语种不限。遴选的范围也是覆盖全球，完全是"千里挑一"。2003 年第一届克鲁格奖授予了波兰哲学家科拉柯夫斯基（Leszek Kolakowsky），2004 年授予了美国耶鲁大学历史学家帕利坎（Jarslav Pelikan）和法国哲学家利科（Paul Ricoeur）。去年（2005）该奖空缺。就在上周三（11 月 15 日），美国国会图书馆正式宣布，经过全球多所大学的校长、研究机构的负责人以及众多杰出学者和知识人组成的不同层次的委员会对全球 2000 多位获得提名的候选人的层层筛选，2006 年该奖最终授予了普林斯顿大学荣休教授余英时先生和杜克大学的荣休教授富兰克林（John Hope Franklin）。后者今年 91 岁高龄，专治美国黑人史。余英时先生则今年寿届 76 岁，在海内外研究中国思想文化的广大学者群中一直享有盛誉。

　　在海内外的整个华人世界中，获得诺贝尔奖历来被视为最高荣誉。以往获此殊荣的华人科学家共有 6 位，依时间顺序为杨振宁和李政道（1957 年两人共同获物理学奖）、丁肇中（1976 年获物理学奖）、李远哲（1986 年获化学奖）、朱棣文（1997 年获物理学奖）、崔琦（1998 年获物理学奖）。因此，对于被公认为人文诺贝尔奖的克鲁格奖来说，余英时先生作为第一位华人学者以精研中国思想文化史获此大奖和殊荣，尤具深远的意义。全球华人为之欢欣鼓舞，自在情理之中。而如今我们中国大陆的人文学者，则更应当深思这一盛事给予我们的启示。当然，启示云者，或许不免见仁见智。但以下主要相关于中国大陆境况的几点看法，我以为未必全属个人的私见，相信会是若干同道的共识。

二、全球语境中的中文写作

首先我们应当思考的，是全球语境中的中文写作问题。虽然随着中国经济的快速增长，中文目前在西方渐受青睐。国家"汉办"在全球以"孔子学院"的方式推广汉语，也是这一背景下的举措。但是，这决不意味着中文已经处于强势。即便在整个中文世界，如果说受过高等教育者尤其知识阶层对英文目前或至少十年之内仍然趋之若鹜，恐怕毫不为过。事实上，在中国大陆的人文学界甚至中国传统文史哲的领域中，英文能力也成为各种评价机制和学者各方面胜出的一项非常重要的指标。从学术研究的角度来说，具备多种语文能力当然是成为世界范围内一线学者的必要条件之一。即便是中国传统文史哲的学问，也早已不再是专属中国学者的领地，欧美与日本等中文世界以外的地区都不乏精通"汉学"和"中国学"的大师。如果不能对那些海外汉学大师以及更多研究者以其自身语言写作的有关"中国"的研究成果消化吸收，势必画地为牢而难有大成。这一点，并不是什么高深的道理，不过是从事学术研究必须具备的基本自觉而已。也因此，相信和我一样，所有具备这一基本自觉的人文学者，都决不会反对尽可能广泛、深入地掌握外文以为研究工作之便。

然而，当前的问题是，不少人在"椟"和"珠"之间，未免本末倒置，在几乎构成近代以来国人文化心理结构的"一切为泰西是举"这一心态下，无形中成了"语言形式决定论"者，以为凡以外文撰著者，皆当较中文著作更具价值。殊不知，至少就学术研究的水准而言，关键并不在于语言文字的"形式"，而实在于其"内容"，所谓"言之有物"。是否"有物"以及"物"的精良与否，较之以何种语言文字来"言之"，是远为重要的。这一点，从余英时先生此次获得人文诺贝尔奖来看，足以为证。余先生虽不乏英文作品，如《东汉生死观》（Views of Life and Death in Later Han China, Doctoral Dissertation, Harvard University, 1962）、《汉代贸易扩张》（*Trade and Expansion in Han China: A Study in the Structure of Sino-Barbarian Economic Relations*, Berkeley, Ca.: University of California Press, 1967）、《魂兮归来：佛教传入中国之前灵魂与来生观念的演变》（O Soul, Come Back! A Study in the Changing Conceptions of the Soul and Afterlife in Pre-Buddhist China, *Harvard Journal of Asiatic Studies*, 47:2, December 1987, pp. 363-395）等。① 但80年代以来，余先生颇多自觉运用中文著述。因此，很多人尤其华人学者都认为，此次大奖颁给余先生，是对中文写作的充分肯定。正如国会图书馆正式发布消息时所谓"在整个中文世界，包括中国大陆、香港、台湾以及东亚的其他各个国家和地区，其著作被广泛阅读和讨论"。其中还特别提到余先生的中文近著《朱熹的历史世界》。余先生自己也谦称："这个奖是对所有中国知识人的肯定，尤其肯定了以中文从事学术著述的地位与重要性。"

不过，如果我们再往深一层看的话，我想语言仍然尚在其次。以中文写作者，全球而言可谓多矣，为何单单是余先生以中文写作首次获得克鲁格大奖的桂冠？窃以为毕竟不是语言文字本身，而仍在于语

---

① 《东汉生死观》和《汉代贸易扩张》两书2005年都由上海古籍出版社出版了中译本。"魂兮归来"一文的中译也收入了中译本《东汉生死观》一书中。余先生英文著作最近的结集，参见其 *Chinese History and Culture*（New York : Columbia University Press, 2016）。

言文字背后人文学术研究本身的"含金量"。对此，美国国会图书馆馆长毕灵顿（James H. Billington）在宣布余先生获奖时对其学问的盛赞可为注脚，所谓"余博士的学术显然极为深广，他对中国历史、思想和文化的研究已经跨越了许多学科、历史阶段和课题。并且，他也以深刻的方式对人性问题进行了检讨。"正是由于博大精深的学识，余英时先生早已望重海内外士林。这次获奖，其实不过是实至名归而已。

如此看来，为中文写作在全球语境中地位提升而感到振奋的同时，我们又不可因民族自豪感的提高而过分留情眷注于语言文字本身。问题的重点在于，著书立说的关键毕竟在于能否提供真知灼见。否则的话，无论运用何种语言文字，都难以在诸如诺贝尔奖和克鲁格奖这样严格、公正的评选系统中胜出，从而获得世界范围内有识之士的真正认可。这一点，应当是余英时先生荣获人文诺贝尔奖给我们的第一点启示。

三、如何做一个真正的知识人

第二点值得我们思考的，是当今之世如何作为一个"公共知识人"（public intellectual）（亦译"公共知识分子"）而发挥作用的问题。克鲁格奖在正式发布消息介绍余英时先生得奖时，还有这样一段描述："通过深入原始文献，他将儒学遗产从讽刺与忽略中挽救出来，并在'文革'之后一直激励着更为年轻一代的学者去重新发现中国文化的丰富与多样。"此外，其中也特别提到，余先生的影响远远超出了专业的学术领域而深入整个中文世界的人文领域，是"在中国和美国都最具影响力的华裔知识人"。即以整个中文世界为例，80 年代以来，所有人文与社会科学专业学术与业余爱好者，几无不受余先生著作启蒙者。如果说"公共知识人"的主要特点即在于"关心政治、参与社会、投身文化",那么,余先生无疑是一位当代的"公共知识人"。并且,作为一位"公共知识人",余先生还具有鲜明的价值立场,那就是"以天下为己任"的儒家精神气质。事实上,"公共知识人"这一翻译语中所反映的"公共性"的涵义,在中国古代传统中正是"天下"一词。所谓"天下为公","天下"一词所代表的对个人、小群体私利的超越,也正是儒家的价值立场与终极关怀所在。用孟子的话来表达儒家公共知识人的这种立场和关怀,就是"思天下之民,匹夫匹妇有不被尧舜之泽者,若己推而内之沟中,其自任以天下之道如此"(《孟子·万章上》)。

　　对于"公共知识人"与一般专业知识人之间的不同,余先生曾在其《士与中国文化》一书的自序中讲得很清楚:"这种特殊涵义的'知识人'(按:即公共知识人)首先必须是以某种知识技能为专业的人;他可以是教师、新闻工作者、律师、艺术家、文学家、工程师、科学家或任何其他行业的脑力劳动者。但是如果他的全部兴趣始终限于职业范围之内,那么他仍然没有具备'知识人'(指公共知识人)的充足条件。根据西方学术界的一般理解,所谓'知识人',除了献身于专业工作以外,同时还必须深切地关怀着国家、社会以至世界上一切有关公共利害之事,而且这种关怀又必须是超越于个人的私利之上的。"①在余先生看来,如果不能"深切地关怀着国家、社会以至世界上一切有关公共利害之事,而且这种关怀又必须是超越于个人的私利之上的",严格而论顶多是"知识从业员",其实并不能称之为"知

---

　　① 余英时:《士与中国文化》,上海:上海人民出版社,1987年,自序,第2页。按:此书1987年版仍用以往约定俗成之称作"知识分子",但余先生2001年以后不再使用"知识分子",而改用"知识人"一词,其意在突显人之为人的尊严和主体性,不使之沦为"分子"。因此,2003年新版《士与中国文化》中即将原来的"知识分子"一律改为"知识人"。

识人"。换言之，对余先生而言，真正的"知识人"必须是"公共知识人"。

在当今媒体和网络的时代，"关怀国家、社会以至世界上一切有关公共利害之事"显然较之以往更为容易了。但是，这里所谓"容易"，仅仅指更为容易地使个人意见进入公共领域。至于是否能够在"超越于个人的私利之上"这一"必须"的前提之下，似乎历来都不那么容易。如今，则问题更大了。"公共知识人"自然是要在"公共领域"产生影响，而报纸、电视、广播等媒体以及足以让人产生"天涯若比邻"之感的网络，目前俨然构成公共领域的主要载体。但是，那些热衷于在媒体网络抛头露面、动辄发表议论的人士是否就是"公共知识人"？或者说，我们需要思考的是，在如今众口喧腾、意见多多的世界中，究竟如何做一个真正的公共知识人？

我以为，公共知识人首先必得是某一专业领域的深造自得者，否则，是没有资格在相关问题上"指点江山、激扬文字"的。上引余先生《士与中国文化》自序中的文字重在强调"以天下为己任"的政治社会关怀，但其一开始亦表示公共知识人"首先必须是以某种知识技能为专业的人"。在如今"道术为天下裂"、专业分工日益细密的情况下，这一点尤为重要。如果一个知识人不顾自己的学术训练，动辄在各种领域里和问题上发表意见并诉诸公共空间，以"通人"自居，或面对专业人士的批评动辄以"个人心得"为遁词，则即便其在某一领域有所建立，最终也不免会沦为布尔迪厄（Pierre Bourdieu）所谓的"媒体知识人"。这种"媒体知识人""既无批判意识，也无专业才能和道德信念，却在现实的一切问题上表态，因而几乎总是与现存秩序合拍"[1]。道理很简单，无论怎样的聪明才智之士，其时间、精力毕竟有

---

[1]　布尔迪厄:《自由交流》桂裕芳译，北京:生活·读书·新知三联书店，1996年，第51页。

限，若终日耳目、心神外弛，对各种问题都要回应，只能浅尝辄止而难以鞭辟入里，最后势必连自己原本有所立足的领域都要丧失。至于那些无一专业领域足以依托却喜谈"打破学科界限"并善于媒体运作的人士，就更是典型的"媒体知识人"而与真正的"公共知识人"相去甚远了。热衷于媒体"作秀"而刻意"推销"自己者，既不能沉潜而真正有成，其追逐名利之心，不必"诛"而可知矣。与此相对照，余英时先生学问淹贯，不仅对从先秦到现代长达三千余年的整个中国思想文化史各阶段都有深入的研究，同时对西方的思想文化同样也有深入的了解。就后者来说，如果我们读过余英时先生 20 世纪 50 年代中期已经出版的一系列著作，如《近代文明的新趋势》（1953 年初版）、《民主制度的发展》（1954 年初版）、《民主革命论》（1954 年初版）以及《自由与平等之间》（1955 年初版）等，即可知我所言不虚。而余先生中年以后众多著作中处处显示的对于西方思想文化史的熟知以及自觉以之作为研究中国思想文化史的参照而非标准，则更是广大读者深有所感而无须我赘言的。余先生学问如此，却仍然时常在行文中谦称自己只是一个"学历史的人"，"不能逾越历史研究的学术纪律"，较之那些"株守一隅"却"以为天下之美尽在己"者，境界与识见之高下，已不啻天渊，更妄遑论那些"媒体知识人"了。

事实上，只要是在学问上真正深造自得且有一贯的文化自觉与价值立场者，透过文字流传，自然会对社会、政治发生深远的影响力。余先生 1950 年初离开中国大陆，除 1978 年的短期来访之外，其他时间未再涉足中国大陆。但是，余先生的文字自从 80 年代在大陆流传以来，其影响日益深远。2004 年起三联书店推出"余英时作品系列六种"，广西师范大学同时出版"余英时文集"，今年已出齐十卷本，一时洛阳纸贵。国会图书馆发布克鲁格奖得主消息时称余英时先生为"在中国和美国都最具影响力的华裔知识人"，正是看到了余英时先生作为一位真正公共知识人所发挥的作用。余英时先生也确实具有强烈的现实关怀，正如他自己所谓："一个知识人必须具有超越一己利害得失的精神，在自己所学所思的专门基础上发展出一种对国家、社会、文化的时代关切感"。不过，余英时先生这种对"国家社会、文化的时代关怀"，始终自然地发之于其深厚的学养。也惟其如此，他对于现实种种问题的分析评判，才决不同于那些媒体知识人的"隔靴搔痒"甚或"无病呻吟"，而精辟透彻之见迭出，常令识者为之击节叹赏不已。余先生多年来一直潜心研究，从来与媒体保持一定距离，其写作更不是为了趋时从众。他曾戏言自己是"低调俱乐部之一员"，恰恰反映出一位真正知识人的操守。在当今这个喧嚣的时代，能够始终坚守学术岗位而不随波逐流的人文学者，必定背后有其文化价值的立场，如此，其从事学术研究的动力方能源源不断。其文化价值立场，又必然且自然地会发为相应的政治与社会关怀。至于那些善于"与世浮沉""拉帮结伙"且热衷于媒体抛头露面者，既无"以天下为己任"之"心"，终无"审时度势"之"力"。看似颇有公共知识人的形象，实则恰恰相反，不过逢场作戏、逐名求利而已。简言之，来自于深造自得的真知灼见，必然深入人心，流传广泛而久远。否则的话，无论怎样"包装"和"推销"，充其量如"飘风""骤雨"（老子所谓"飘风不终朝，骤雨不终日"），博取外行一时的喝彩而已，难以赢得内行持久的肯定，最终更逃不过历史的检验。所谓"终久大"与"竟浮沉"之别，正来自于公共知识人的"真"与"伪"之辨。学者何去何从，值得反省和深思。这一点，是余英时先生获得人文诺贝尔奖给我们广大人文学者尤其年轻一代的第二个启示。

余英时先生此次荣获人文诺贝尔大奖，无论从参与评奖的人士还是从了解余先生成就者的角度来看，都在情理之中。但对于余先生本人来说，却属意料之外。迄今为止，对于何人给他的提名以及他得奖过程中的有关环节，余先生都并不清楚。这固然反映了克鲁格奖评选的客观与公正，更说明该奖对余先生本人而言，实不过是一副产品。有固可喜，无亦欣然。余先生数十年来潜心学问、辛勤耕耘，完全以学术本身为其追求的目标。外在的荣誉和肯定，非其所虑。得奖之前，余先生正沉浸在顾颉刚日记的历史世界中。获奖的消息，丝毫没有牵动其专注的心神。就在得奖之后的最近，余先生又完成了顾颉刚的研究。① 世人往往只见人收获，不问人耕耘，更以为耕耘者皆为求收获。殊不知为学往往只有只问耕耘不问收获，方才终能有所收获。余先生此次获奖，实可为儒家知识人的"为己之学"提供了极佳的佐证。真正投身学术并欲以之为终身志业的知识人，于此尤当三致意焉。

---

① 参见余英时：《未尽的才情——从日记看顾颉刚的内心世界》，台北：联经出版公司，2007 年。该书是余先生为《顾颉刚日记》所写的序言，包括五个部分。第一部分讨论顾颉刚的事业心及其与傅斯年的关系，第二部分讨论顾颉刚与胡适的关系，第三部分讨论顾颉刚与国民党的关系，第四部分显示顾颉刚 1949—1980 年独特的生活境遇，第五部分篇幅最长，讨论了顾颉刚与谭慕愚之间绵延五十余年的情缘。一般人甚至学者对顾颉刚的了解多半仅限于"古史辨"，于顾颉刚一生丰富的其他方面往往忽略。余先生此书可谓别开生面，使一个有血有肉、至情至性的顾颉刚跃然纸上。

有为有守、承先启后：怀念刘述先先生

2016年6月6日中午，突然收到学生传来刘述先先生去世的消息，极为震惊。我知道这些年刘先生因眼疾术后的影响，衰老的很快，又听说他患了帕金森症。但三年前我们在台北"中研院"文哲所见面，他虽然步履蹒跚，精神心态却都不错。我告辞时他还坚持要送我到电梯门口。因此，听到他去世的消息，我实在难以相信，立刻电话询问学生消息的来源。当得知来自文哲所的林月惠女士时，心中仍不愿相信，又再次给李明辉教授去了信息，询问情况。直到晚上得到回复，确实无疑，我才终于接受了这个事实。回想与刘先生多年来的交谊，不免悲从中来。由于次日一早我即需由上海赶赴欧洲，参加欧洲中国哲学学会的首届年会，无法立即撰写纪念文字，但十几个小时的途中以及这几天的会议期间，刘先生的音容笑貌，特别是与我的一些往来，不断浮上我的心头。感伤之念，迄今不能自已。

我和刘先生的联系，早在20世纪80年代末即已开始。由于我大学时代便已广泛阅读了海外华人人文学者的著作，一度萌生了向这些前辈先生求学的想法。当时我的兴趣并不在于出国，而只是希望能够更为方便、大量地阅读到海外尤其是包括刘先生在内的华人前辈学者的著作（当时阅读海外出版的著作并不是一件容易的事），可以直接向他们请益，而香港又是最近大陆的地方，所以，我大四时曾经致函刘先生，询问跟他学习的可能性。刘先生很快给我回了信。可惜当时香港似乎尚无招收大陆学生的先例，加之刘先生也退休在即。我只有一腔读书的热情，对于如何申请、办理各种相关手续一无所知、更不耐烦，于是就打消了去跟刘先生学习的念头。

2000 年 3—6 月，由于台湾中华发展基金会的支持，我到台北访问四个月。那时刘先生已经由香港中文大学退休，到台北的"中研院"文哲所担任特聘研究员。我们的第一次见面，就是在文哲所三楼他的研究室里。刘先生初次见面给我的感觉是比较冷峻，话语不多，"望之俨然"。但是，后来交往久了，我慢慢了解到他"即之也温"的一面。有的人初次见面即会给人以"平易近人"之感。但相处再久，他也始终把自己包裹得很好，让你无法了解他真实的内心世界。如此的"平易近人"，恐怕只是与人保持距离而并不以真面目示人的策略而已。另有一类人，刚开始接触未必会让人觉得平易近人，有些甚至会让人感觉高傲。但这种人往往真诚而无机心，久而久之，志同道合的话，很可能会成为无话不谈的好友。刘先生显然是后一种人。

当然，那次赴台之前，在我就读北大研究生期间，我与刘先生一直保持书信往来。记得有一年余英时先生发表长文力辨"钱穆与新儒家"，刘先生即把他尚未发表的回应文字寄给我，文章前半部分还是他手写文稿的影印件。我虽然到 2000 年才在台北得遇余英时先生，但对余先生区分钱先生与"新儒家"这一名号的用意，心中是有所感知的。这一点，在 2004 年普林斯顿一次和余先生晚饭后步行的交谈中，得到了印证。如果说在认同儒家传统一贯的价值取向这个意义上，和熊十力、唐君毅、牟宗三这几位先生一样，钱先生可以而且应该被称为"儒家"，我是非常同意刘先生的说法的。不过，余先生辨钱先生与新儒家一文的用意，并不在此，而是另有针对。如今，事实越来越证明，余先生对于"新儒家"一词的警惕，绝不是多虑和多余的。

2003 年我的《良知学的展开——王龙溪与中晚明的阳明学》由台湾学生书局初版时，刘先生为此书撰写了一篇序文。其中，他不仅在开头即许我为"忘年之交"，更说"当今之世对于宋明理学解人已经不多，很难得的，国翔和我却可以连篇累牍讨论相关的问题，见面时更是讲个没完没了，十分投缘。"虽然我这本书的确可以说是中国大陆研究阳明后学的领先之作，但刘先生序文最后所谓"为将来的学术开出新的机运，实在是大可振奋之事"，我觉得除了是他对我的鼓励之外，更加充分显示的，是他作为一位前辈，看到后辈学者在学术研究上稍有进步即油然而生的喜悦之情。

《良知学的展开》在台湾出版时，我正在夏威夷大学担任客座教授，要讲授两门研究生的课程。由于刘先生有在美国长达十几年的从教经验，对于向美国学生讲授中国哲学所遇到的一些问题，我自然向他请教。那时电子邮件虽然已经使用，但刘先生还是用写信的方式与我相往还。他给我的信件，我至今都有保存。比如，当年（2004）是刘先生七十大寿，台港的几位朋友筹划出版给刘先生的寿庆文集，由学生书局出版。我接到邀约后立刻寄去了我的祝寿文章。刘先生很高兴，回信说"你离得最远，但是文章最先到。"此时此刻翻出来十几年前的信札，看到他的笔迹，唏嘘不已。

刘先生和我的通信，一直不断。但后来我常有访台的机会，与他的交流，更有了当面畅谈的方便。如今追忆我们见面的次数，竟然数不过来了。不过，2000 年以后与刘先生见面虽多，但大部分是在台湾和香港。在大陆的见面，想来只有三次。其中我印象最深的一次，应该是 2010 年 10 到 11 月间刘先生应邀到清华参加朱子学会议以及到北大担任蔡元培、汤用彤讲座的那一次。那时刘先生看上去还硬朗，他也告诉我饭后坚持走路。在那期间，我请尚在清华读研究生的李卓陪他到鸟巢和水立方游览了一下。记得当时我不免担心他走路多了会身体不适，询问李卓得知没有大碍时，我着实感到高兴。

刘先生来大陆的次数并不多，而且凡来定是参加纯粹的学术活动。

这与 2000 年后那些热衷于在大陆各种场合尤其社会活动中频繁出现的海外人士颇为不同。在我看来，这一点正是刘先生在立身处世的原则性上毫不含糊的地方。2000 年以来，由于市场经济的不规范，大陆成为淘金的热土；另一方面，随着国学热的遍及社会大众，大陆也成为那些喜欢在社会大众的掌声中获得存在感与满足感的人士乐于前来的地方。这一点，显而易见。以刘先生的声望，来自大陆的各种邀约一定不可胜数。但刘先生能够不为所动，严格将其前来参加的活动限于纯粹学术的领域，足以显出其超卓不俗的操守。同时，在台北，他即使在腿脚行动不便的情况下，仍然坚持几乎每天乘公共汽车到研究室中读书思考、笔耕不辍。记得有一次他曾对我说："我现在是做一天和尚撞一天钟。"这一表面看似戏言的背后，反映的却正是刘先生对于学术岗位的坚守。这种甘于寂寞的学术信守，与那些终日在社会上热闹场中俯仰周旋的身影相较，高下清浊可以立见。

当然，刘先生来大陆的次数少，并不意味着他对大陆不关心。恰恰相反。2004 年陈来先生在北京大学成立儒学研究中心时，刘先生曾经专门发去贺信，指出北大不仅是新文化运动的发源地，同时也是开启现代新儒学的所在，所谓"北大的教师不只有胡适、傅斯年，也有梁漱溟、熊十力"。另外，刘先生还以自己的收入在武汉大学建立了奖学金，激励青年教师和研究生从事中国哲学的研究。诸如此类，都是他心系大陆中国传统文化发展的表现。

在台北与刘先生的最后一次见面，仍然是在他文哲所的研究室里。那一次我专程去看他，告诉他自己已经决定来浙江大学工作。他知道我一直专心学术，不太措意现实物质上的事情，因而一直没有妥善解决住房问题。当得知我终于能有自己的住宅，不用长期赁屋而居，可以使家人免受居无定所之苦时，他格外高兴，脸上现出的笑容，我至今记忆犹新。并且，当我告辞而他执意要送我到电梯口时，他最后对我说的是："房子的问题一定要解决，要照顾好家人。"这句话，我同样言犹在耳。

电子邮件比较普及之后，我和刘先生通信就都改用电邮了。大概因为英文打字比较快，我和他的通信，也都是用英文进行。刘先生每次的回信都很及时，我想，这一定和他经常坐在电脑前工作有关。2014年刘先生寿届八十，他在港台的弟子们准备再邀海内外刘先生的门生故旧出一本祝寿文集，只不过这次事先不告诉他，打算届时给他一个惊喜。当主持此事的郑宗义教授告诉我这一打算时，我十分赞同。刘先生晚年关注的一个领域是全球伦理和宗教对话，恰好也是我一直感兴趣的课题。2001年他在立绪出版的《全球伦理与宗教对话》，曾经给了我很大的启发。因此，我就把与这一课题相关的一篇英文文章寄给了宗义兄。后来祝寿文集出版，刘先生果然十分高兴。在2014年10月14日下午4点12分给我的邮件中，他这样写道：

Dear Guoxiang,

Recently I am all right. I am grateful so many scholars contributed to the volume that celebrates my eightieth birthday. It is appropriate that your article in English, the last one in the volume, shows that my effort to present insight and wisdom of Chinese, especially Confucian, philosophy is not ignored in the English circle.

With best regards,

Shu-hsien

认为我以英文探讨相关的课题，恰当地显示了他在英文世界弘扬中国哲学特别是儒家哲学的努力。

　　我最近一次和他的通信，是 2016 年春节之后不久的 2 月 10 日。由于我写牟宗三先生政治与社会思想的书当时确定在 3 月由联经出版，我就特别在信中告诉他这一消息。我说可以请出版社寄他一本，或者等我 6 月赴会台北去看他时，当面送他一本。而他在 2 月 15 日 11 点 55 分给我的回信是这样的：

Dear Guoxiang,

　　I return to my office after the New Year holidays. Welcome the good news. You may bring the new book to me in June.

　　Best wishes for you in Year of the Monkey.

　　Shu-hsien

　　由于 6 月的会议是否能够成行并不能保证，我的书出版之后，还是请出版社先寄了一本给他。我想这样见面时或许更可以就其中的内容向他请教。可是，出版社在 3 月底 4 月初左右寄出之后，我一直没有收到刘先生的消息。以我对他的认识，我想他收到后一定会给我来封邮件的。因此，没有刘先生的消息，我心中不免担心，猜想他多半是身体方面出了问题，以致无法坐在电脑前工作了。不过，我虽然猜到刘先生的健康出了状况，但认为他经过治疗和休养，过些时日定会康复，重新过他"做一天和尚撞一天钟"的生活，绝未料到他这次的没有音讯竟然是驾鹤西去、与世长辞了。

　　6 月 7 日的赴会欧洲，让我无法及时对刘先生的辞世写下我的感怀。但是，这几日的时间，却也使我得以较为仔细地回想我与刘先生二十多年的交往。点点滴滴的细节虽然不能一一记忆，但种种与刘先生促膝长谈的情景，尤其是他的音容笑貌，却一再清晰无比地浮上脑海。每当此时，心情都久久难以平静。21 世纪以来，华人世界中真正堪当"儒家"且学贯中西的人物原本已然无多。刘先生的逝世，可以说是璀璨而寂寥的群星中又一颗的陨落。思之怎能不感慨万千？眼下，刘先生公祭之日在即，我匆匆写下这篇文字，作为我对这位当之无愧的现代儒家人物以及我个人忘年之交的前辈的纪念。

反－反传统主义：
陈来先生的文化立场与价值关怀

一、引言

20世纪90年代以来，以儒学为重点的国学渐热，如今似乎已是如火如荼。在这种情况下提倡传统、认同儒学的核心价值，虽然未必都是"赶潮流"，但毕竟是大势所趋之下的"顺势而为"。而若是在反传统思潮尚未退却的时候就能够旗帜鲜明地批评反传统主义的偏颇，肯定中国传统尤其儒家传统中的核心价值，那种"逆势而为"，就只能是来自于对自我文化立场与价值关怀的坚持了。

在1988年到1997年之间，陈来先生撰写了一系列的文章，其中的16篇文字，包括：《中国近代思想的回顾与前瞻》《化解"传统"与"现代"的紧张——"五四"文化思潮的反思》《"五四"思潮与现代性》《20世纪文化运动的激进主义》《现代中国文化与儒学的困境》《梁漱溟早期的东西文化观》《冯友兰文化观的建立与发展》《新理学与现代性思维的反思》《儒家思想与现代东亚世界》《儒家伦理与中国现代化》《现代化理论视野中的东亚传统》《困境意识与相互依赖》《梁漱溟与马克斯·韦伯的中国文化观》《价值、权威、传统与中国哲学》《90年代步履维艰的"国学"研究——"国学热"与传统文化研究的问题》《中国文化传统的价值与地位》，连同一篇《绪言：人文主义的视界》和《跋语：世纪之交话传统》，曾经早在1997年就被广西教育出版社的"跨世纪学者丛书"作为第一本，以《人文主义的视界》为题出版。
2006 年北京大学出版社又再版了该书的修订版，书名改为《传统与现
代——人文主义的视界》。这些文字大体可以分为论文、专论和述评三
类。文章虽体裁各异、长短不一，但无一不是对于文化问题的深度思
考，且宗旨宛然，鲜明而集中地反映了作者的文化立场与价值关怀。
那种文化立场和价值关怀，正是所谓"反－反传统主义"。

　　以下，我首先通过介绍和分析该书的主要内容和观点，指出其
"反－反传统主义"的主旨和内涵，进而结合当前"儒学复兴"的现
象，对于文化立场、价值关怀与学术研究之间的关系提出一些个人的
看法。

二、"反－反传统主义"的主旨与内涵

　　该书的主要内容，是围绕儒学价值在现代社会的意义，对近代以
来的文化讨论和社会科学研究进行的一种反思。在作者看来，从新文
化运动的"东西古今之争"到 20 世纪 80 年代的"传统现代"之争，
争论的核心始终是：在不可避免且必须进行的现代化过程中，我们要
不要"传统"？如何对待"传统"？围绕这一问题，始终以两种对立
的观点为主导线索，那就是对中国传统文化尤其儒家传统全面否定的
激进观点和主张肯定并继承传统文化中优秀遗产的温和观点。这两种
观点，作者称之为"反传统主义"与"反－反传统主义"。而该书的宗
旨，简言之，就是在揭示"反传统主义"和"反－反传统主义"的对
立中，谋求化解近代以来传统与现代的紧张，肯定中国文化特别是儒
学传统的核心价值在现代社会仍有其意义，批判全盘反传统的文化观。
作者的文化立场与价值关怀，或者说作者的文化价值观，全书一以贯

之，始终是肯定儒家思想的价值并反对"反传统主义"。用作者自己的术语来说，这种文化立场即是所谓"反－反传统主义"。在作者看来，这种立场有两个基本含义：一是指在近代社会变迁过程中，反对反传统主义的文化观和对传统文化的全盘、粗暴地破坏，在吸收新文化的同时注重保持传统的文化精神和价值。另一是指在商业化、市场化的现代社会里，注重守护人文价值、审美品位、文化意义及传统与权威，抗拒媚俗和文化庸俗化。而这两点，也正是作者所理解并予以澄清的"文化保守主义"的基本特点。作者反复指出，"反－反传统主义"与"反传统主义"的不同，决不在于前者拒绝政治、经济和社会的进步和变革，而仅在于前者重在文化改造，后者强调文化认同。事实上，近代以来被视为"文化保守主义"者的许多人物都曾经有力地推动过社会的进步和变革。在吸收西方文化，推进中国现代化的方面，双方其实"所异不胜其同"。总体上看，双方都是20世纪中国政治进步、经济改革和文明延续的参与者与推动者，各自从不同方面在不同程度上对中华民族的伟大复兴做出了贡献。

正如书名所示以及"绪言"和"跋语"所明确交代的，该书根本的问题意识在于谋求化解传统与现代之间的紧张。书中的各篇文字，可以说都是从不同角度、侧面对于这一核心问题意识的具体分析和深入探讨。随着时间的推移尤其是社会的变迁，传统与现代的紧张虽仍余音袅袅，但似乎已渐成历史的回响。恰如作者1999年末已经敏锐看到的："经历了90年代的经济起飞，今天很少再有人把现代化受挫的满腔怨气喷向中华民族先贤创造的古代文化。尽管对传统仍然需要有理性的分析和对其中消极成分的批判，但那种把中国文化说得一无是处的论点，对人们已经没有说服力了，人们更为关心的是如何发挥传统的积极性和优秀精华。与20世纪'批判与启蒙'的基调相比，我们迎来的是一个'创造与振兴'的新的时代。在这个新的时代里，'传统与现代'的问题可能不再突出，甚至完全消失，而让位于其他适应中国社会新发展的讨论，那正是我们理论发展和民族成熟的标志。"（页289）到了 2006 年的今天，作者的这一点前瞻似乎进一步得到了现实的论证。在一定意义上，中国文化尤其儒家传统如今不仅似乎早已不再是批判的对象，反而成为整个社会从上到下的追捧对象。颇有"忽如一夜春风来，千树万树梨花开"之势。那么，在这种势易时移的情况下，作者这本从"化解传统与现代之间紧张"的问题意识出发的著作，除了可以说作为"先见之明"而恰好与当今的"国学热"合拍之外，是否还有其他的意义呢？

三、文化立场、价值关怀与学术研究

从"五四"的"打倒孔家店"到六七十年代的"批林批孔""破四旧"，再到 80 年代晚期的"河殇"，整个 20 世纪思想文化界的主流无疑是反传统主义。但是，无论真正了解和接受的程度怎样，1990 年尤其 2000 年以来，以儒家传统为代表的中国传统文化的确从"五四"以来批判的焦点渐渐转换成为官方肯定和社会大众认同的对象。对儒家传统而言，如果说整个 20 世纪的主流简直是"山重水复疑无路"，2000 年迄今虽为时尚短，却也不能不说是"柳暗花明又一村"了。在如今的形势下谈儒学复兴，中外论者可谓多矣，但其中不无"风派"。"风派"云者，要么识见浅陋，人云亦云而已；要么其实"中无特操"，不过名利之所在，趋之若鹜，反之则避之惟恐不及罢了。不过，从 80 年代起就能够一直坚定不移地表明自己的文化立场，旗帜鲜明地主张并坚信儒学的复兴，则非有真正信守的"移风易俗"或至少"不为风俗所转"之士不可。如果我们充分意识到《传统与现代》一书的文字恰恰是作者 20 世纪 80—90 年代的作品，那么，立足当下，回顾过去，细读该书，我们不能不说，这部著作通篇所彰显的，正是作者对于儒学价值与复兴的真正信守。恰如作者自己所说："本书作者所持的文化立场始终是肯定儒家思想和价值的'反－反传统主义'的鲜明立场。"（页 290）这一点，在作者 1991 年冬撰写而发表于《21 世纪》1992 年 4 月号的《贞下起元》一文中，有更为明确的说明，所谓"无论 21 世纪前半世纪的历史如何进行，21 世纪后半纪必将迎来整个儒家文化地区的强劲发展，儒家思想与中国文化必然随之重新活跃"（页 292）。同时，作者进一步指出："这种中衰传统的复兴，正如希尔斯（Edward Shils）所说，当然并不意味着对社会中心的重新征服，但毫无疑问，这有助于摆脱漂泊不定的摇摆，使中国文化在多元性发展中具有一种统一的气质作为稳定的基础。"由此可见，作者在信守儒学复兴的同时，又并不是天真或狭隘地认为儒学将要或应该像历史上那样重新成为一种一元统治性的意识形态。这就将作者与那些肤浅的所谓儒学复兴倡导者区别开来。事实上，古往今来，真正能够于儒家传统深造自得者，都是最具开放的心灵而能充分吸收其他文化之优秀成分者，都是"以天下自任"而能超越一己与小群体之私的。因此，《传统与现代》一书再版的意义，首先在于向我们显示了，在 80 年代后期，中国大陆 1949 年之后成长起来的真正具有儒学信守的知识人即已指出了未来儒学复兴的前景并表白了自己的文化立场与价值关怀。

如果 1989 年的"河殇"标志着中国大陆反传统主义的顶峰，那么，《传统与现代》的作者当时即以深沉的思考和清晰的论辩表达其儒家的文化立场和价值关怀，可以说是力抗流俗。如今来看，更可谓着了时代的先鞭。而作者之所以当时"不为势转"，对儒学价值深信不疑并立场鲜明，其实来自于作者对于儒家传统的深造自得。换言之，作者在《传统与现代》一书中所坚持的儒学的立场与关怀，与其《朱熹哲学研究》(北京：中国社会科学出版社，1987；2000年该书由华东师范大学出修订版时改为《朱子哲学研究》)、《朱子书信编年考证》(上海：上海人民出版社，1989)、《有无之境——王阳明哲学的精神》(北京：人民出版社，1991)、《宋明理学》(沈阳：辽宁教育出版社，1992)、《古代宗教与伦理》(北京：生活·读书·新知三联书店，1996)等一系列纯学术研究的著作其实具有密不可分的内在关系。事实上，文化立场、价值关怀与学术研究之间的密切关联，也正是该书如今重版应当引起广大人文学者思考与反省的一个重点所在。

　　在儒学复兴"忽如一夜春风来"的当下，很多人士与机构纷纷奔赴儒学的旗下，也争先恐后地表白自己对于儒学传统的价值认同。但是，假儒学名号而别有用心者固然不值与论，文化立场与价值关怀的表达如果不流于肤浅的口号和感性的喧嚣，而是深造自得的真知灼见，则必须植根于儒家传统的深厚学养。朱子所谓"问渠哪得清如许，为有源头活水来"，儒家学术研究的深厚学养，正是儒家文化立场与价值关怀的"源头活水"。如今颇有一种似是而非之见，认为儒学研究的知识化扼杀了儒学在广大社会和民间的生命力。当然，儒学假如仅仅成为学院里面知识人的"观念的游戏"，自然背离了儒学作为"生命的学问"的本旨。并且，儒学也的确应当深入社会和民间。但是，目前的问题是，我们必须充分意识到，儒家传统与我们断裂已经百年有余。可以毫不夸张地说，我们目前仍然生活在一个"反传统的传统"之中。可以试想，"五四"以后出生的中国人，尤其是在中国大陆，无不生活在这样一个反传统的传统里面。90年代时哪怕是七八十岁的老人，出生之日已身处反传统、批儒学的氛围之中，因而对儒家传统、中国文化究竟能有多少认识，是很值得思考的。长者尚且如此，1949年以后所谓"生在红旗下、长在新中国"者，就更不必论了。如果对这一历史背景有充分的自觉，我们就应当看到，目前我们的问题或许并不是儒学的"知识化"。在一定意义上，我们如今对儒学的知识恰恰不是太多了，而是太少了。如果让一些皮相或似是而非的对儒学的理解左右人们的认识，则重建儒学传统，从儒家传统中汲取身心受用的资源，将是无从实现的。佛教有"正见"与"正行"的说法。"见"是思想、观念、意识，"行"是实践。先要有"正见"，然后才能有"正行"。借用这个讲法，我们可以说，要发挥儒家传统的价值，从中汲取有益的资源而有所"受用"，首先在于确立"正见"。讲儒学的学者对儒家传统一定要有比较深入、全面的了解之后，才能够真正站稳儒学的文化立场、实践儒学的相关价值，把真正儒家的信息传达到社会上去。有了"正见"，无论采用怎样的形式来讲儒学都无妨。但如果并无"正见"甚或根本是别有所图，则各种表面上推波助澜的力量弄不好会成为儒学的"死亡之吻"。儒学复兴的"契机"也就会变成"危机"。在对中国文化、儒家传统已经隔膜甚深的情况下，要获得"正见"，除了激情之外，更需要清明和深沉的理性。没有孟子"掘井及泉"和荀子"真积力久则人"的工夫，很难真正接上儒家传统的慧命。因此，在当下这个众口喧腾、网络和各种媒体足以让人产生"天涯若比邻"之感的多元与多变的世界中，真正的文化立场与价值关怀必然需要坚实的学术研究作为基础。就儒学而言，尤其如此。是否具有真正的儒家的文化立场与价值关怀，并不在于是否终日在公共领域抛头露面、摇旗呐喊。反倒那些看似沉潜于纯学术研究而对各种问题不是动辄发表意见的人文学者，背后其实才真正具有坚定的文化立场与深切的价值关怀。也正由于此，其从事学术研究的动力方能源源不断。基于坚实深厚学养而表达的文化立场与价值关怀，也才不会成为"竞浮沉"的"飘风"和"骤雨"（老子所谓"飘风不终朝，骤雨不终日"），而自然"终久大"，深入人心，流传广泛而久远。事实上，儒家知识人的典范，所谓"士"，正是立足学术而胸怀天下。正如余英时先生所说："一个知识人必须具有超越一己利害得失的精神，在自己所学所思的专门基础上发展出一种对国家、社会、文化的时代关切感。"

回到《传统与现代》，我们可以看到，该书所表达的儒家的文化立场与价值关怀，正是在作者"所学所思的专门基础上"发展出来的。除了前文所引作者那些关于儒家传统的专门研究著作不论，即便就《传统与现代》一书本身来说，作者文化立场与价值关怀的表达也不是空洞的口号和情感的宣泄，而同样是基于具体坚实的学术研究。正是通过对近代以来一系列问题和人物的具体分析，作者对全盘反传统的文化观进行了较为全面的检讨和批判，从而明确了其"反－反传统主义"的鲜明立场，充分肯定了儒学对现代和未来的价值。总之，如何使专业的学术研究与文化立场、价值关怀相互支援、有机结合，"如车之两轮、鸟之两翼"，既避免韦伯（Max Weber）所谓的专业学者"没有心肝"，又避免晚明王学末流学养未逮而误以"情识"为"良知"的感性挥洒和气魄承当，深入思考这一问题，至少在我看来，应当是陈来先生《传统与现代》一书及其"反－反传统主义"的意义与启示所在。

立足儒学、融通东西

——李明辉教授与比较哲学

从事比较哲学的一个基本前提就是对于比较的双方（或多方）都必须真正鞭辟入里，否则难以真正有所成就。但如何真正落实这一点，其实并不容易。与其抽象地讨论，不如以一些卓有建树的学者为例来加以说明。在我看来，当代新儒学的一位代表人物李明辉教授，即是比较哲学领域的佼佼者之一。

一、深入西方哲学堂奥

和中文世界的"西方哲学"研究不同，自有"中国哲学"这一观念和相应的学科建制以来，中国哲学研究就不是一个仅限于"中国哲学"的孤立行为，而是始终处在与西方哲学的关系之中。换言之，可以说"中国哲学"一开始就是某种比较哲学。迄今为止，无论就古典研究还是理论建构来说，在中国哲学领域取得巨大成就的前辈与时贤，几乎无一不对西方哲学传统有深入的了解与吸收。在一定意义上，对西方哲学造诣的深浅，直接影响"中国哲学"的诠释与建构。而李明辉教授对于西方哲学，尤其康德哲学的了解，可谓深入堂奥。

首先，其博士论文 "Das Problem des moralischen Gefühls in der Entwicklung der Kantischen Ethik"（《康德伦理学发展中的道德情感问

题》，该论文 1994 年由中国文哲研究所出版了德文本）即专门探讨康德哲学中的道德情感问题。与一般仅在西方哲学或康德哲学脉络内部研究康德不同，该文一开始即带着中国哲学的问题意识。这当然是受到牟宗三先生的影响，因为牟先生曾据孟子学的传统指出道德情感不必只是经验层面的东西。李教授的博士论文，正是在这一问题意识之下对康德道德情感问题进一步的深究精察。

其次，李教授还有其他对于康德哲学的专论。比如《康德的〈通灵者之梦〉在其早期哲学发展中的意义与地位》（收入其《通灵者之梦》中译本）、《〈道德底形上学之基础〉一书之成书过程及其初步影响》（收入其《道德底形上学之基础》中译本）、《独白的伦理学抑或对话的伦理学？——论哈柏玛斯对康德伦理学的重建》（收入其《儒学与现代意义》，文津，1991）、《康德的"历史"概念及其历史哲学》（收入其《康德历史哲学论文集》中译本）、《康德的"道德情感"理论与席勒对康德伦理学的批判》（收入其《四端与七情——关于道德情感的比较哲学探讨》，台大出版中心，2005）、《康德的"何谓在思考中定向"？》（政治大学哲学系"2004 年康德哲学会议"）等论文。

第三，李教授还直接从事了许多康德学的翻译工作，这种工作其实也正是深入康德的一个过程与途径。康德本人的著作，李教授翻译了《通灵者之梦》（联经，1989）、《道德底形上学之基础》（联经，1990）及《康德历史哲学论文集》（联经，2002）。西方一些有影响的康德研究著作，李教授的翻译则有 L. W. Beck 的《我们从康德学到了什么？》（《鹅湖月刊》第 89 期，1982）、H. M. Baumgartner 的《康德〈纯粹理性批判〉导读》（联经，1988）及 Günther Patzig 的《当前伦理学讨论中的定言令式》（收入其《道德底形上学之基础》中译本）等。

上述三个方面，都堪称西方哲学的专业研究。就西方哲学研究本身而言，均有其独立的意义。不过，李明辉教授并不限于西方哲学自身的视域。正是这些看似属于西方哲学内部的专业研究，为其中西哲学的比较研究奠定了坚实的西方哲学方面的基础。

二、紧扣中国哲学文献

不论在两种哲学传统还是在多种哲学传统之间从事比较的工作，必有宾主之分。也就是说，其中必有一种从事者最为熟悉的哲学传统，构成其进行比较工作之"宗主"。这种"宗主"，可谓比较哲学工作的"道枢"和"环中"。而所谓"最熟悉"，兼指知识的掌握与价值的认同两者而言，或至少具备前者。在现实的比较哲学领域中，从事者也大都有所"主"，不归于此则归于彼。对中西哲学比较来说，要么以"中"为主，要么以"西"为主。李明辉教授中西哲学比较中的"宗主"，至少就价值认同而来，则更多地在中国哲学，特别是儒家传统。

就此而言，对西方哲学的深入了解，只是中国哲学研究或中西哲学比较的必要条件，如缺乏对中国哲学文献的深度解读，难免削足适履，将中国哲学的文献塞入西方哲学的观念架构，无法触及中国哲学自身的义理系统。因此，具备良好西方哲学训练的同时，还必须能够深入中国哲学的文献，紧扣文本，寻其固有的义理脉络而行，所谓"批大郤，导大窾，因其固然"，方可在"援西入中"的"双向诠释"过程中不致流于单向"格义"的"以西解中"。①

牟宗三先生晚年曾反复强调所谓"文献的途径"，即强调中国哲学

---

① 关于第一点，参见彭国翔：《儒家传统与中国哲学——新世纪的回顾与前瞻》（石家庄：河北人民出版社，2009）第二部分"方法与成果的检讨"《中国哲学研究方法论的再反思——"援西入中"及其两种模式》一文，页105—125。

研究必须基于文本的深入细致解读。作为牟先生的高足，李明辉教授对此必定早有充分的自觉。而其相关的研究，对此更是有充分的反映。譬如，《孟子》"知言养气"一章自古迄今号称难解，李明辉教授在其《〈孟子〉知言养气章的义理结构》一文（收入其《孟子重探》，联经，2001）中，则梳理古代各大注家的解释，辨析现代相关学者的论证，结合文字训诂与义理分析，对该章的思想蕴涵进行了细致入微的解说。其分析与论证步步立足文献，如抽丝剥茧，环环相扣，不能不令人信服。

限于篇幅，这里只能聊举一例。事实上，在其《孟子王霸之辨重探》《焦循对对孟心性论的诠释及其方法论问题》（以上两篇收入其《孟子重探》，2001），《刘蕺山对朱子理气论的批判》《朱子的"仁说"及其与湖湘学派的辩论》《刘蕺山思想中的"情"》（以上三篇收入其《四端与七情——关于道德情感的比较哲学探讨》），《朱子论恶之根源》（《国际朱子学会议论文集》，1993），《刘蕺山论恶之根源》（《刘蕺山学术思想论集》，1998），《〈论语〉"宰我问三年之丧"章中的伦理学问题》（《传承与创新："中研院"中国文哲研究所十周年纪念论文集》，1999）等一系列论文中，这种对于中国哲学文献及其义理的深度契入，所谓"牛毛茧丝，辨析毫芒"，均触处可见。而这种对于中国哲学"直入塔中"而非"对塔说相轮"的学术态度和修为，尤其值得如今一些西方哲学出身的比较哲学研究者反省和借鉴。

三、游刃于中西哲学之间

在具备西方哲学深厚素养的同时，以中国哲学为"宗主"，紧扣文献，从而充分把握中国哲学固有的问题意识，如此方可在西方哲学与中国哲学的比较研究，尤其是运用西方哲学作为诠释中国哲学的思想资源时如"庖丁解牛"。李明辉教授之所以能够在比较哲学领域中显示出少见的游刃有余，正源于此。从第一部比较哲学著作《儒家与康德》（联经，1988）到《康德伦理学与孟子道德思考之重建》（"中研院"文哲所，1994）以及一些相关的论文，那种游刃有余都有鲜明的体现。

如何在中西哲学之间左右逢源而不单向地"以此观彼"或"以彼观此"，我们不妨以有关"超越"与"内在"的讨论为例加以说明。认为中国哲学的一个根本特征在于"内在超越"，是现代学术建立以来许多中国哲学家在中西哲学比较眼光下的一个洞见。对此，一些学者有所质疑。从西方哲学传统主流的角度来看，"超越"与"内在"有其特定的涵义，对"内在超越"说的质疑并非毫无道理。而李明辉教授先后发表的两篇专论：《儒家思想中的内在性与超越性》（收入其《当代儒学之自我转化》，"中研院"中国文哲研究所，1994）和《再论儒家思想中的"内在超越性"问题》（《第三届国际汉学会议论文集：中国思潮与外来文化》，"中研院"中国文哲研究所，2002），既有效地回应了质疑，消解了至少在中国哲学语境中"内在"与"超越"的矛盾，又使前贤的洞见获得了具体充分的展开。在这两篇论文中，李明辉教授兼顾中西而又不偏于一方的造诣，可以说得到了充分的显示。

只有对中西哲学双方都能"深造自得"，才能做到"左右逢其源"。而在中西比较哲学中达到"左右逢源"的境界，除了对中西哲学传统双方都要"入乎其内"之外，还需有充分自觉的方法意识。在《中西比较哲学的方法论省思》（台大《东亚文明研究通讯》第 3 期，2004）一文中，李明辉教授就具体表达了他对于从事中西比较哲学的方法论思考。其中诸多看法，例如必须正视概念在不同语言脉络中的转意，以及当在概念的"脉络化"和"去脉络化"之间的张力中谋求"超越客观主义与相对主义"等，对于比较哲学来说，都可谓真知灼见，足资玩味。

四、从中西到中韩

作为牟宗三先生的高足，李明辉教授自然深受牟宗三先生的影响。如果说围绕康德哲学和儒家哲学进行的一系列比较哲学研究构成对牟宗三先生许多睿识洞见的进一步深细的展开，那么，在儒学话语内部对于中国宋明理学和韩国儒学的比较研究，则意味着对牟宗三先生治学方法和精神的发扬。

原创性的哲学研究，常常来自于对以往乏人问津的重要文献的诠释。牟宗三先生对于胡宏、刘宗周等人的诠释之所以为宋明理学研究开辟了新的方向和领域，即是如此。而将这种"文献的途径"扩展到韩国儒学的文献，直接处理韩国儒学的第一手文献，从而致力于中韩性理学的比较研究，则既可谓李明辉教授对牟先生治学方法的伸展和落实，更意味着他在中西比较哲学之外另辟了自己的一块学术园地。

自 2004 年以来，李明辉教授已经发表了一系列有关中韩儒学比较及韩国儒学的专题论文。与其中西比较哲学的若干成果一道，这些中韩比较哲学的成果，有相当部分辑入其《四端与七情——关于道德情感的比较哲学探讨》一书。仅就题目而言，该书似乎回到了作者博士论文时期的主题，但中韩比较哲学的丰富内容，却使得道德情感的哲学问题在中、韩、西三方的深度互动中获得了极大的拓展。

韩国儒学历来以朱子学为重，《四端与七情》一书韩国儒学的部分亦以朱学为主。但最近，李明辉教授又将研究扩展到了韩国阳明学的范围，其《郑霞谷对四端七情的诠释》一文（韩国《阳明学》第

17 期，2006）对于韩国阳明学重镇郑霞谷的研究，正是这一动向的反映。

五、文化与价值关怀——比较哲学的动源

几乎和纯粹的比较哲学研究同步，自 1990 年以来，李明辉教授还不断发表了其他一系列的著作，如《儒学与现代意识》《当代儒学之自我转化》《儒家视野下的政治思想》（台大，2005）及《内圣外王问题重探》（"中研院"文哲所"理解、诠释与儒家传统"国际研讨会，2006）。在这些著作中，尽管也随处可见其比较哲学的功力，但更多的却是其文化与价值关怀的集中反映。

比较哲学的动力来源可以是单纯哲学的兴趣，但是，在比较哲学领域内能有更大成就的学者，其比较哲学工作的"源头活水"，往往更在于文化与价值的关怀。换言之，只有具备文化和价值上的深切关怀和坚定信守，其理论工作方能获得源源不断的动力，不至于"其流不远"。从上述这些著作可见，李明辉教授也正是这样一位具有极强文化与价值关怀的学者。由此，我们可以相信，在比较哲学的领域，其深沉明晰的哲学思考，必将继续凝结为不断的累累硕果。

六 有关儒学与当今世界的访谈

重建斯文：如何面对儒学复兴

第一次见到彭国翔是在美国国会图书馆（Library of Congress）亚洲部的阅览室。当时他刚开始在位于华盛顿的国会图书馆担任"2016年度北半球国家与文化克鲁格讲席"（Kluge Chair in Countries and Cultures of the North），正在逐一翻阅一整个抽屉里的卡片。亚洲部的中文藏书逾百万册，是海外最大的中文文献典藏机构；而其中四万多册出版于1958年之前的书籍由于还没有网上目录，只能通过卡片查阅。成排靠墙而立的柜子中的几万张卡片，记录着很多其他地方不易看到的书籍信息，其中也包括国会图书馆珍藏的数千册中文善本古籍。作为中国哲学、思想史及宗教专业的教授，彭国翔十分注重通过发现新文献并结合西方学术来推进中国文化研究的发展。

"北半球国家与文化克鲁格讲席"设在国会图书馆的学术交流机构——克鲁格中心，是由国会图书馆馆长任命的资深学者讲席之一，获任者都是研究北美、欧洲、俄国或东亚历史与文化的著名学者。任期之内，学者有机会充分自由利用世界最大图书馆浩如烟海的文献资料进行学术研究。作为学界一项受人尊敬的荣誉，讲席设立十六年来只有九位学者担任，这是第一次授予中国学者，也是首次授予亚洲学者。彭国翔正是一位地道的"中国制造"学者——他在南京大学政治学系以法学学士毕业后，在北京大学获得哲学硕士和博士学位，随后相继在清华大学、北京大学、浙江大学任教。

谈及自己获任克鲁格讲席学者，彭国翔表示他更愿意理解为"这在某种程度上是对中国学术，特别是儒学这一最有中国性的学问的关注"。在彭国翔看来，儒学是从文化意义上界定"中国"之所以为"中国"的最重要因素。虽然"儒学"与"中国"并不必然是"同构"的关系，中国文化中还包含着道教、佛教乃至基督教、伊斯兰教的元素；儒学也并非中国人的专利，古代东亚文化圈的知识分子以及今日部分海外汉学家都以儒家身份自居，但是儒家的"原乡"依然是中国。

儒学在今日中国社会同样成为热门话题。"儒学复兴"观点早已不局限于学术圈内部的讨论，而进入到了中国社会各层面。讲授儒学的电视节目、通俗书籍等大众文化产品，自20世纪90年代以来日渐增多，愈来愈影响到每一个人的生活。而由此引发的担忧同样也显著。中国自清末民初即开始反思自身文化传统，已形成了"反传统的传统"。如何面对自身的文化遗产，始终是中国人在矛盾心态中反复思考的核心。

无论是"五四"还是80年代，这两个20世纪中国的重要文化发展时期，批判传统、学习西方是知识界具主导性的声音，并且持续影响到今天。彭国翔则期图在大的"反传统的传统"的背景下，通过自己的学术研究发掘儒学于当今时代的特殊意义。"对话性"即是他关注的儒学一大特点，从《论语》的对话形式到宋明理学对道家道教和佛教的回应，再到20世纪新儒学对西方学术与文化的吸收，他认为都是儒学对话性的体现。"对话性"在他看来还意味着儒学与世界其他传统的对话：早在十六、十七世纪，明代学者如徐光启、杨廷筠已是著名的儒家基督徒。晚明时期来到中国的天主教传教士利玛窦也尝试将儒家传统与基督教相结合。在当代，儒学也不仅早已是东亚的，而且是世界的，波士顿大学两位基督教神学家、分别担任过神学院院长和副院长的南乐山（Robert Neville）和白诗朗（John Berthrong）就自称"波士顿儒家"。彭国翔认为，儒家传统的这种对话性、包容性对思考当今世界的宗教、民族冲突有着现实意义，"和而不同"指出了各种思想融合的可能，又强调了各自的独立；"理一分殊"则既肯定终极真理，又指出同一真理可有不同的表现形式。

　　无论对"儒学复兴"持怎样的态度，以及是否认为儒学有助于解决当今世界的冲突，彭国翔以他的研究，为我们思考这一问题提供了一种可能视角。

　　《三联生活周刊》：历代"新儒家"们都将儒学视作一种活的思想加以发展，与儒学作为一种哲学史、思想史的对象在学院内被研究，这之间是什么关系？

　　彭国翔：单纯把儒学当作一种客观和历史的知识来研究，与把儒学作为一种活生生的传统并在儒学的立场上从事思想创新，二者之间确有不同。不过，这种差别在实际情况中很难等同于学科或研究方法的不同。

　　事实上，儒学以及整个中国思想传统每一时期的"创造性转化"和"推陈出新"，往往是通过对既有经典和文本的诠释来实现的。每一位后来者都喜欢声称自己只是发掘了古圣先贤的原意，但都在古人的"旧瓶"中实际添入了自家的"新酿"。这一点，可以说是儒学和中国思想传统发展的一个基本特征。从孔子的"述而不作"到宋明理学家以不断解释"四书"等儒学经典来阐发思想，再到当代新儒家对古典文本的诠释，几乎都是如此。从现代学科分类的意义上看待整个儒家传统，可以说历代"新儒家"们对儒学的发展，几乎都离不开思想史、哲学史的方式。

　　反之，不能深入从事思想史、哲学史却以"新儒家"自我标榜，声称自己是在发展儒学、创新理论，按诸实际，其"所说"往往都是空洞的口号，没有深厚的实质内容；其"所行"也并不是真的要弘扬儒学，而是"醉翁之意不在酒"。前者与孔子"温故知新"的主张有悖，后者更是过不了儒家历来主张的"诚"这一关。其实，无论"宋明新儒家"还是"现代新儒家"，都从未以"新儒家"自居。他们的"新儒家"称号，都是在其学术思想的卓越成就获得认可及真实的自我价值认同得以证实之后，由后人来称呼的。在"反传统""批孔"思潮当今的情况下公开认同儒学，不论有否学术思想的创新，至少在品格上让人敬佩。而在一个儒学成为时髦、可以带来名利的时代，以"儒家"自我标榜，恐怕就是一个值得思考的现象了。

《三联生活周刊》：您同时拥有双重的身份，儒学研究者与儒家价值体系的信仰者，这是否会影响到您的学术研究的客观性？

彭国翔："价值认同"对"客观研究"的作用是正面还是负面，这个并不一定，取决于主体对于二者之间的关系是否具备高度和深刻的自觉。钱穆先生曾说对于历史文化的研究要有"同情与敬意"，但严格来说，对任何历史文化的客观了解并不取决于"同情与敬意"的有无。有了"同情与敬意"，不见得自然会有客观与恰如其分的了解，有时反而会拔高研究对象。只要没有"反感与恶意"，即使没有"同情与敬意"，也可以对研究对象做出客观与相应的了解。

在我看来，"价值认同"对于"客观研究"所始终具有的正面意义，除了不会导致对研究对象产生先入为主的反感与排斥这种主观的偏颇之外，更多地是作为一种研究事业背后的动力系统。换句话说，只有认为自己从事的研究对象有价值、有意义，研究的动力才会源源不断，才会始终能够从中得到乐趣，不会半途而废。至于在具体的研究过程中，则需要全面与深入地掌握研究对象的材料，遵循严格与精确的方法和程序，尽可能不以个人的喜好去进退取舍和做出判断。

《三联生活周刊》：站在21世纪的今天，您认为儒学思想是否仍在鲜活地生长？

彭国翔：如今儒学是否仍在鲜活生长，首先得回顾一下儒学在现代中国的命运。"五四"以降，儒学一直是批判和否定的对象。不过，"五四"那批学人对于儒学以及整个中国传统的反省、检讨和批判，虽时有偏激，但很多地方切中要害。并且，儒学基本价值在这一代学人身上仍有充分的体现。正如傅斯年给胡适的信中所说："我们思想新信仰新……但在安身立命之处，我们仍旧是传统的中国人。"也正因此，儒学核心价值并未因"五四"而被全然抛弃。在我看来，"五四"更多地是对儒学的一种"涤荡"，揭露和剔除了其中很多负面的东西。"文革"期间，儒学才受到了全方位摧毁性的打击。改革开放之前，我们一直生活在"反传统的传统"之中。改革开放以后，儒学才从批判的靶子变为肯定的对象。眼下，肯定儒学几乎成为一股潮流，可以说儒学迎来了"浩劫"之后的"枯木逢春"。令人有"复兴"之感，也很自然。不过，作为一种价值系统的儒学是否"鲜活"，不能仅从现象上的"热闹"来判断，不在于成为一种流行甚至时髦的话语，而是要看是否真正对人们的日常生活产生影响，被人们"身体力行"。就此而言，儒学的"复兴"恐怕还有很多工作要做。

《三联生活周刊》：儒学"复兴"确实是当下中国的一股潮流，尤其是在学术小圈子之外更大的社会空间中。政治、教育、文化，不同的人从不同的路径进入，背后的考量也各有不同，您如何看待这诸种不同的儒学复兴方式？

彭国翔：就身体力行儒学的基本价值来说，学术小圈子从来不比普通大众占据优势。虽然真正儒家学者的价值实践，所谓"笃行"，都是建立在"博学、审问、慎思、明辨"的基础之上，这和普通大众往往以"日用而不知"的不自觉方式实践儒学价值确有不同。但是，饱读儒家经典、满口仁义道德，而其实只是将儒学作为功名利禄的工具的"伪君子"，历来也所在多有。

复兴儒学的方式不必只有一种。在我看来，无论从事什么行业，都能够成为儒学价值的实践和体现者。比如，一个医生只要"仁心仁术"，以救死扶伤为己任，就是在实践和体现着儒学的价值；一个官员只要心系治下的百姓，为官一任造福一方，也同样是在实践和体现儒学价值。王阳明所谓"四民异业而同道"，讲得就是这个道理。只要都能从自我做起，在自己的生活和工作中落实儒家的价值，儒学就会在整个社会的各个层面得到复兴。如此儒学的前景就是令人乐观的。相反，不能真正从自己做起，知行割裂，无论表面上采取什么方式，都不过是"别有用心"，也就成了王阳明所说的"扮戏子"。那样的话，复兴无法在演员自己身上实现，更不必指望落实到整个社会了。这种情况下，所有表面上"复兴"儒学的方式，对于真正的儒学复兴都只能是"死亡之吻"，既害了儒学，也害了那些将演戏误以为真实的广大观众，最终断送了复兴的契机。所谓"隐含的危险"，无过于此。

《三联生活周刊》：今天的世界一定程度上处于亨廷顿所言"文明的冲突"之中，而这种冲突在深层次上是宗教和伦理系统间的冲突。基督教福音派和伊斯兰教经历着宗教复兴，呈现出"去世俗化"（Desecularization）的趋势，而英国脱欧、特朗普当选则是政治经济上的全球化的反例。这种形势之下，如果儒学在中国复兴，会使中国与世界之间的关系产生怎样的变化？

彭国翔：这要看儒学是以怎样的面貌复兴了。可以有两种情况，一种是儒学以一种原教旨主义和极端民族主义的方式复兴。另一种是以一种开放和包容的人文主义的方式复兴。前一种情况并不是真正的儒学复兴，只是儒学被极端的民族主义挟持。至于后一种情况，我在2010年即提出"重建斯文"的主张。在我看来，儒学只有在立足"仁义礼智信"核心价值的同时，吸收古今中外一切人类文化"合情合理"的优秀成分，才会迎来真正的复兴，"富强"之外不可或缺的"斯文"，才能得以切实重建。

　　显然，如果是前一种情况，中国与世界之间一定会呈现出紧张的关系。后一种情况的话，中国非但不会与世界其他国家产生紧张，反而会在当今的世界格局之下发挥更为重要甚至是领导性的作用。

"真伪"与"冷热"：
儒学热与社会普及的观察与思考

采访人：20 世纪 90 年代以来，国学热、儒学热兴起，但好像目前已有人指出其中的庸俗化和商业化倾向。您对当下中国出现的"儒学热"有一种冷静的思考，在您看来，国学和儒学热的庸俗化和商业化具体表现在哪些方面？为什么要对国学热、儒学热保持一定的警惕？

彭国翔：我大概是最早指出国学热、儒学热中商业化和庸俗化问题的。例如，早在 2006 年，《21 世纪经济报道》的编辑约我撰写有关国学热、儒学热的文章时，我就明确告诉编辑，我是要泼冷水的。在《儒学复兴的省思——缘由、问题与前瞻》这篇文章中（《21 世纪经济报道》2006 年 12 月 28 日第 35 版），我已经表达了我对儒学热中存在问题的看法，明确提出了"商业化""庸俗化"的判断。这篇文章和其他一些相关文章与访谈一道收入我 2013 年在北京大学出版社出版的《重建斯文——儒学与当今世界》一书，这些文字可以说都是在一个全球的视域中聚焦和反省儒学的精神价值与时代课题。再比如，2008 年 1 月，年届九旬的北美硕儒狄培理（W. T. de Barry）教授在哥伦比亚大学组织召开了一个题为 "Classics for an Emerging World" 的国际学术研讨会，当时正在哈佛访问的我应邀参加，提交的论文就是反省当今儒家经典教育的问题。该文在 2009 年也曾经提交纪念德国汉堡大学汉学讲座 100 周年的学术研讨会，后来以 "Inside the Revival of Confucianism in Mainland China: The Vicissitudes of Confucian Classics in Contemporary China as an Example"为题,发表在德国的 *Oriens Extremus*。在这篇文章中,我再次强调了商业化和庸俗化对于国学和儒学以及社会大众的危害。我的看法,包括你问及的商业化和庸俗化的具体表现,以及为什么要对国学热、儒学热的商业化和庸俗化保持警惕,在这两篇文章以及相关的文字中,都有表达,读者有兴趣的话,可以参考。

采访人: 最近,学界与民间结合或民间自发的儒学活动近年来也方兴未艾,一大批以讲授传统蒙学和儒家经典、普及儒家文化为主的书院、私塾和读经班在各地出现。您怎么看当下的书院、私塾等国学教育机构?您可否在这里谈一谈,在当前的儒学研究和儒学普及过程中,还应该警惕或注意哪些问题?

彭国翔: 我先从后一个更大的问题谈谈我的看法。研究与普及中应该警惕和注意的问题,需要分别说明。

儒学研究中要注意的问题,眼下令人担忧的主要是狭隘的民族主义。当然,盲目崇洋,甚至在中国传统的人文学科研究中也"一切惟泰西是举",随着西方学者的研究范式起舞,目前仍然是不少学者甚至是一些表面上以保守主义面目示人的学者所实际面临的问题。这种"从人脚跟转"的风气晚清以来一直绵绵不绝,至今不衰。但另一方面,在晚近国学热和儒学热的风气之下,一些无法进入国际学术社群或者在"西天取经"的过程中遭遇过种种挫折的人物,不免走入另一个极端,即在中西二元对立的思维模式下,一概拒斥西方学术思想。这实际上是画地为牢,自小门户,表面是"亢",内心其实仍是"卑"。东西学术思想早已交汇融合,虽时有冲突,但彼此取益,对双方来说都是充实和发展自我的必由之道。片面强调自身文明和文化传统的特殊性,自我封闭,不能向其他文明和文化传统开放,对任何一种文明形态和文化传统的发展来说,都是不健康的。在目前的儒学研究中,如果自觉或不自觉地陷入狭隘的民族主义心态，势必使儒学研究走入"断港绝河"，结果只能"其流不远"。其实，真正的国学大师，从来都不是抱残守缺之士。民国时期的王国维、梁启超、陈寅恪、胡适、冯友兰、汤用彤等一时之选，无不具有融汇中西的高度自觉。他们所开辟的典范，正是现代国学和儒学研究的康庄大道。可惜新中国成立以后，只能"海外发新枝"，由像余英时先生这样的人物发扬光大，在中国大陆则一度中断了近半个世纪。如今的国学研究要想取得切实的成就，除了自觉继承这一融汇中西的途径之外别无他途。我曾经在为"海外中国儒学研究前沿丛书"撰写的总序中指出："如今中国大陆人文研究的再出发能否趋于正途、继往开来，在一定意义上，其实就是看能否接得上 20 世纪 20 至 40 年代的'学统'。""在'不知有汉，无论魏晋'的情况下，'天朝心态'虽然是无知的产物，但毕竟还是真实的自得其乐。而在全球化的时代，试图在与西方绝缘的情况下建立中国人文学术的主体性，不过是狭隘的民族主义作祟。这种情况下的'天朝心态'，就只能是掩盖自卑心理而故作高亢的惺惺作态了。"

至于儒学普及中的问题，在我看来，最大的是讲授者的专业素养问题。一些人根本缺乏专业的训练，只是看到如今国学和儒学有市场，于是摇身一变，"汉服"一穿，胡子一蓄，俨然就成了道貌岸然、仙风道骨的国学家。由这样的人来普及国学，后果是可想而知的。

你提到的"自发的儒学活动""一大批以讲授传统蒙学和儒家经典、普及儒家文化为主的书院、私塾和读经班"，其实都可以说是儒学普及化的表现。这一现象，当然反映出社会大众对于儒学的接受和肯定。没有广泛的社会基础，这一类的活动很难开展。但各种书院、私塾和读经班风起云涌，难免良莠不齐。如果合格的师资难以保证，授课者自身还远没有达到对于儒学和国学的深造自得，就去开课收徒，这一类的国学教育机构就正是商业化、庸俗化的表现而已。当然，这并不意味着我在一般的意义上否定这一类的机构，据我所知，有些此类的教育机构，延聘真正学有专长的博学鸿儒传道授业解惑，确实推动了儒学与国学的社会传播。

采访人：在您看来，商业化和庸俗化给儒学和国学研究以及传统文化的传承带来了哪些不利影响？应该如何避免？

彭国翔：儒学商业化的不利影响，首先是使得一批高等院校的从业人员不再专心学术研究工作，将大量的时间精力投注在形形色色的"国学班"之中。鉴于如今中国知识分子的收入仍然偏低，一些从业人员通过这种方式改善个人和家庭生活，本也无可厚非。但如果沉溺其中不能自拔，以之作为发财致富的手段，无疑会影响其研究与教学工作。这样的从业人员在学术领域的自我边缘化可以说是自我的价值选择，可是由这样的从业人员来指导高等院校的学生，就不免误人子弟了。

当前传统文化传承中的低俗化问题，在我看来主要有两方面的原因。如何避免传统文化传承中的低俗化，首先要从解决这两方面的问题入手。

其一，是部分从业人员只是为了赚钱，不能严格自律，在专业学术训练不足的情况下，将过多的时间和精力投入到大大小小、形形色色的"国学班"之中。由于这些从业员自身的学术修养不能不断补充深化，长期以来乐此不疲的这种"国学班"讲学，最终只能是退化为像民间艺人说书那样的传承形式。这种形式虽然可以让社会大众一度喜闻乐见，但终究不是传统文化传承的根本和正途。打个比方，《三国演义》远比《三国志》可读性强，但三国的历史真相，毕竟还是《三国志》更为接近。并且，那些高等院校和研究机构中沉溺于此类"国学班"的学者，慢慢脱离了学术界，无法进行真正的知识积累和学术创新，势必会对高等院校和研究机构的学术声誉造成损害。换言之，高等院校和研究机构的声誉非但无法由这些从业员充实广大，反而只是成为后者"炫外以惑愚瞽"的招牌，久而久之，其既有的声名，势必会大大降低。很简单，著名的高等学府和研究机构之所以著名，恰恰是由于拥有了那些海内外学界认可的真正的学术大师。这就是梅贻琦先生所谓"大学者，非有大楼之谓也，有大师之谓也"的涵义所在。一旦没有了海内外学界认可的学术大家，只剩下一些终日在"国学班"头出头没、自我陶醉在外行掌声中的从业员，任何曾经辉煌的高等学府和研究机构，一定也会江河日下。当然，在目前的体制下，高校和研究机构也无法对这一类人员采取某种限制。但是，对于那些专心学术，在学术研究领域通过自己的不断建树来为所在高校和研究机构切实赢得荣誉的学者，应该予以大力的支持和鼓励。那些真正的学有建树的学者，在研究与教学工作之余，也可以而且应当在国学的普及工作中发挥作用。

其二，是部分媒体缺乏判断力，将上述那种从业员甚至是根本缺乏专业训练的"江湖术士"当作传承传统文化的"大师"，误导社会大众。因此，相关的媒体在从事儒学和国学普及工作时，应对讲授者的资质进行基本的鉴定，防止假冒伪劣，如此才能尽可能地保证普及工作的质量。至于如何鉴定，最基本的一条就是要看那些讲授者是否具有相关专业包括中国哲学、中国历史和中国文学的博士学位。虽然拥有博士学位者未必都适合从事普及工作，但具有中国传统文史哲专业的博士学位，是从事普及工作的必要条件。如果说获得博士学位意味着对于专业学术训练的认证，那么，没有传统中国文史哲专业博士学位的人，显然缺乏资质。仅此而言，对于那些儒学和国学从业人员资质的认定，就不是一件很困难的事。如果一个人学士学位、硕士学位和博士学位根本与儒学国学无关，甚至根本没有相关专业的专业学位，这样的人来从事普及工作，显然只能是南郭先生的滥竽充数。有人说：

"博士学位重要吗？陈寅恪不是也没有博士学位吗？"我的回答是："首先，你不是陈寅恪。其次，博士学位仅仅作为一个名头，固然不重要；但是，如果它是一种资质认定，意味着你经过了严格的专业训练而具备了相关的专业资质、达到了一定水准，就很重要。"

总之，传统文化的传承，要依靠那些在学问上真正深造自得的人士来实现。以国学为沽名渔利手段的人，不可能承担"为往圣继绝学"这一文化传承的使命。

采访人：在儒学和国学大众普及的过程中，如何看待学术研究的作用？应该加强哪方面的研究？

彭国翔：学术研究和大众普及之间自然有一定距离。前者需要在深厚和宽广的积累之上，才有可能真正推陈出新。因此，真正的学术研究工作是非常专业和艰苦的。相比之下，大众普及就容易多了，只要具备了基本的专业训练，比如说，在正规的高等院校经过了从大学到硕士再到博士的专业学习，获得了相应的学位，大体就可以胜任普及工作。而在学术研究方面不断有创新的成果，得到海内外同行专家学者的认可，专业的博士学位还只是一个起点。从事专业学术研究的学者，追求的目标是海内外同行专家学者的肯定，不是非专业的社会大众的喝彩。从事大众普及工作的人士，追求的不免就是社会大众的喜闻乐见。换句话说，前者更希望自己的名字出现在同行专业学者论文与著作的注释之中，后者更希望自己的名字出现在大众传媒的标题与镜头之中。

不过，学术研究和大众普及之间又应该具有紧密的内在关联。其实，真正的大众普及，必须建立在学术研究的基础之上。或者说，大众普及必须要靠学术研究来提升其水准。就像那些真正禁得起检验的科普作品往往是真正的大科学家执笔的一样，普及工作最好也是要由那些真正学有建树的学者来从事，或者至少要经过那些真正学有建树的学者的论证与评估。只有学术研究成为普及工作的准绳和指引，儒学和国学的普及才会尽可能避免南郭先生们的滥竽充数。这样的话，学术研究和大众普及工作，也就可以相辅相成地配合起来了。

我并不反对专业学者适当从事普及工作。但人的时间和精力有限，再聪明的人，一天也只有 24 小时。要想在学术研究领域不断推陈出新、屡有建树，不可能终日以普及工作为务。而且，要想真正在普及工作中不断向听众传达正确的知识和深刻的见解，自己必须首先不断研究，在知识见解上不断提高。否则，传递给听众的，就难免陈词滥调甚至浅见谬论。一句话，学术积累始终是普及工作的根本。

采访人：按照余英时先生的说法，儒家已经成了"游魂"。这里的游魂说与华东师范大学的许纪霖教授所谓"儒家孤魂，肉身何在"是不是一个意思？有人否定了许记霖教授的儒家三个肉身说，认为儒家的三个肉身是文庙、书院和宗祠，您怎么看这三个肉身在当下中国的现状？

彭国翔：余先生的"游魂"说常常被耳食之士误解为对儒学的贬低，其实余先生这一说法包含两层意思：其一，是指晚清科举制解体以及传统中国发生根本的制度和社会变化之后，儒学已经失去了以往赖以存在的结构性基础。这是一个历史和事实的判断。此外，"游魂"说还有一层含义，余先生自己也曾经明确指出过，那就是，将晚清以来的儒学称为"游魂"，恰恰是意在表明儒学作为一种精神价值，所谓"魂"，有其自身相对的独立性，并不一定非得依附于某种特定的政治、社会和经济制度才能生存。比如，离开了君主制、农业经济等传统的社会结构，作为一种精神价值的儒学传统照样可以存活。在现代社会中，这种精神价值完全可以得到体现和发扬，甚至得到更好的表现。而这一层涵义，恰恰显示了儒学超越特定时空的普遍价值和意义。

你提到许纪霖教授的"儒家孤魂，肉身何在"，我没有专门阅读相关的文献，并不能确定其准确与完整的内涵。但如果你是依据他在《南方周末》发表的那篇以《儒家孤魂，肉身何在》为题的短文，那我可以说，许教授的意思不出余先生"游魂"说的范围，且尚限于余先生之说的第一层涵义，属于一种实然层面的观察与判断。至于许教授文中所提儒学目前面临的问题，即所谓"儒家之魂，将依附于何张皮上？是目光往上，得君行道；还是视野往下，觉民行道？"就更是从余先生那里转手而来的。甚至"得君行道"和"觉民行道"这两个词，原本就是余先生所用。

许教授所谓儒家三个肉身说指涉的整体范围，或者说传统儒学的基本载体，我大体可以接受。但所谓"作为心性之学的心灵宗教"和"作为伦理道德之学的秩序宗教"，其划分并不恰当。对儒学而言，心性之学与伦理道德之学，根本是一而二、二而一的，很难一分为二。至于"心灵宗教"和"秩序宗教"的区分，如果说对于亚伯拉罕传统一类的西亚一神教而言有其意义，对于儒学这种特殊的宗教传统来说，就未免无用武之处了。为什么说对儒学来说区分心性之学与伦理道德之学没有必要、区分心灵宗教和秩序宗教无的放矢，关键在于如何理解作为一种宗教传统的儒学。这一问题说来话长，无法在此详说。我在我的《儒家传统——宗教与人文主义之间》一书中，有所说明。读者有兴趣不妨参看。

至于那种认为儒家的三个肉身是文庙、书院和宗祠一说，即便是单纯作为一种历史观察，也仍然不免过于狭隘了，更无论作为一种价值诉求了。在古代中国甚至 11 世纪以来的东亚社会，包括日本、韩国、越南等地，文庙、书院和宗祠自然是反映儒学价值的有形存在。但真正体现儒学价值的，还是那些能够体现儒学价值的儒家学者。随着历史发展、社会变迁，种种有形的器物甚至建制，都会转型甚至消失，但只要始终存在真正的儒者，能够在博学多闻的基础上身体力行儒学的价值而不只是口头谈论，儒学的所谓"肉身"就始终存在。在这个意义上，每一个人都可以是承载并体现儒学的"肉身"。并且，只有将每一个人作为存在的"肉身"，儒学才可以说获得了真实的生命。如果儒学的肉身只能是文庙、书院和宗祠，那么，儒学的生命力也就极为有限了。况且，把古代书院一类的地方描绘为儒学价值焕发洋溢的场所，有时也不免是缺乏历史知识的一厢情愿的想象。当然，每一个人所能承载和体现的，不一定只是儒学的价值，世界上所有精神性的传统，包括基督教、犹太教、伊斯兰教、佛教、印度教、道教等等，都可以在个人具体的"肉身"上得以表现。这也就是儒家所谓的"肉身成道"。

采访人：传统儒家好像有个"只闻来学，无有往教"的原则，您怎么看当下有儒学进村的现象？

彭国翔：儒学进村是当前儒学热和社会普及的一个表现。由于传统文化断裂半个世纪以上，即使以往传统文化保存较好的乡村，20 世纪60 年代以后，儒学价值也所剩无几了。所以我说我们仍处在一个反传统的传统之中。在这个意义上，儒学价值的重建，在农村无疑有其必要。

不过，从孔子和孟子开始，最看重的是"为己之学"，而非"好为人师"。"学"与"修"首先是为了"自得"。当然，这并不意味着只做"自了汉"，儒家从来也都有济世情怀。因此，在真正深造自得的基础上去"觉民行道"，自然是儒者所当为。这里，关键还是一点，即那些主动进村传播儒学者，应该具有足够的资质。如果自己对儒学的价值还是似懂非懂，如何教人呢？并且，弘扬儒学价值与汲汲于求人知，在深微的心理动机上有根本不同。孔子所谓"不患人之不己知，患不知人也"，值得三思。尤其那些仍在学习中的年轻人，其传道的热情值得肯定，但首先还是要从自我的学习与修养做起。

采访人： 最后您能总结一下您对当今儒学热的看法吗？

彭国翔： 自从 20 世纪 80 年代，随着中国大陆实行改革开放政策，国内不同历史阶段出现过各种不同的"热"，80 年代末是西学热，儒学热、国学热是要到 21 世纪以来才逐渐从学术界逐渐扩展到文化界和社会层面的。对于各种"热"，或者说对于目前各种不同的思潮和倾向，我始终认为，中国大陆学术思想界如今最大和首要的问题，不在于派别之争，如所谓保守派、自由派、新左派等等，而在于真伪之辨。无论是各种主张，在深入研究基础之上的真诚服膺，都是值得尊重的。然而，各家诸派之下，都不乏投机分子。这些人托名虽殊，别有用心、欺世盗名则一。这类人其实并没有真正的价值原则，只要是可以带来名利的，就会一拥而上。由于多种原因，如今儒学、国学受到提倡，成为热闹圈和名利场。这种情况下投身儒学、国学旗下、终日在各种以儒学、国学为名的社会活动中打点周旋之辈，尤其是那些原本并未经过专业学术训练者，其真伪就可想而知了。

此外，无论是国学还是西学，古今中外各种学问，真正的建立与推陈出新，都不可能在热闹的泡沫中产生，只能在清冷与沉潜的钻研中达成。孔子所谓"为己之学"，孟子所谓"深造自得"，以及古希腊、罗马哲人对于"独处"（solitude）和"静思"（meditation）的申论，都意在强调这一点。其实，不甘寂寞，运作一些浅薄的媒体、欺瞒幼稚的青年和无知的外行，靠粉丝来获得自我满足，在热闹中证明自身存在，不过是缺乏真正自信和充实内心的表现。这种人在任何学术思想上，都不可能有真正大的成就，因为他们真正的追求，原本不在学术思想。这些人如果具备专业的学术训练，比如具备中国文史哲的博士学位，甚至具备高等学府甚至名校教师的身份，当然可以从事一些社会普及的工作，总比那些没有受过专业训练的江湖术士去普及国学和儒学要好很多。但是，儒学和国学真正的推陈出新，是不能靠这些人的。要想把儒学、国学最为原创与可靠的智慧和知识传递到社会层面，终究还是有赖于那些真正信守儒学、国学的核心价值并在其专业领域中不断深耕的一线学者。所以，我说如今学界甚至文化界最大的问题是"真伪"和"冷热"。熊十力先生曾经说过："知识之败，慕浮名而不务潜修也；品节之败，慕虚荣而不甘枯淡也。"我认为这是真正以学术思想为志业者深入反省与检讨的至理名言。

"文化中国"与"重建斯文"

——彭国翔谈余英时的"中国情怀"和文化建设

"媒体在当今之世负有引导民众观念这一重大责任,像'文化中国'这样的栏目,就更应当在'乱花渐欲迷人眼'和'众声喧哗'的局面中,多向广大民众传递思想文化界的真知灼见。因此,办好这个专栏的前提之一,我认为首先是要具备'法眼'和'慧眼'。'文化中国'专栏瞩目余先生这样真正深造自得的学术思想大家,介绍其睿识与洞见,正是具备高度判断力的表现。"

——北京大学哲学系、高等人文研究院教授彭国翔在接受采访时如是说。

余英时:"知行合一"的儒家知识人

《新华月报》记者: 余英时先生一直对您赞誉有加,能谈谈你们有哪些来往吗?

彭国翔: 我跟余先生相识已有 12 年多。20 世纪 80 年代末我在读大学时,已经比较深入地接触到了从钱穆到余先生以及从熊十力到唐君毅、牟宗三这两条学术思想的谱系。余先生 1987 年在大陆出版的第一部著作《士与中国文化》,当时就让我感到了学术思想的魅力,产生了文化价值的认同。但我和余先生见面,对余先生这个人有真切的了解，则始于 2000 年。那年 6 月，余先生到台湾"中研院"参加第三届国际汉学会议以及"中研院"院士会议，我正好也在台北。记得那天一早去听余先生在汉学会议上的主题演讲，虽然搭捷运赶到，但仍稍晚了些。还是王汎森先生替我占了个座位，我才得以在"座""站"俱无虚席的大礼堂中坐下来，听了余先生对于国际汉学的回顾与前瞻。之后我和陈来先生一道，碰巧在礼堂中遇到余先生。由于当时撰写《朱熹的历史世界》已近尾声，余先生就和陈来先生聊起。大概注意到我一直在旁边站立静听，却不插话，余先生就特意也和我说话，说会送书给我。我很感动，第二天早上就给他去了个电话，表示一下问候。没想到余先生电话中即约我一起吃午饭。那天是汉学会议结束之后的院士会议，中午休会时，我在会场门口等候余先生出来，他即带我到"中研院"学术活动中心后面的西餐厅。那是我第一次和余先生面对面的交流。当时余先生的谆谆教诲，我迄今记忆犹新。而会议结束的晚宴上，我又刚好和余师母同坐一桌。我和余先生的关系，就是从那时起日益密切，一直持续到现在的。那次见面以后，我每次到美国访问，都一定会去看望他和余师母。

余先生博大精深的学问和高风亮节的风骨令人无不敬重，但对我个人来说，在"敬重"之外，还多了一份"爱戴"。多年来，余先生和师母对我和家人一直非常关心和爱护，点点滴滴，都让我铭感在心。这里我仅举一个例子。2008 年 8 月的一天，突然接到余先生和师母的电话，说要寄奶粉给我们。原来是他们两老获悉国内刚刚发生的三鹿奶粉事件，立刻想到我女儿正在吃奶粉的时期。这件事既说明余先生一直关心国内社会的各种情况，尤其是民间疾苦；更表明余先生待人深情厚意，即使后生晚辈，也丝毫不加减损。对于人的尊重、关心、爱护，在余先生那里绝不只是言说和文字，而是真实体现于大大小小的日常行为之中。如果说"知行合一"是儒家传统最为注重的一种价值,那么,余先生可谓当今之世一位真正能够体现儒家价值的人物。在我的心目中,他是一位真正的"儒家知识人"(Confucian scholar),而与一般的"儒学研究者"甚至"儒学从业员"(scholar of Confucianism)不同。正是由于这种切实的感受一直在我的心头,"情寓于中",必然要"发之于外",2006 年 11 月余先生荣获具有"人文诺贝尔"之称的"克鲁格奖"时,我当即写了一篇文章《当代儒家知识人的典范——余英时先生荣获人文诺贝尔奖的启示》,表达了我的感受。当然,我和余先生从相识到密切,关键在于共同的价值信守,所谓"志同道合"。正是由于这一点,于"情"于"理",我都从余先生那里获益良多。

《新华月报》记者:2006 年,余英时先生荣获克鲁格奖,有不少朋友不了解这个奖的性质,您能谈谈吗?

彭国翔:这个奖是美国电视巨头约翰·克鲁格 2000 年向美国国会图书馆捐款 7300 万美元设立的,也称为"约翰·克鲁格人文与社会科学终身成就奖"。由于诺贝尔奖中人文学科只有文学一项,设立此奖时,克鲁格先生明确表示,该奖项针对的学科包括历史、哲学、政治学、人类学、社会学、宗教、文艺批评和语言学,目的在于弥补诺贝尔奖在人文社科领域的不足。因此,该奖也被称为"人文诺贝尔奖"。

无论在奖励对象还是在遴选程序上,该奖几乎都一如诺贝尔奖。奖励的对象是那些在上述人文社会学科中辛勤耕耘多年、做出重大贡献并获得举世公认的杰出学者。其国籍和写作的语种不限,遴选的范围也是覆盖全球,完全是"千里挑一"。2003 年第一届克鲁格奖授予了波兰哲学家科拉柯夫斯基(Leszek Kolakowski),2004 年授予了美国耶鲁大学历史学家帕利坎(Jaroslav Pelikan)和法国哲学家利科(Paul Ricoeur)。2005 年该奖空缺。2006 年 11 月 15 日,美国国会图书馆正式宣布,经过全球多所大学的校长、研究机构的负责人以及众多杰出学者和知识人组成的不同层次的委员会对全球 2000 多位获得提名的候选人的层层筛选，当年的 John W. Kluge Prize 最终授予了余先生和杜克大学的荣休教授富兰克林（John Hope Franklin）。由此可见，正如诺贝尔奖的获奖人一样，John W. Kluge Prize 的得主必须是全球人文社会学科领域中的最为顶尖的人物。余先生获得此奖，完全是实至名归。

《新华月报》记者：余英时先生荣获此奖有什么意义？

彭国翔：[1] 在刚才提到的《当代儒家知识人的典范——余英时先生荣获人文诺贝尔奖的启示》一文中，我特别谈了我对余先生荣获此奖意义的看法。该文最初以《人文诺贝尔奖的启示》为题，发表在《读书》2007 年第 1 期。只是应编辑要求，文字有些删节。完整的文字，收入我 2009 年出版的《儒家传统与中国哲学——新世纪的回顾与前瞻》一书。

在我看来，余先生获得该奖的意义或者说给我们的启示大体有两点：一是如何看待全球语境中的中文写作；一是如何做一个真正的知识人或公共知识人。

目前整个中文世界中，无分文理，英文能力早已成为各种评价机制和学者各方面胜出的一项非常重要的指标。在不少人的心目甚至公开的学术评价机制中，外文撰著必定比中文著作更有价值。这当然是浅薄之见。学术研究的水准并不在于语言文字的"形式"，而在于其"内容"是否"言之有物"以及"物"的精良与否。余先生不乏英文作品，但 80 年代以来，多自觉运用中文著述。此次大奖颁给余先生，可以说是对中文写作的充分肯定。

---

① 这一部分关于余先生获奖意义的答词，取自我的《当代儒家知识人的典范——余英时先生荣获人文诺贝尔奖的启示》部分内容，特此说明。

　　但再往深一层看的话，语言文字仍然尚在其次。关键仍在语言文字背后的"含金量"。海外以中文写作者不乏其人，为何单单是余先生以中文写作首次获得克鲁格大奖的桂冠呢？对此，美国国会图书馆馆长毕灵顿（James H. Billington）在宣布余先生获奖时对其学问的盛赞可为注脚，所谓"余博士的学术显然极为深广，他对中国历史、思想和文化的研究已经跨越了许多学科、历史阶段和课题。并且，他也以深刻的方式对人性问题进行了检讨"。

　　如此看来，为中文写作在全球语境中地位提升而感到振奋的同时，我们又不可因民族自豪感的提高而过分留情眷注于语言文字自身。著书立说的关键在于能否提供真知灼见。否则的话，无论运用何种语言文字，都难以在诸如诺贝尔奖和克鲁格奖这样严格、公正的评选系统中胜出，从而获得世界范围内有识之士的真正认可。这一点，是余英时先生荣获人文诺贝尔奖给我们的第一点启示。

　　克鲁格奖在正式发布消息介绍余先生得奖时，有这样一段描述："通过深入原始文献，他将儒学遗产从讽刺与忽略中挽救出来，并在'文革'之后一直激励着更为年轻一代的学者去重新发现中国文化的丰富与多样。"此外，其中也特别提到，余先生的影响远远超出了专业的学术领域而深入整个中文世界的人文领域，是"在中国和美国都最具影响力的华裔知识人"。如果说"公共知识人"的主要特点即在于"关心政治、参与社会、投身文化"，那么，余先生无疑是一位当代的"公共知识人"。并且，作为一位"公共知识人"，余先生还具有鲜明的价值立场，那就是"以天下为己任"的儒家精神气质。事实上，"公共知识人"这一翻译语中所反映的"公共性"的涵义，在中国古代传统中正是"天下"一词。所谓"天下为公"，"天下"一词所代表的对个人、小群体私利的超越，正是儒家的价值立场与终极关怀所在。用孟子的话来说，就是"思天下之民，匹夫匹妇有不被尧舜之泽者，若己推而内之沟中，其自任以天下之重如此"。

对于"公共知识人"，余先生曾在其《士与中国文化》一书的自序中指出："这种特殊涵义的'知识人'（按：即公共知识人）首先必须是以某种知识技能为专业的人；他可以是教师、新闻工作者、律师、艺术家、文学家、工程师、科学家或任何其他行业的脑力劳动者。但是如果他的全部兴趣始终限于职业范围之内，那么他仍然没有具备'知识人'（指公共知识人）的充足条件。根据西方学术界的一般理解，所谓'知识人'，除了献身于专业工作以外，同时还必须深切地关怀着国家、社会以至世界上一切有关公共利害之事，而且这种关怀又必须是超越于个人的私利之上的。"如果不能"深切地关怀着国家、社会以至世界上一切有关公共利害之事，而且这种关怀又必须是超越于个人的私利之上的"，顶多是"知识从业员"，并不能称之为"知识人"。

在当今媒体和网络的时代，"关怀国家、社会以至世界上一切有关公共利害之事"似乎更为容易。但所谓"容易"，仅指个人意见更容易进入公共领域。至于是否能够在"超越于个人的私利之上"这一"必须"的前提之下，其实历来都不那么容易。如今问题更大。

在我看来，公共知识人首先必得是某一专业领域的深造自得者，否则是没有资格在相关问题上"指点江山、激扬文字"的。在如今专业分工日益细密的情况下，如果一个知识人不顾自己的学术训练，动辄在各种问题上发表意见并诉诸公共空间，以"通人"自居，必定沦为布尔迪厄（Pierre Bourdieu）所谓的"媒体知识人"。这种"媒体知识人""既无批判意识，也无专业才能和道德信念，却在现实的一切问题上表态，因而几乎总是与现存秩序合拍"。很简单，无论怎样的聪明才智之士，其时间、精力毕竟有限，若终日耳目、心神外弛，对各种问题都要回应，只能浅尝辄止而难以鞭辟入里。那些无一专业领域足以依托却喜谈"打破学科界限"并善于媒体运作的人士，就是典型的

"媒体知识人"而与真正的"公共知识人"相去甚远。热衷于媒体"作秀"而刻意"推销"自己者，既不能沉潜而真正有成，其追逐名利之心，不必"诛"而可知矣。余先生学问淹贯，不仅对整个中国思想文化史各阶段都有深入的研究，对西方的思想文化同样也有深入的了解，却仍然时常在行文中谦称自己只是一个"学历史的人"，"不能逾越历史研究的学术纪律"，较之那些"株守一隅"却"以为天下之美尽在己"者，境界与识见之高下已不啻天渊，更遑论那些"媒体知识人"了。

其实，只要在学问上真正深造自得、有一贯的文化自觉与价值立场，透过文字流传，自然会对社会、政治发生深远的影响力。余先生1950年初离开中国大陆，除1978年短期来访之外，未再涉足中国大陆。但他的文字自从80年代在大陆流传以来，影响日益深远。余先生也确实具有强烈的现实关怀，正如他自己所谓："一个知识人必须具有超越一己利害得失的精神，在自己所学所思的专门基础上发展出一种对国家、社会、文化的时代关切感。"但由于这种对"国家社会、文化的时代关怀"始终由其深厚的学养自然而发，余先生对于现实种种问题的分析评判，才决不同于那些媒体知识人的"隔靴搔痒"甚或"无病呻吟"，而精辟透彻之见迭出。余先生多年来一直潜心研究，从来与媒体保持一定距离，其写作更不是为了趋时从众，正反映出一位真正知识人的操守。在当今这个喧嚣的时代，能够始终坚守学术岗位而不随波逐流的人文学者，必定背后有其文化价值的立场，如此，其从事学术研究的动力方能源源不断。其文化价值立场又必然且自然地会发为相应的政治与社会关怀。来自于深造自得的真知灼见，必然深入人心，流传广泛而久远。否则的话，无论怎样"包装"和"推销"，充其量如"飘风""骤雨"（老子所谓"飘风不终朝，骤雨不终日"），博取外行一时的喝彩而已，难以赢得内行持久的肯定，更逃不过历史

的检验。所谓"终久大"与"竟浮沉"之别，正来自于公共知识人的
"真"与"伪"之辨。学者何去何从，值得反省和深思。这一点，是
余先生获得人文诺贝尔奖的第二个启示和意义。

文化中国是中国情怀的载体

《新华月报》记者：余英时先生常用"鹦鹉救火"自喻，意指自己
的"中国情怀"。您能具体谈谈吗？

彭国翔："鹦鹉救火"原本是一个佛教的故事，明末清初周亮工
《因树屋书影》中对这一故事有生动的记载，余先生曾经多次引用它来
表达自己的"中国情怀"。这个故事是这样的：

> 昔有鹦鹉飞集陀山，乃山中大火，鹦鹉遥见，入水濡羽，飞
> 而洒之。天神言："尔虽有志意，何足云也？"对曰："常侨居是
> 山，不忍见耳！"天神嘉感，即为灭火。（国翔按："常侨居是山"
> 句，《太平广记》《佩文韵府》等古籍皆作"尝"，周亮工文中作
> "常"。此鹦鹉灭火故事原出《旧杂譬喻经》，惟文字记载与周亮工
> 《因树屋书影》颇有不同。）

迄今为止，余先生在美国生活已有57年，远远超过了他从出生到
离开中国的25年（其中有5年在香港）。但中国毕竟是余先生的故国，
中国文化更是余先生一生的心血所在。用他自己的话来说，在文化的
意义上，他自觉自己始终是个中国人。这种对于中国的念兹在兹，正
是其"中国情怀"的表现。

余先生一直关注国内的各种动态，近年来对于中国社会的种种问

题更是关怀备至，为建设一个人文与理性的中国不懈陈词、倾注心力。这一点，在我看来，正是出于他不愿中国老百姓承受各种苦难的"不忍之心"。余先生的这一"不忍之心"，自然与儒家传统中孟子、陆象山和王阳明的"恻隐之心""本心"和"良知"同样千古不磨，而落实在具体的时空之中，即直接表现为其"溥博渊泉"而跃动不已的"中国情怀"。陶渊明的诗中篇篇有酒，余先生的文字中则篇篇都饱含"中国情怀"。余先生对于中国历史上以及当今各种问题的关注，只有在这一"中国情怀"之下，才能获得相应与深切的理解。

简单地说，余先生的"中国情怀"，表达的是对"中国"的一种深厚情感。这种情感的指向，是期盼中国成为一个人文与理性的国度，在这样一个人文与理性的社会中，人民安居乐业；无论贵贱贫富，每一个中国人的尊严都能够得到尊重。余先生一再引用"鹦鹉救火"故事中"常侨居是山，不忍见耳"这句话，正反映和流露了这种深厚的情感与深切的期盼。

《新华月报》记者：从文化的角度来看，如何解读余英时先生的"中国情怀"？

彭国翔：余先生的"中国情怀"，当然必须从文化的角度去理解。对余先生来说，"中国情怀"中的"中国"，正如历史上"中国"一词本身主要的涵义一样，是一个超越了地域和政治的文化概念。如果我的理解不差，在余先生的心目中，"中国"代表的是一种承载了价值与文明的文化连续体。余先生之所以有这样一种"情怀"，之所以情系于此，正反映了他在情感上对于"中国文化"或者说"文化中国"的眷恋。这种情感之所以在余先生那里格外沉重，原因不在别的，正在于他亲历了这个悠久的文化连续体被内忧外患特别是中国人自己凌迟的过程，在于他目睹了这一文化连续体几乎"随风而逝"的命运。余先生的"中国情怀"和"情怀中国"，都是在这一特定历史时期由内心所发。

　　附带说一句，对于"文化中国"这个词，现在学界流行的认知是已故台湾学者傅伟勋提出，经杜维明教授大力提倡而得以广为流传。但是，据我的了解，余先生在 20 世纪 50 年代，已经开始使用"文化的中国"这一表述。这一点，大概很少有人知道。

　　《新华月报》记者：其实早在几年前，各类媒体就兴起孔子热、国学热等传统文化浪潮，您如何看待这种文化现象？

　　彭国翔：2006 年 12 月 18，我曾应编辑之约，为《21 世纪经济报道》撰写了《儒学复兴的省思》一文，后来也收入我的《儒家传统与中国哲学——新世纪的回顾与前瞻》。在那篇文章中，我表达了对于"孔子热""国学热"及相关文化现象的看法。这里，我只想提一点。

　　相对于从"五四"到"文革"再到"河殇"对于中国传统偏颇和激进的批判，重新认识"儒学"和"国学"当然值得肯定。但对于"儒学"和"国学"，必须要有一个深入和全面再认识的过程。这一点格外重要，因为它是如今重建斯文不可或缺的一个前提条件。我曾反复指出，我们目前仍然生活在一个反传统的传统（a tradition of anti-tradition）之中。晚清以来不断强化的"反传统主义"（anti-traditionalism），早已使我们对自己的传统隔膜甚深。2000 年以来，以儒学为主的中国传统文化不仅重新受到官方的肯定，似乎更在社会各阶层赢得了广泛的听众。然而，在"乱花渐欲迷人眼"的潮流之下，大众对于儒学和传统文化的了解，不过"浅草才能没马蹄"而已。当然，对儒家传统的知识了解，并不等于具备了儒家的教养。但缺乏全面与深入的认知和理解，要想认同并体现儒家的价值，也是根本无从谈起的。"知识"不等于"智慧"，所以佛教有"转识成智"的说法。可是，"智慧"必须从"知识"中提炼升华而来。没有足够的知识，"巧妇难为无米之炊"，智慧也是无由而得的。作为一种"价值"的儒学，自然是一种"生命的学问"，不能异化为与自己生命气质无涉的纯粹对象化的知识。但这种"生命学问"的养成，又从来都离不开理性的陶冶。那种将"儒学研究"和"儒家信仰"一刀两断的看法，实在是浅薄的谬见。如果认为儒学研究者必定不能是儒学价值的信奉者，在这种两分的思维模式之下，儒学信仰者也就自然不需要任何对儒学的深入了解。如此一来，正如西方基督教传统中讨论理性和信仰之间关系时提出的一个问题一样，如果不是建立在理性的基础之上，一个信徒如何确保自己聆听到的声音是来自上帝而非撒旦呢？孔子在《论语》中首举"学而时习之"示人，又言"十室之邑，必有忠信如丘者，不如丘之好学也"，以"好学"而非一般的"忠信"来自我界定，可见"学"之重要。正如古代所有大儒在"躬行实践"的同时都无不具备深厚的理论素养一样，当今认同儒家核心价值者，也不应当自外于知识界和学院体制。那种将传统和现代、实践和理论一刀两断，认为儒家只能和"传统""实践"相关而与"现代""理论"无缘，甚至认为现代的知识体系和学术建制与儒家必不兼容的看法，实在是对儒学发展的历史缺乏了解以及思考力薄弱两方面所致的皮相之见，不是别有用心，就是似是而非的浅见。在当下这个众声喧哗、虚实真伪变幻莫测的多元与多变的世界中，真正儒家的文化立场与价值关怀反倒更需要坚实的学术研究作为基础。从以往历代大儒到当今儒家知识人的真正代表，无不是德性与理性交相滋养，价值与知识相得益彰。如今"中学"隔膜已久，过去的"常识"已成现在的"学问"。不断涌入的各种"西学"，又不免使人"雾里看花"。在这种情况下，对于儒学传统"斯文"的内涵，我们首先得有恰当的了解，然后才能结合其他"文明"与"文化"的传统，实现中国"斯文"传统的综合创新与创造性转化。否则，在中西既有相通又有不同的价值系统之间，势必两头落空，重建斯文，也就无从谈起了。在目前有关"国学"和"儒学"的一片热浪中，社会大众既要慎思明辨，提高自身的判断力，在"风起云涌"的"大师"中辨别真伪；相关的知识人和从业人员，也当自我反省、自觉自律，不要自欺欺人。

总之，21世纪以来，对于传统价值的需求已不再只是部分知识人的呼吁，而真正表现为社会大众的心声，这的确是"儒学热"和"国学热"的社会基础。但目前狭隘的民族主义以及目前无所不在的商业化的侵蚀，是对重建斯文的巨大挑战。如果不能加以警觉和克服，所谓"热"，很可能成为"死亡之吻"。"契机"未尝不会转变为更大的"危机"。这一点，是我殷切提请广大有识之士注意的。

《新华月报》记者：就文化复兴而言，您觉得余英时先生的思想中有哪些可以借鉴的地方？

彭国翔：就我的理解，"复兴"并不意味着昔日辉煌的重现。孔子当初面对"周文疲弊"要重建斯文，并不是要简单地恢复"周礼"。同样，如今我们要重建斯文，也不应该被简单地理解为要重建一个"儒教中国"（Confucian China）。文化的发展如江河之流，是不可能走回头路的。所谓"文化复兴"，一定是固有的文化传统在主动迎接时代挑战，成功回应历史课题的过程中的自我更新、自我发展。世界上任何迄今仍然生机勃勃的传统（living tradition），莫不如此。所谓"旧邦新命""老树新枝"。

我觉得余先生思想中最值得借鉴的，就是他一方面植根于中国文化的固有传统，另一方面对西方文化保持开放，将中西方文化中彼此相通的优秀价值水乳交融地合为一体，在"古今中西"之间保持一种恰到好处的均衡。借用当年"学衡派"的表述，可以说是"昌明国故，融会新知"。既不会"抛却自家无尽藏，沿门托钵效贫儿"，也不会故步自封，陷于狭隘的民族主义和保守主义。对于古今中西之间极端的激进和保守，无论是偏于哪一方，余先生从来都是双向批判的。这种深刻与理性的文化自觉，其实是"五四"以来一直较为缺乏的。如今的"文化复兴"作为对"五四"以来"反传统"这一"传统"的反动，固然在整体方向上与"五四"截然异趣，似乎是一种保守主义，但是在反西方的激进心态上，和"五四"以来的传统未免又异曲同工。正是因此，余先生能够洞察古今中西不同文化的"同中之异"和"异中之同"而做到"允执厥中"的思想与文化立场，才尤其值得重视和借鉴。

文化建设是大国崛起的题中之义

《新华月报》记者：说起文化，中共十七届六中全会倡导文化大发展大繁荣，您是怎么看待的？

彭国翔：改革开放迄今，中国的经济取得举世瞩目的成就，军事发展在国际上也不容忽视。晚清以来中国人一直追求的"富强"，在一定意义和程度上可以说已经实现了。于是，近年来"大国崛起"一词为国人津津乐道。但如果大国之"大"更多地应该被理解为"伟大"之"大"（great），而不仅仅是"强大"之"大"（big and powerful），那么，在经济之"富"以及军事之"强"以外，还有极为重要的一点，就是文化与文明之"文"。历史上，中国几度为异族武力征服，最终却是异族建立的政权被中国传统文化"斯文"之"大"所"化"。这正是"文化"与"文明"的力量。

"伟大"之"大"，当然不能只讲"文"而置"富强"于不顾。"落后就要挨打"这个简单的道理，国人自晚清以来早已因切肤之痛而有了深刻的体知。但若只把"富强"作为大国之"大"的唯一内涵，忘掉了大国之"大"还应有"斯文"这个重要方面，就不能不说是"一叶障目，不见泰山"了。中国要想真正在世界上重新建立一个"伟大"之"大国"的地位，而不仅仅是作为财富和武力意义上的"超级大国"，眼下尤其要认真思考如何重建中国文化与文明的"斯文"这一问题。

所谓"重建"，自然意味着"斯文"已经不再。晚清以来，在日益强化的激进反传统主义潮流冲击之下，以"仁义礼智信"为核心价值和内涵的"斯文"，不断"扫地"，到了 20 世纪 50 至 70 年代，在神州大地几乎被铲除殆尽。然而，"西天取经"的结果，并未实现国人尤其知识人所向往的"大同"世界。只有在改革开放之后，中国才重新步入正轨，逐步达到了"小康"之境。而在渐趋"富强"的同时，国人缺乏"斯文"所暴露出来的问题，日益严重。种种"无礼"的行为，在海内外稍有文明教养的人士看来，未免触目惊心。回想历史上以"礼仪之邦"著称的中国，如今竟至于此，身为中国人，如何能不汗颜呢？

为什么在"富强"之外还要强调"斯文"？道理很简单，只有"富强"，可以让人"畏惧"，但不能使人"敬重"，更遑论"爱戴"了。中国只有重新成为一个"礼仪之邦"，才能真正作为一个"崛起"了的"伟大"国家屹立于世界。所到之处，只有"富而有礼""威而不猛"，中国人才能让人心悦诚服，由衷地欣赏。正是在这个意义上，在我看来，重建"斯文"是中国"大国崛起"的当务之急。

任何一个有远见、负责任、行仁政的政府，都不能不对此有高度的自觉。如果政府倡导文化大发展大繁荣着眼于此，那我认为是值得额手相庆的。

《新华月报》记者：《新华月报》为此特辟"文化中国"专栏。旨在回到文化原点上讨论文化问题。您觉得文化中国应该回到怎样的原点，才有利于当下的文化发展，对于文化建设问题您有哪些意见？

彭国翔:《新华月报》特辟"文化中国"专栏,是一项极富远见卓识的举措。在我看来,文化建设不仅涉及各级政府,如你所说,更是历代作为政治主体的儒家知识人"外王"事业的题中应有之义。在传统中国社会,至少唐宋以降,由于科举考试制度,主流的儒家知识人基本上是直接参政的,即便是被认为侧重"内圣"的宋明理学家,也概莫能外。余先生《朱熹的历史世界》,就揭示了朱熹以及宋代道学群体"平治天下"的政治抱负与实践这一以往研究忽略的重要面向。

不过,传统社会的君主专制政体,尽管可以通过科举制吸收儒家精英知识人进入管理阶层,但其政权却仍是"家天下",与儒家"天下为公"的理想在本质上是"水火不容"的。正是由于这一根本症结所在,传统儒家知识人的代表,从孔子、孟子一直到二程、朱熹,包括王阳明,政治上一直是被边缘化的。二程、朱熹和王阳明,甚至都有被打成"伪学"而遭受政治迫害的经验。因此,不论"居庙堂之上",还是"处山林之下",尽管儒家君子的主体意识和批判精神在漫长的中国历史上一再跃动,不绝如缕,如顾炎武所谓的"依仁蹈义,舍命不渝,风雨如晦,鸡鸣不已"。但在极权与专制的政治结构中,儒家君子的政治主体身份无法获得最终的保障,始终不能充分发挥其"政治主体"的作用。正如狄培理(W. T. de Bary)指出的,对于中国历史上的儒家"君子"来说,一个引人注目的现象就是:"这些儒家经常不得不单枪匹马面对大权在握的统治者,独自应对帝国官僚体系的复杂、僵化,或派系内讧。他们越是有良知,就越容易成为烈士,或者更多的时候成为政治空想家。"一句话,在极权与专制的政治结构中,真正的儒家君子永无容身之处。

因此,人类政治历史的发展终结了君主专制,进入现代民主政治,反而为儒家知识人充分发挥政治主体的作用提供了充分的保障。明末清初的儒家知识人已经对君主专制提出了尖锐的批评。如吕留良即指出，极权者及其体制的本质即是"谋私"而非"为公"。所谓"自秦汉以后，许多制度其间亦未尝无爱民泽物之良法，然其经纶之本心，却总是一个自私自利，惟恐失却此家当"。晚清儒家知识人如王韬、郭嵩焘、薛福成等在欧洲亲眼见证民主制度的实际运作之后，立刻表示极大的欣赏，几乎异口同声将民主制度和中国上古理想的"三代之治"相提并论。之后中国的知识人直到"五四"以降，无论在其他方面如何的莫衷一是，在充分肯定民主（还有科学）这一点上，几乎都是众口一词。这一现象，绝非偶然。

民主政治作为一种制度安排，自然需要结合各个国家和民族自身的文化背景，不能照搬某一种模式。但其"民有、民治、民享"的精神价值，则东海西海，心同理同。君主专制体制下难以解决的三大问题，在民主制度下均可迎刃而解。一是政权的转移可以和平的方式、依照客观的规则进行，不必经过暴力和流血；二是政治权威经由人民自己的同意和接受而树立，不是强加于民；三是个人的自主和尊严可以得到有效的保障，不再为统治者的意志所决定。至于这三个方面所预设的一个共同前提，正是每一个体政治权利的不可随意剥夺。换言之，个人政治主体身份的有无及其作用的发挥，不再系于某一统治者或集团的"一念之间"而"朝不保夕"。对于儒家知识人来说，这是民主制最大的优点。显然，在这样一种制度的保障之下，儒家知识人政治主体的身份和作用，无疑会得到充分的保证与最大限度的发挥。①

《新华月报》记者："文化中国"专栏旨在为当下的文化发展寻求一种学理上的路径和文化依据，为文化的复兴抛砖引玉，余英时先生早年在新亚书院求学之际，也参与过《新亚校刊》的编辑。如何办好这个专栏，您能提供一些宝贵的意见吗？

———————

① 以上两段发表于《新华月报》时删去，现在补上复其原貌。

彭国翔：对于当前的文化复兴来说，我觉得设立像"文化中国"这样的专栏非常必要。由于媒体在当今之世负有引导民众观念这一重大责任，像"文化中国"这样的栏目，就更应当在"乱花渐欲迷人眼"和"众声喧哗"的局面中，多向广大民众传递思想文化界的真知灼见。因此，办好这个专栏的前提之一，我认为首先是要具备"法眼"和"慧眼"。"文化中国"专栏瞩目余先生这样真正深造自得的学术思想大家，介绍其睿识与洞见，正是具备高度判断力的表现。

儒家也有一种"个人主义"

——如何理解儒家的自我观及其意义

《人民论坛》记者：学界似乎历来有一种观点，即认为中国哲学强调群体优先，自我依赖于群体而存在；西方哲学重视自我，自我的存在不以群体为前提。最近美国的安乐哲教授出版了一本叫《角色伦理》的书，好像主要论点也是说儒家的自我是由各种社会角色构成。对于中西哲学传统中的自我观，您是怎么看的呢？

彭国翔：比较中西哲学传统的自我观，是一个太大的题目。即便就中国传统来说，儒家、道家和佛教，对于自我的理解，都各有不同，很难一概而论。我想主要谈谈儒家对于自我的理解吧。事实上，你刚才提到的关于中西自我观的对比，其中关于中国哲学对自我的认识，主要也是就儒家的自我观来说的。

首先，认为儒家重视群体，忽视自我，是一直以来一个较为通常的看法。儒家的自我当然不是单子意义上的个体，不能"独与天地精神相往来"，而是一个由家庭到社会再到天下万事万物的公共关系网络中的结点。我是谁，离不开各种人际关系的界定。比如说，对我的父母来说，我是儿子；对我的子女来说，我是父亲；对我的学生来说，我是老师；对我的老师来说，我是学生，等等。正是这些不同的角色及其相应承担的责任和义务，构成了所谓"我"。离开了各种各样的人际关系和社会角色，自我是不能充分实现和成就的。安乐哲教授的《角色伦理》，我想也是要强调这一点。事实上，从一种社会伦理的角度理解儒家，很早以来就有。这种观察，当然是有道理的，的确可以说看到了儒家的一个特点。

　　不过，如果仅仅从这个角度来理解儒家的自我观，尤其是将儒家的自我观和西方以强调个人为主的自我观对立起来，认为二者是对立的两极，我想无论对于西方的自我观，还是对于儒家的自我观，其理解都不能说是全面和深刻的。儒家重视群体，但并非像过去所谓"集体主义"强调的"螺丝钉"精神那样，认为个体自身没有意义，只有在一个群体的组织结构中才有自己的位置。事实上，儒家反对把个体淹没在芸芸众生之中。从孔子的"三军可夺帅也，匹夫不可夺志也"孟子"富贵不能淫，贫贱不能移，威武不能屈"的"大丈夫"精神，直到近代陈寅恪的"独立之精神、自由之思想"，强调的都是独立不依的自我。如今我们强调建构"和谐社会"，"和谐"正是儒家最为重要的价值之一。但"和谐"的真意是"和而不同"。所谓"和而不同"，"和"之所以与"同"不一样，恰恰在于"和而不同"的前提是承认个体的差别，承认个性。这种"和而不同"的精神，包括两个方面的含义：一是不能"屈己从人"，即委屈自己，无条件地屈服于他人；另一方面，也不能"强人从己"，即强迫别人服从自己，尤其是有权有势的人，利用手里的权势来压迫别人服从自己。这两个方面都做到了，就是"和而不同"。

　　总之，一方面保持自己独立的人格，即"独立之精神、自由之思想"，另一方面意识到自我在享有权利的同时，还有广泛的责任和义务，自我的充分和完整实现恰恰要在各种关系的网络之中。既肯定个体与社群的密不可分，同时又突显独立人格，在深入社群的同时成就鲜明的自我，自我对社会构成一种既内在又超越的关系。这就是儒家对于自我的理解。

　　《人民论坛》记者：改革开放之后，中国人好像个人主义越来越强，这是不是受到西方文化影响的结果？面对这一现象，儒家可以发挥怎样的作用？

彭国翔：改革开放之后，西方文化大量涌入。不过，之所以会觉得如今个人主义越来越强，其实很大程度上是新中国成立以后、改革开放之前，中国人的个性受到太多的束缚和压抑所致。80 年代以前，中国人几乎都是必须要服从分配的"螺丝钉"，个人的自由意志和独立思想基本上无法得到实现。但那其实是病态，并不合乎人文与理性之常，因此，一旦改革开放，人们的个性自然要求伸张舒展。相对于 80年代的文化，当然显得个人主义的色彩浓厚。其实，要求个性的发展，自我的实现，原本就是人性的一个重要方面，"人同此心，心同此理"，古今中外皆然，并不能完全归于西方文化的影响。

当然，个人主义过度泛滥，无疑会引起很多问题。这一点，西方文化内部也早有自觉和反省。比如，个人主义往往与自由主义密切相关，而作为对自由主义的批评，所谓"社群主义"（communitarianism）的主张，就可以视为西方文化的自我治疗。就自我观来说，社群主义对当代自由主义最根本的批判就是认为后者的自我是一种"先行个体化的主体"或"无牵无挂的自我"，而这种主体或自我不过是一种先验的虚构，因为任何一个自我其实不可能脱离群体而独立存在。就此而言，儒家的自我观显然接近社群主义的思路。近来一些学者从事于儒家和社群主义关系的研究，也是意识到了这一点。但是，儒学固然与社群主义有诸多不谋而合之处，与自由主义却也同样有着可以互相支持的接榫点。正如我前面已经说过的，儒家虽然注重群体，但其实并不构成个人主义的对立面，并不意味着取消个性，抹杀自我。儒家完全可以说也有一种"个人主义"，只不过这种个人主义不是"individualism"和"egoism"，而是"personalism"。因此，儒家从孔孟到宋明儒学再到现代儒家，无不强调个人之独立、精神之自由，就是可以理解的了。

根据我对儒家自我观的理解，儒家的价值和意义其实不仅在于让我们看到个人主义过度泛滥所产生的问题，因而可以让我们在权利意识的同时，还意识到责任和义务的重要。同时，真正的儒家，也不会因此矫枉过正，再度被塑造成为压抑自我和个性的文化符号。五四以来对于儒学的批判，很大程度上就是源于将儒家文化理解为那样一种以群体压抑个体、以集体牺牲自我的传统。因此，在提倡儒家文化，对治个人主义过度泛滥所产生的流弊的同时，我们也要充分警觉，不能忽略儒家传统中一贯的"独立之精神、自由之思想"和"富贵不能淫，贫贱不能移，威武不能屈"的"大丈夫"精神，特别是历史上儒家"士人"一再跃动的批判精神。

总而言之，在我看来，只要能够对儒家传统的精神价值深造自得，不是流于外在形式，如所谓的提倡"汉服"；也不是随波逐流甚至"别有用心"的摇旗呐喊，如个别只有"公共"而缺乏"知识"的所谓"公共知识分子"，就必定深明儒家自我观的真意，在压抑个性的集体主义和自私自利的个人主义这两个极端之间，始终坚持双向批判，而从容中道。这一点，我想是儒家的自我观在当代中国最为重要和积极的价值与意义所在。

世界文明与多元宗教中的中国思想与儒家传统

土耳其的 A9 电视台位于伊斯坦布尔，其"搭桥"（building bridges）节目致力于"探讨当今世界全球范围内对于人类而言至关重要的问题"，其目的在于"通过思想话语和对话来促进全球所有文明和不同文化之间的和平、统一、仁道、友爱"。该节目已经邀请了全球范围内不同领域中卓有建树的公共知识人（public intellectual）和专家学者（academics）进行访谈。正如"搭桥"这个名字所示，这一节目是为了在分歧之间建立桥梁，崇尚的是不同文化传统之间的人类共识。

主持人：您的专长是具有漫长历史的中国思想尤其儒家传统，基于您的研究和成就，您获得了许多研究机构的奖励并在世界各地的多所大学进行过演讲，可否请您描述一下是什么使得您的工作如此吸引听众？在您的讲座中，哪些题目是最受关注的？

彭国翔：对于中国哲学、思想史和宗教，尤其是儒家传统，就我自己而言，已经投入了很长的时间。事实上，在 20 世纪 80 年代末，当我还是南京大学主修政治学的大学生时，我已经开始了对于中国传统特别是儒学的学习。因此，我受到世界各地诸多学术机构的邀请，担任访问教授、访问学者和客座研究员，并获得了一些奖励，这些经历显示的是中国传统对于西方人士的吸引力。换言之，正是中国传统尤其儒家传统的智慧，使得我的工作吸引了世界上其他传统的人士。

至于说我的演讲中哪些论题最吸引人，就让我以儒学这个我的演讲中最为经常的主题为例，给你一个简要的说明吧。在中国大陆，儒学通常是在哲学系教授的。但是，哲学只是作为一种累积性传统的儒学的一个面向。除此之外，儒家传统中还有其他一些不可化约的（irreducible）面向，历史的、伦理的、宗教的、政治的等等。在一个全球对话的时代，尤其是对于那些生活在其他文明之中的人士来说，如何理解儒学这——直塑造着中国人世界观和心态的活生生的传统、这一包涵方方面面的宗教或精神性的人文主义，我认为始终是引人入胜的。假如我是一个研究西方学术的学者，不是研究儒学的学者，比如说，我是研究莎士比亚或者康德的学者，我想西方人士或许就不会对我的演讲那么感兴趣了。

此外，正如犹太教、基督教、伊斯兰、佛教、印度教以及世界上其他种种宗教或精神性的传统一样，儒学常常被当作只是属于过去的东西，好像是保存在博物馆里的古董。关于儒学，有着形形色色的误解和成见。这些误解和成见不止存在于西方人的心中，同样也存在于中国人的脑海。因此，儒学与现代社会的相关性是什么？儒学与西方社会的相关性是什么？儒学对于极速变迁的世界能够贡献什么？面对当今世界不断涌现的众多问题和各种危机，儒学能够提供怎样的应对智慧？与世界上其他的精神传统相比较，儒学提出的对于人性的独特理解是什么？所有这些都是人们感兴趣的问题。简单地说，正是儒学作为一种活生生的智慧及其在全球社会中的现代意义，使得我的那些演讲让西方听众感兴趣。

主持人：您这样年轻，已经如此努力地去不断学习，增益新知，通过哲学史、思想史和宗教史来对这个世界获得更深的理解，那么，通过诸如仁爱、同情、宽恕和慈悲，人们可以达到一种均衡的人格，这种人格可以让人们自身以及整个社会处于一种平衡与幸福之中，对于这一事实，您的看法是什么？

彭国翔：我现在已经不能算是年轻的了。据我所知，不仅在中文世界，而且在西方世界，都有越来越多更年轻并且很有前途的学者投身于中国传统的学习和研究。是的，我完全同意你的看法。只有通过对于像仁爱、慈悲、宽恕、仁慈等等价值的更深刻的理解、反省甚至有时是身体力行，人们才能获得一种平衡的人格，这种平衡的人格将会使人们自身及其所在的整个社群得到幸福。只有通过不断学习的过程，我们才能够深化并拓宽自己对于这些价值的真正的知识，并且最终将其贯彻于我们的日常生活之中。

其实，"学习"在儒学的诸多价值之中，是最为重要的一个。而刚刚提到的那些价值是如此至关重要，以至于每一位儒家都一直在实践和提倡这些价值。举例来说，如果您曾经读过《论语》这部孔子的言论和对话集的话，您一定会立刻想到这部书的第一句话："学而时习之，不亦乐乎？"这句话正是要强调学习的重要和愉悦。并且，儒学传统中最重要的观念就是"仁"。在英语中，"仁"被翻译成"humanity""humaneness""benevolence"和"kindness"等等。

另外，一个平衡的人格是如此重要，对于一个儒家来说，可以说终极的追求是成为一个圣人，而圣人恰恰就是这种圆满人格的实现和体现。无论儒家传统中有多少的分支和论辩，成为圣人无疑是每一位儒者所投身于其中的一个共同追求。并且，正是在这一点上，我相信，在儒学和伊斯兰以及世界上其他伟大的精神和思想传统之间，一定存在着强烈的共鸣。

主持人：作为哲学和宗教学的教授，您一定认为人的本质超越物质的表象。从外在来看，人是物质的存在，但人的存在其实是由于他们的灵魂（soul）。灵魂使得人们能够在一个三维的世界中以五种感知而生存，并赋予人们思考、理解和运用其意志的能力。基于您自己的传统和研究，您可否从一个不同的视角给予我们更多有关灵魂的认知?

彭国翔：这是一个很有趣的问题，不容易在非常有限的时间里讲清楚。在儒家传统中，并不存在身体和灵魂之间的截然两分（dichotomy），儒家也不认为我们的身体和物质世界是完全负面的东西。不过，正如你所说，我也认为，世界上每一个伟大的传统都一致认为人之所以为人的定义性特征，不能是我们身体和物质的面向。在我们之中，一定有着超越于我们身体和物质的方面，能够引导我们的生活趋向于完善的方向，同时将我们负面的要素转化为积极的方面。无论在不同的传统中叫作什么，"灵魂""仁性""佛性"，等等，正是这一方面，使得人类比地球上其他的物种拥有更多的能力与责任。

在我看来，你所谓的"灵魂"，在儒家传统中的功能对等物是"心"。从儒家的角度来看，没有"心"，一个人甚至不能被叫作一个真正的人。恰恰是作为我们内在"明德"的"心"，使得我们能够实现天道与人性之间本体论的连续，并促使我们将这种连续性由潜能转化为现实。如果儒家的修身只有一个目的，我愿意说，那就是将作为我们内在"明德"的"心"充分实现出来。一旦这一目标最终获得，就意味着"圣人"这一圆满人格的实现以及我们的"仁性"得到了充分的体现。换句话说，只有通过不断的甚至是永无止境的对于我们"心"的修养，我们才能将我们整体存在的过程，包括身体的、心理的以及精神，以及我们与其他存在包括他人、动植物和整个宇宙之间的关系，转化成为一种相互依赖、彼此互动的和谐网络。公元11世纪的儒学大师张载曾经将这一相互依赖、彼此互动的和谐网络称之为"太和"。

另一方面，我们的"心"很容易腐化堕落。这一可能性在儒家传统中从未受到忽略。在儒家看来，我们的"心"的力量如此巨大，每个人通过自我修养都能够成为"与天地参"的圣人。而同样是由于人心如此巨大的力量，一旦腐化堕落，每个人又都会变成恶魔。事实上，在现实的世界中，人心常常是腐化堕落的，并不是我们内在"明德"的表现。由于对于这种危险的自觉，对于成为一个儒家来说，终生的努力总是在任何时间、任何地方去修养我们的"心"，目的就是要使之避免腐化堕落，或者至少是不要过于腐化堕落。

总之，儒家对于人心人性的理解可以这样来说：在本体论或者在潜能的意义上，每一个人通过不断的修心，都可以成为圣人；而在实际存在或者现实人生的意义上，修养人心成为圣人，又是一个无穷无尽的过程。

主持人：您一定对伊斯兰有所了解吧。您是中国人，我们是土耳其人，因此，我们根据宗教的道德来开始彼此了解。这也就是说，不同民族和群体之间的文化差异在伊斯兰中是受到鼓励的，如此一来，我们可以互相学习，在行善的过程中相互激励。就此而言，您觉得中国人和土耳其人如何能够彼此建立进一步的文化关联？中国社会能够采取哪些努力，以更为透明的方式向外部世界敞开自身呢？

彭国翔：我对伊斯兰所知有限，因而我对伊斯兰的理解也是肤浅的。不过，说到土耳其人和中国人之间更多的文化交流，让我想到了16、17世纪伊斯兰哲学和儒学之间创造性的交流。这种创造性的交流在几位杰出的中国伊斯兰哲学家那里得到了体现，比如王岱舆（约1584—1670）和刘智（约1660—1730）。他们的著作都是用优美的中文撰写，并且娴熟地运用了宋明理学的词汇。或者，我可以这样说，他们所表达的伊斯兰哲学，事实上是伊斯兰和儒学的一种创造性结合。而这毫无疑问是伊斯兰和儒学这两大传统交流的结果。

您刚才说，"不同民族和群体之间的文化差异在伊斯兰中是受到鼓励的，如此一来，我们可以互相学习，在行善的过程中相互激励。"这真是一个极好的洞见，完全可以在儒家传统中获得强烈的共鸣。正如我之前提到的，学习其他的传统对于儒学来说极为重要，《论语》中

的第一句话就是肯定学习的乐趣。而儒学的历史也可以被看作是一个
向其他文化传统学习的不断的过程。事实上，不仅在伊斯兰和儒学之
间有许多创造性的交流和成果，在佛教与儒学之间、耶教与儒学之间，
都有很多创造性的交流和成果，更不必说在道家、道教和儒学之间了。
既然作为一种核心价值，相互之间的学习无论在伊斯兰还是在儒学之
中都始终受到鼓励，那么，伊斯兰和儒学之间的文化关联和彼此丰
富，就自然是会得到强化的。

　　因此，对于土耳其和中国人之间的文化关系，我是非常乐观的。
目前，如果儒学的价值能够重新为中国人所拥有，不是作为一种国家
意识形态，更不是作为商业化之下沽名渔利的幌子，而是作为一种整
合了古今中外其他所有传统之精华的精神和价值的信守，那么，我确
信土耳其人和中国人之间的交流，将来会更加的繁荣昌盛。

　　主持人：在所有的宗教传统中，男性与女性几乎都负有同样的责
任。所以，和男性一样，在培养社会上的道德、正义、和平共处、文
化以及信仰之间的关联等方面，女性同样扮演非常重要的角色。因此，
在伊斯兰之中，任何将女性视为次要的运动都是不能接受的。然而，
由于附加到真正宗教之上的极端和偏执由来已久，由于这种无知和偏
执的错误，女性在整个世界都受到压迫。为了消除社会上的偏执和极
端的传统，我们能够做些什么？作为一位儒家学者，您又如何评价这
种偏执和错误施加于人的负面影响？

　　彭国翔：和生态意识、全球伦理以及多元主义等一样，女性主义
是 20 世纪以来一股重要的思潮。对于男女平等的诉求，恰恰反映出
女性在前现代人类历史中所不得不扮演的次要角色，西方如此，中
国也是同样。

　　男性中心总是儒学的一个标签。但是，这完全是一个误解。让我
告诉您孔子和孟子的故事吧。这两位是儒学历史上举足轻重的人物，

孔子被奉为儒家的创立者和圣人，孟子则被封为"亚圣"。这两位儒家的代表人物幼年时父亲即亡故，他们都是由母亲抚养成人的。由于他们过于年幼，以至于对父亲几乎没有记忆。有一个著名的关于孟子母亲的故事至今流传，即所谓"孟母三迁"的故事。是说孟母曾经三次搬家，为的是避开不良的邻居并为孟子创造一个良好的教育环境。如此看来，我们怎么能够想象孔子和孟子会轻视女性呢？

其实，理解儒学与男性中心主义之间关系的关键在于：是儒学诞生于一个男性中心的社会之中，而不是由于儒家主张男性中心才导致了男性中心社会的产生。在儒家学说中，女性和男性作为"阴"和"阳"，就像是电池的两极，是同等重要的。我相信这一点适用于世界上许多伟大的传统。正如您所说的，不能将女性视为次要的。

然而另一方面，我们也不得不承认，在实际生活中，女性在世界范围内仍然受到一定程度的压迫。比如，我听说有的地方女性竟然还要为了驾驶汽车的权利而奋斗。为什么女性仍然受到压迫呢？这正是由于您刚才提到的无知和偏执。即使在提倡女性同等重要的传统中，或多或少，总有排斥异己的人和极端分子。排斥主义、极端主义甚至恐怖主义，都是无知、傲慢、狂妄以及偏执的产物。在我看来，附加于世界各个宗教之上的极端和偏执，导致了对于人类社会的负面影响，这种负面影响是对于那些伟大宗教的最为严重的毁坏之一。要去消除那些无知、傲慢、狂妄和偏执，我们应该做些什么？能够做些什么呢？在此，正如你所建议的，就让我作为一名认同儒家的学者而不仅仅是研究儒家的学者来谈谈自己的看法。

首先，对于世界上每一个伟大的传统，以及这些伟大的传统之间，一直都有许多的误解。因此，相互的理解极为迫切。这就意味着，那些真正浸润并且投身于其传统的人士，有责任将其所归属的传统介绍给属于其他传统的人士。当然，我不认为世界上需要那么多的传教士，但是，世界上每一个传统的知识和智慧，一旦需要，就应当适当地由这些真正浸润和投身其中的人士在公共领域加以传达和表述。换句话说，为了更好地理解这些世界上的伟大传统，我们在公共领域特别是大众传媒中所需要的，就是那些真正深造自得的饱学之士，而不是那些哗众取宠的"公知明星"。我认为，只有通过相互的学习和理解，导致种种歧视（不仅是性别歧视，还有种族歧视、同性恋歧视和外国人歧视等等）的无知、偏见和偏执，才能最终消除，或者是降低到最小程度。

正如我已经提到的，儒学是一个极为重视学习和对话的传统。从历史来看，儒家传统的发展就是一个不断向其他传统学习并不断与其对话的过程。儒家历史有三个大的阶段：古典儒学、宋明理学和现代新儒学。从古典儒学到宋明理学，儒学通过向佛教学习并与佛教对话从而丰富了自身。从宋明理学到现代新儒学，儒学通过向包括犹太教、伊斯兰和耶教在内的西方各大传统学习并与之对话从而再次丰富了自身。大体来说，我们如今仍然处在向西方学习并与西方对话的过程之中。

在我有关儒学的研究中，我已经指出，儒家传统的一个显著特征或者说定义性特征就是其内在的对话性。最近这几年，我也曾应邀在不同的地方做过名为"对话性的儒学：全球脉络中作为一种宗教性的传统及其意义"（Dialogical Confucianism as a Religious Tradition and Its Significance in a Global Context）的讲座。在我看来，对话性是儒家传统一项突出的特征，对于当今全球范围的宗教对话而言，无论在观念还是实践上，一种对话性的儒学至少能够提供三方面的贡献：一是"和而不同"的对话原则；二是避免绝对主义和相对主义的"理一分殊"的多元主义；三是多元宗教参与和多元宗教认同的理论与实践资源。我无法在此详细阐述我在讲座中讨论的内容，但我的演讲稿已经分别用中英文发表，有兴趣的听众可以找来看看。

　　总而言之，从根本上消除导致各种歧视的无知、偏见和偏执，不是轻而易举的事。或许，这些负面价值起源于人性，是我们需要永远与之搏斗的东西。但是，正是由于消除这些东西是如此的艰难，世界上所有的传统，犹太教、基督教、伊斯兰、印度教、佛教、道教和儒家，以及其他种种精神性的传统，才更应该精诚合作，找寻出路。"对话或死亡"，这一诉求一再显示出相互学习和理解的重要与紧迫。对于人类的这一努力来说，每一个传统都应该扮演一个积极的角色并做出自己的贡献。

初版后记

正如我在前言中提到的，本书可以说是我文化关怀与价值立场的一个反映。记得在某次会议结束聚餐时，有人问我是什么主义。我自己还未回答，一位朋友应声说："他是保守主义。"另一位则说："他是自由主义。"他们的回答令我莞尔，答曰："我现在提倡'多研究些问题，少谈些主义'。"当时身旁的人一时无语，他们恐怕未必明白我的意思。其实，我不是反对宣示价值立场。在价值的问题上，隐显可以有别，何去何从也因人而异，但任何人都无从闪避。没有人可以做到没有任何的价值立场。

我那样回答，有两层涵义：其一，作为价值的确立，"主义"的选择是一个非常严肃的人生课题，必须是认真读书思考并不断反省生活经验的结果，绝非轻而易举。如果不能深入全面地了解某个"主义"，即便真诚地接受和信奉，也很可能流于郢书燕说而不自知。至于浅尝辄止而别有用心，以之为"幌子"，就更加与那种主义本身无关了。前鉴不远，"主义"的灾害至今仍未消除。如今再动辄轻言"主义"，要么流于空洞的口号，要么不过是戏子的外衣。其二，作为不同价值的各种"主义"，彼此之间并非水火不容。对于人生与社会的不同方面，可以甚至应该采取不同的价值，如此才能使人生与社会更为合情合理，日益完善。对于我们身在其中的人生与社会的整体，如果可将其大致划分为政治、经济和文化三个方面，我愿意借鉴已故美国社会思想家贝尔（Daniel Bell，1919—2011）的话并略加增益，来这样表达我的看法：

> 在政治上，我是一个自由主义者，注重人的尊严和自由；在经济上，我是一个社会主义者，注重分配和平等，也注重市场经济；在文化上，我是一个保守主义者，认同中国儒释道传统的核心价值，也完全欣赏和接受西方等其他文化传统历久弥新的优秀成分。

不过，这样差强人意的表述，仍然难免引起误解。譬如，"社会主义"一词，在不同的语境中会有差别很大的理解。观念充满歧义，要真诚地在各种"主义"之间选择，作为我们信奉的价值而"笃行"，首先需要"博学、审问、慎思、明辨"的功夫。当然，对于那些本来不是为了"笃行"，而不过以"沽名渔利"为真实目标的"伪君子"，无论什么"主义"都可以成为其"善假于物"的一个"物"，一切也就无从谈起了。

最后，我要借此机会向李卓、李文彬和本书的责任编辑吴敏表示感谢。李卓和李文彬两位为了本书的封面设计，费心找来了朱彝尊（1629—1709）临《曹全碑》中的"重建斯文"四字以及阳明先生手书的《周子太极图说》。吴敏编辑则自始至终为本书的出版做了很多细致的工作。

彭国翔

2013 年 9 月 1 日记于蓝旗营

图书在版编目（CIP）数据

重建斯文：儒学与当今世界 / 彭国翔著 . —修订
本 . —杭州：浙江大学出版社，2018.12
ISBN 978-7-308-18717-6

Ⅰ . ①重… Ⅱ . ①彭… Ⅲ . ①儒学－研究 Ⅳ .
① B222.05

中国版本图书馆 CIP 数据核字（2018）第 241617 号

重建斯文：儒学与当今世界

彭国翔 著

责任编辑	王志毅
文字编辑	赵　波　张兴文
责任校对	闻晓虹
装帧设计	刘梦菲
出版发行	浙江大学出版社

（杭州天目山路148号 邮政编码310007）

（网址：http:// www.zjupress.com）

排　　版	北京大观世纪文化传媒有限公司
印　　刷	北京中科印刷有限公司
开　　本	635mm×965mm　1/16
印　　张	17.5
字　　数	218千
版 印 次	2018年12月第1版　2018年12月第1次印刷
书　　号	ISBN 978-7-308-18717-6
定　　价	65.00元